VIENDO LO QUE SE AVECINA

Rita McGrath

VIENDO LO QUE SE AVECINA

Cómo detectar los puntos de inflexión en los negocios antes de que sucedan

Ediciones Obelisco

Colección Empresa
VIENDO LO QUE SE AVECINA
Rita McGrath

1.ª edición: marzo de 2022

Título original: *Seeing Around Corners*

Traducción: *David George*
Corrección: *Sara Moreno*
Diseño de cubierta: *Isabel Estrada*

Edita: Ediciones Obelisco, S. L.
Collita, 23-25. Pol. Ind. Molí de la Bastida
08191 Rubí - Barcelona - España
Tel. 93 309 85 25
E-mail: info@edicionesobelisco.com

ISBN: 978-84-9111-821-3
Depósito Legal: B-1.664-2022

Impreso por CPI Black Print - Barcelona

Printed in Spain

En una de mis últimas conversaciones con mi madre, Helge-Liane Gunther, ella hizo un gran esfuerzo por decir algo que, claramente, era muy importante para ella: «Estoy orgullosa de ti». No debería haber importado tanto, pero importó, y mucho.

Era extraordinaria: una científica, cuando eso era algo raro. Fue una investigadora revolucionaria cuyo trabajo fue citado durante décadas después de que lo completara. Y fue el corazón y el alma de nuestra familia.

Me gustaría transmitir su pensamiento.

A nuestra hija, Anne, y a las sorprendentes mujeres que progresan, junto con ella, a su propia manera: estoy orgullosa de ti.

Prólogo

Por muy difícil que pueda resultar recordarlo ahora, hubo una época, hace no tanto, en la que nadie hablaba de los cambios revolucionarios o disrupciones. La innovación era entonces un tema minoritario que interesaba sólo a unos pocos. Las consecuencias de la transformación digital sólo se previeron vagamente. Hace treinta años, ése era el mundo en el que vivíamos.

Sin embargo, incluso entonces, las alertas tempranas sólo fueron claras para unos pocos de nosotros. Rita McGrath y yo estábamos haciendo nuestros doctorados a finales de la década de 1980 (ella en Wharton y yo en Harvard). Los dos intuíamos que suposiciones subyacentes a las teorías del éxito en el mundo de los negocios estaban, en esa época, al borde de un cambio importante. En mi caso, la gran idea era que las suposiciones sobre la «buena gestión» conducirían al desastre empresarial mientras los líderes se enfrentaban a lo que di en llamar «el dilema del innovador». En su caso, la gran idea fue que abordar proyectos muy inciertos como si se tratara de los negocios habituales suponía una trampa. Ambas ideas se publicaron en la revista especializada *Harvard Business Review* en 1995.

Estábamos retando a la ortodoxia. De hecho, seguimos retando a la ortodoxia.

Esta ortodoxia se basa en suposiciones que, en el entorno competitivo actual, son, simplemente, incorrectas. Una buena cuota mercado es, por ejemplo, algo bueno. Rita y yo nos preguntaríamos qué significa una cuota de mercado. El mismísimo concepto del «sector industrial» es una categorización artificial. Frecuentemente, la competencia más importante a la que se enfrentará cualquier empresa procederá de participantes que están paralizados por las suposiciones sobre lo que su «sector empresarial» espera de ellos. Abordar esta realidad puede resultar desafiante, pero puede sortearse de forma estratégica con una útil teoría: una afirmación sobre lo que hace que sucedan las cosas y por qué.

Los términos «teoría» y «teórico» suelen connotar «poco práctico»; pero las teorías son afirmaciones de la causa y el efecto: qué acciones producen qué resultado y por qué. Como tal, una buena teoría es rematadamente práctica. Cada vez que un director hace un plan o emprende una acción, se basa en la creencia de que obtendrá un resultado esperado. Los directores son, por tanto, grandes devoradores de teoría. Cuanto más comprendemos lo que hace que sucedan las cosas, más podemos ayudar a los directores a comprender que en *esas* circunstancias se debería hacer *esto*, pero que en *aquellas* circunstancias se debería hacer *eso otro*. Estas relaciones de causa y efecto aportan claridad y predictibilidad a lo que, de otra forma, podría parecer como un juego de azar.

El primer paso hacia el desarrollo de cualquier teoría útil es acertar con las categorías. En mis trabajos anteriores me di cuenta de que el producto o la segmentación demográfica eran las categorías equivocadas al intentar predecir el comportamiento de compra. Tal y como es bien sabido que dijo Peter Drucker: «El cliente rara vez compra lo que la compañía cree que le está vendiendo». Esto me condujo a descubrir la teoría de las tareas que se tienen que llevar a cabo, que afirma que la gente compra productos y servicios porque intenta progresar en su vida. Una vez que la gente se da cuenta de que tiene una tarea que completar, trata de «contratar» (o eliminar) un producto para realizar esa tarea.

Rita McGrath se basa, perspicazmente, en esas investigaciones para introducir una nueva categoría que, básicamente, hace pedazos décadas de pensamiento estratégico en las que el lugar que ocupes en un sector determinará tu destino. Pensando en términos de un *escenario* más que en un sector de la industria, McGrath sugiere que los mercados ya no están definidos por la categoría de producto, sino más bien por las tareas que la gente está intentando llevar a cabo en su vida. Esta idea aporta un esquema de categorización más potente para los directores que están navegando por un cambio disruptivo.

Va entonces un paso más allá para iluminar no sólo el *qué* sino el *cómo* de la innovación exitosa. Su teoría de la planificación impulsada por el descubrimiento ayuda a los gerentes a descubrir el futuro mientras, al mismo tiempo, contienen el riesgo. He estado convencido, desde hace mucho tiempo, del poder de esta teoría: es una lectura obligatoria en mi curso en la Escuela de Negocios de la Universidad de Harvard, y se usa ampliamente en nuestro trabajo de asesoría estratégica en Innosight.

La innovación no tiene por qué ser un doloroso esfuerzo de prueba y error. Aunque los cambios revolucionarios (disrupciones) están constantemente en el horizonte, los directores no tienen por qué estar ciegos al trazar su camino. *Viendo lo que se avecina* ayudará a aquéllos de nosotros que busquemos comprender mejor (e incluso prever) qué nos traerá la innovación a continuación.

CLAYTON M. CHRISTENSEN
Primavera de 2019

VIENDO LO QUE SE AVECINA

Introducción

Hace algunos años, Andy Grove introdujo el concepto de los puntos estratégicos de inflexión en su trascendental libro *Sólo los paranoides sobreviven.* Un «punto estratégico de inflexión –señalaba– es un momento en la vida de una empresa en la que sus fundamentos están a punto de cambiar».[1] Y así es como muchos de nosotros experimentamos los puntos de inflexión: como un único momento en el tiempo en el que todo cambia irrevocablemente.

Cuando te fijas en la verdadera naturaleza de los puntos estratégicos de inflexión, ves una historia completamente distinta. Es algo parecido a la forma en la cual Mike Campbell, el personaje de Hemingway en *Fiesta,* responde cuando le preguntan cómo se arruinó: «Gradualmente –dice–, y luego, de repente».

Un punto de inflexión es un cambio en el entorno empresarial que hace que algún elemento de tus actividades cambie drásticamente, haciendo que ciertas suposiciones que se daban por sentadas se pongan en tela de juicio. Alguien, en algún lugar, ve las implicaciones, pero con demasiada frecuencia no son tenidas en cuenta. Ese alguien podrías ser tú.

Este libro te ayudará a ver las oportunidades que representan los puntos estratégicos de inflexión y te ayudará a ti, a tu equipo y a tu organización a sacar provecho de ellos. Hay tres ideas principales que retener aquí:

- **Lo que experimentas como un punto de inflexión grande y drástico casi siempre se ha estado gestando durante un tiempo.**

---

1. Grove, A. S.: *Only the paranoid survive: How to exploit the crisis points that challenge every company and career.* Doubleday, Nueva York, 1996. (Trad. cast.: *Sólo los paranoides sobreviven.* Granica: Barcelona, 1997).

- **Esto genera oportunidades: si lo percibes pronto (o incluso mejor, si lo desencadenas), un punto de inflexión puede ser una bendición estratégica.**
- **Puedes emplear herramientas de tu manual de estrategias o planes de crecimiento impulsados por el descubrimiento[2] para maximizar tus oportunidades.**

Tomemos un ejemplo concreto.

Imagina un sector que sirva, de forma eficaz, a sólo uno de cada cinco clientes potenciales. Ahora imagina un cambio enorme que permitiría que los competidores captaran toda esa demanda no satisfecha de forma muy rentable y sin asumir un gran riesgo. Imagina que el sector, tal y como estaba, genera unos ingresos de alrededor de 8 000 millones de dólares.[3] El sector podría, tras el punto de inflexión, tener cinco veces ese tamaño, lo que significa que, potencialmente, podrían desbloquearse unos 40 000 millones de dólares en ingresos para esos competidores lo suficientemente diestros y visionarios como para estar en el lugar adecuado cuando el punto de inflexión haga su trabajo.

A pesar de que frecuentemente se los retrata como destructores disruptivos de las empresas existentes, los puntos de inflexión generan nuevos espacios enormes incluso mientras destruyen tecnologías y modelos obsoletos. El afamado economista Joseph Schumpeter lo dijo hace décadas: las operadoras tradicionales que dominan actualmente un sector siempre son vulnerables al «continuo vendaval de la destrucción creativa,[4] que borra del mapa lo viejo y obsoleto y trae lo que es más nuevo y deseable».

¿Puedes oírme ahora?

El sector que acabo de describir existe realmente. Se trata del negocio de la fabricación, prescripción y ajuste de audífonos. A juzgar por el estándar de asegurarse

---

2. McGrath, R. G. y MacMillan, I. C.: *Discovery-driven growth: A breakthrough process to reduce risk and seize opportunity*. Harvard Business Review Press, Boston, 2009.
3. Nos referiremos siempre a dólares estadounidenses, a no ser que se indique lo contrario. A mediados de diciembre de 2021, la cotización del dólar era de 0,82 euros. *(N. del T.)*
4. Schumpeter, J. A.: *Capitalism, Socialism, and Democracy*. Perennial, Nueva York, 1942. (Trad. cast.: *Capitalismo, socialismo y democracia*. Página Indómita: Barcelona, 2015).

de que la gente que necesita ayuda la obtenga, el sector lo está haciendo fatal. Según los investigadores, el 80 % de los adultos de entre cincuenta y cinco y setenta y cuatro años que podrían beneficiarse con el uso de un audífono no disponen de uno, y muchos de los que tienen uno no lo usan. Cualquiera que haya intentado convencer alguna vez a una persona mayor por la que se preocupa para que busque ayuda con respecto su capacidad auditiva (¿y quién no lo ha intentado?) está muy familiarizado con los aspectos negativos de cómo está organizado este sector del mercado de la atención sanitaria.

Para empezar, los audífonos son caros. En 2017, *The New York Times* informó de que los precios oscilaban entre los 1 500 y los 2 000 dólares o más por oído. En EE. UU., el seguro médico para las personas mayores y los discapacitados por enfermedades graves no cubre los audífonos. Barbara Kelley, directora ejecutiva de la Hearing Loss Association of America (Asociación Estadounidense para la Pérdida de Oído), informa de que «la principal queja que recibimos por teléfono cada día es: "Necesito ayuda. No puedo permitirme unos audífonos"».[5]

Pero ése no es el único problema. La industria tradicional del audífono está regulada, en Estados Unidos, por la Administración de Medicamentos y Alimentos (Food and Drug Administration, o FDA), y el acceso a la tecnología está controlado estrechamente por las operadoras que controlan el mercado. Los audiólogos, sus asociaciones de tipo grupos de presión y las pocas empresas (seis, aunque de hecho pronto serán cinco) que fabrican audífonos han limitado estrictamente las opciones disponibles para los pacientes. Las operadoras tradicionales que dominan el mercado insisten en que lo que todos los pacientes quieren es el «modelo de referencia». Tal y como lo describió un observador, esto implica comprar un audífono sólo después de una exhaustiva valoración diagnóstica que incluya una otoscopia, una prueba de conducción ósea, una prueba en la que se deba distinguir un discurso entre otros ruidos, una medición de oído real/un mapeo del habla, una rehabilitación auditiva y el ajuste personal de los audífonos. Incluso aunque dispongan de los medios, para muchas personas esto parece una exageración.[6]

---

5. Span, P. (2017): «Hearing aids at the mall? Perhaps Congress could make It happen», *The New York Times,* 12 de junio de 2017.

6. Cavitt, K. (2016): «2016: Will it be the year of the disruption? Gosh, I hope so», HearingHealthMatters.org, 26 de febrero de 2016, https://hearinghealthmatters.org/hearinprivatepractice/2016/hearing-aid-industry-disruption-2016-gosh-i-hope-so/

Por último, nos encontramos con el factor del estigma social. La gente no quiere llevar audífonos por miedo a parecer «anciana». A pesar de las pruebas fehacientes de que podrían utilizar audífonos, admitirlo es duro. Los tradicionales audífonos feos, visibles y en ocasiones ruidosos son todo lo contrario a algo genial.

Lo sé de primera mano. Cuando le hablé a mi suegra sobre un sonido sibilante que había oído en una reunión familiar, no me di cuenta de que finalmente se había decidido a usar su audífono y que éste era la fuente de ese ruido desconocido. Se lo sacó del oído, lo metió en un cajón y no lo usó durante el resto de nuestra visita. Lamentablemente para ella (y angustiosamente para mí), el beneficio de usar un audífono para participar plenamente en las conversaciones que tanto anhelaba no compensaba la «vergüenza» de llevar el aparato puesto. De haber sabido que esta era una característica común de los audífonos, no habría abierto la boca.

Esto es un asunto serio. Un estudio realizado por Frank Lin, de la Universidad Johns Hopkins, averiguó que la pérdida auditiva está relacionada con un mayor riesgo de padecer demencia, aislamiento social e incluso un mayor riesgo de sufrir caídas. Una pérdida auditiva no corregida hace que sea incluso más difícil que un tratamiento eventual tenga éxito e incrementa la carga cognitiva sobre el cerebro de la gente que se esfuerza por averiguar qué están diciendo los demás. Esto se trata, claramente, de un problema social y de salud de proporciones epidémicas.[7]

El punto de inflexión creciente

Por problemático que pueda ser, el modelo del sector de los audífonos ha seguido más o menos igual desde que la FDA clasificó estos aparatos como dispositivos médicos en 1977. Antes de ese año, los audífonos eran considerados, generalmente, como un artículo de consumo, con algunos anuncios publicitarios desternillantemente malos y engañosos y el apoyo de celebridades que aceptaban ese posicionamiento. Mientras tanto, los audífonos internos (que debían ajustarse al oído de cada paciente) solían ser vendidos por los audiólogos, y eso se convirtió en la norma. Debido, en parte, a las afirmaciones engañosas y a algunas prácticas chapuceras, los grupos de presión empezaron a hacer sonar la alarma sobre los audífo-

7. Johns Hopkins Medicine: «The hidden risks of hearing loss» sin datos, www.hopkinsmedicine.org/health/healthy_aging/healthy_body/the-hidden-risks-of-hearing-loss

nos, haciendo que la FDA los clasificara como dispositivos médicos con unos protocolos muy estrictos para su fabricación y prescripción.

El punto de inflexión actual para el muy regulado (y rentable) negocio de los audífonos tuvo su origen en dos demandas de ciudadanos presentadas ante la FDA en 2003. Una demanda ciudadana presentada ante la FDA es un proceso que estaba pensado, en su origen, para permitir que individuos y organizaciones comunitarias hicieran peticiones para realizar cambios en las políticas de atención sanitaria. Aunque las peticiones en sí mismas no tuvieron un impacto inmediato en la forma en la que los audífonos estaban regulados, fueron los primeros marcadores de un cambio en cuanto a la opinión de que se debería poder acceder libremente a estos dispositivos, igual que sucede actualmente con las «gafas para leer»: lentes correctoras que se pueden vender sin una receta.

Las operadoras tradicionales que dominan el mercado no están dispuestas a dar marcha atrás. Nada menos que la Academia Estadounidense de Audiología sugiere que cualquier dispositivo que amplifique el sonido debería estar sujeto a una regulación por parte de la FDA. Si se toma al pie de la letra, esta postura podría interpretarse en el sentido de que cualquier cosa, desde unos auriculares de tapón a unos auriculares de diadema, debería someterse a esta regulación.

Dejando la academia de lado, el coste para los consumidores y la intransigencia de las operadoras tradicionales que dominan el mercado han dado lugar a una vieja coalición de aliados determinada a cambiar el sistema. En 2017, por primera vez, la estructura reguladora que la academia había estado intentando mantener con tanto esfuerzo empezó a desmantelarse. En un clásico cambio revolucionario (disrupción) al estilo de Clayton Christensen, las nuevas tecnologías están demostrando ser «lo suficientemente buenas» y están ampliando el grupo de consumidores que podrían beneficiarse de una mejor capacidad auditiva. Esto es lo que Christensen ha descrito frecuentemente como «competir contra el desuso».

Los cambios revolucionarios (disruptores) se abren paso en el territorio de los audífonos

Aunque no están vendiendo *audífonos* (cielos, no; de ninguna manera), no hay escasez de empresas que ofrecen lo que en la industria recibe el nombre de «productos personales para la amplificación de sonidos» (PPAS). Estos productos no están regulados por la FDA y cualquiera puede conseguirlos fácilmente sin una prescripción. Y lo que resulta incluso más preocupante para los fabricantes de audífonos convencionales es que en muchas aplicaciones de ayuda auditiva, los PPAS funcionan igual de bien o incluso mejor.

Por ejemplo, Bose, el icónico fabricante de altavoces y de auriculares con cancelación de ruido, está fabricando un producto al que ha puesto el nombre de Hearphones que se venden por unos quinientos dólares. A pesar de que por la publicidad que hace parece que el producto está totalmente dirigido a personas que padecen pérdidas auditivas («Queremos ayudarte a oír cada palabra de tus conversaciones»),[8] Bose enfatizó que estos dispositivos *no* eran, sin ningún género de duda, audífonos, evitando así la supervisión por parte de la FDA. Sin embargo, en 2018, la compañía recibió la aprobación para una versión, sin necesidad de prescripción, de un audífono autoajustable.[9] Otros pesos pesados están abarrotando en el mercado, y entre ellos se incluyen Samsung con sus auriculares de tapón Gear IconX y Apple con sus AirPods: se trata de auriculares inalámbricos que te permiten escuchar música, temporizar ejercicios y, como curiosidad, se pueden conectar a aplicaciones de ayuda auditiva en un teléfono u otro dispositivo. Además, docenas de nuevas empresas están invirtiendo en masa en el sector de las ayudas auditivas, con ayudas como Fennex, Petralex y Here One; y en el sector de las *startups* (empresas emergentes), un producto llamado Eargo se inspiró en la pesca con mosca para crear un audífono propiamente dicho que puedes ajustarte tú mismo, comprarlo por Internet y cargarlo de la misma forma en la que cargarías uno de tus dispositivos electrónicos más habituales.

¿Pensabas que 8000 millones de dólares era una cifra enorme?

¿Pero, de verdad, tanto entusiasmo y energía por un mercado que históricamente nunca se ha considerado tan interesante? Bueno...

8. Bose (2019): «Hear better», www.bose.com/en_us/products/wellness/conversation_enhancing_headphones/hearphones.html

9. FDA (2018): «FDA allows marketing of first self-fitting hearing aid controlled by the user», nota de prensa, 5 de octubre de 2018, www.fda.gov/NewsEvents/Newsroom/PressAnnouncements/ucm622692.htm

Los expertos han proyectado que incluso bajo el régimen regulador existente, el negocio de los audífonos podría suponer 8 000 millones de dólares en 2019. Algunos dicen que en 2023 podría superar los 9 000 millones de dólares. Éste es un aspecto interesante de los puntos estratégicos de inflexión. Cuando algo que solía ser complejo y caro se vuelve más práctico y barato, un resultado suele ser un incremento espectacular de la demanda. Si extrapolamos, a partir de las estadísticas, que sólo una de cada cinco personas que podrían beneficiarse del uso ayudas auditivas tienen audífonos en la actualidad, el volumen de mercado podría, rápidamente, ser cinco veces superior (quizás incluso alcanzar los 40 000 millones de dólares) tras el punto de inflexión que permita que cualquiera obtenga un audífono discreto y autoajustable.

Además, hasta podrías presenciar cambios espectaculares en el caso práctico de los audífonos, de forma parecida a cómo los *smartphones* (teléfonos inteligentes) cambiaron la forma en la que la gente usa los teléfonos móviles. Puede que la gente termine comprando más de un dispositivo, tal y como les pasa ahora con las gafas.

Quizás un estilo y funcionalidad para salir a cenar un viernes y algo completamente distinto para el partido del domingo y puede que incluso algo diferente para ver la televisión en casa. Una vez que algo se vuelve lo suficientemente asequible, las posibilidades son infinitas.

Tal y como verás a lo largo de este libro, las señales débiles de un cambio inminente *(si se reconocen lo suficientemente pronto)* te pueden proporcionar una ventaja para que te prepares para sacarle provecho. Éste es exactamente el momento preciso en el que las empresas interesadas en entrar en el negocio de los audífonos sin prescripción deberían empezar a prepararse y hacer planes. No invertir en un enorme bombazo, eso no, sino invertir en preparativos.

Un punto de inflexión se da cuando un cambio (lo que algunas personas llaman un cambio decuplicador o 10X) modifica drásticamente las suposiciones sobre las que se asienta una empresa o negocio.

Cuando llega el momento de la claridad cristalina, ése es el momento de movilizar las tropas, centrar la atención y pujar fuerte por preparar a la organización para el mundo postinflexión, igual que están haciendo Bose, Samsung y otros en el sector de los audífonos sin prescripción (perdón, *no* audífonos propiamente dichos).

Gradualmente y, después, de repente

A los puntos de inflexión puede que les lleve un tiempo sorprendentemente largo desplegarse. Wilbur y Orville Wright hicieron su primer vuelo histórico de doce segundos cerca de Kitty Hawk (Carolina del Norte) el 17 de diciembre de 1903. La primera mención de su logro en *The New York Times* apareció tres años después. No fue hasta mayo de 1908 cuando periodistas serios empezaron a prestar atención y el público se dio cuenta de que los vuelos tripulados no eran algo que fuera a llegar en un futuro lejano (tal y como predijo un experto en 1902), sino que, de hecho, ya habían llegado. Al poco tiempo, industrias tan variadas como el transporte de viajeros, la asesoría, la logística e incluso la defensa se vieron alteradas de forma integral para siempre.[10]

Los puntos de inflexión dan lugar a cambios espectaculares en la dinámica competitiva de un sistema en funcionamiento. Tienen el poder de provocar un cambio exponencial. Puede que diez veces mayor, diez veces más barato, diez veces más práctico, etc. Las fuentes son aparentemente interminables. Algunos desencadenantes comunes de un punto de inflexión pueden encontrarse en:

- El cambio tecnológico
- El cambio legislativo
- Las posibilidades sociales
- El cambio demográfico
- Las nuevas conexiones (entre elementos previamente aislados, algo común en la disrupción digital)
- El cambio político
- Y muchos otros

10. Housel, M. (2016): «When you change the world and no one notices», Collaborative Fund, 3 de septiembre de 2016, www.collaborativefund.com/blog/when-you-change-the-world-and-no-one-notices/

Los puntos de inflexión tienen el poder de cambiar las mismísimas suposiciones sobre las que se fundaron organizaciones. Los cambios en el entorno o en las organizaciones, o alrededor de ellas, pueden generar oportunidades para el emprendimiento (y dar como resultado unas consecuencias potencialmente devastadoras para aquellos que siguen funcionando con el viejo modelo o las antiguas suposiciones). Los efectos suelen agravarse porque las normas institucionales normalmente retrasan lo que es posible.

Si, por ejemplo, te fijas en empresas que se han abierto camino a través de los puntos de inflexión de forma excelente en los últimos años (Amazon, Aetna, Cognizant, Adobe, Fujifilm, DSM, Gore), no verás una reorganización enorme y desgarradora en la mayoría de los casos. Eso sucede con las compañías que se dieron cuenta de las circunstancias cambiantes demasiado tarde (IBM, A&P, Sears, Hewlett-Packard, Dell). Y cuando un punto de inflexión va por mal camino, toda la organización puede desmoronarse o acabar siendo intrascendente (Toys R Us, Blockbuster, RadioShack).

Además, el progreso de los puntos de inflexión no es lineal. Avanzan a trompicones, y aunque estén surgiendo, es normal que la gente razonable disienta en cuanto a su importancia y su probable impacto.

No obstante, los grandes emprendedores e innovadores no permiten, sin más, que un punto de inflexión les suceda a ellos. Conectan las posibilidades emergentes, profundizan en las ideas de los consumidores y exploran nuevas tecnologías para desencadenar los cambios que pueden hacer que alcancen la cima (y mantenerles en ella).

Las cuatro etapas clave sobre cómo se despliegan los puntos de inflexión

Hay cuatro fases básicas en el desarrollo de los puntos de inflexión: la de sobreexpectación, la de desdén, la de surgimiento y la de madurez. Son similares a las fases de la metodología del Ciclo de Sobreexpectación de Gartner, que se emplean para comprender cómo se comercializan las tecnologías.[11]

---

11. Gartner: «Gartner hype cycle», www.gartner.com/en/research/methodologies/gartner- hype-cycle

En la etapa más temprana de un punto de inflexión probable, lo más productivo que puedes hacer es identificar los avisos tempranos sobre lo que podría ser importante y prestar atención. Sigue siendo demasiado pronto como para hacer grandes apuestas.

A medida que las cosas avanzan, la fase temprana da lugar a la *etapa de sobreexpectación*. Llegados a este punto, los expertos empezarán a proclamar que es probable que todo el orden mundial se dé la vuelta. El resultado suele ser una burbuja: los creyentes invierten mucho y arraiga una mentalidad «depredadora». La gran demanda, durante el período 2013-2016, de divisas de cadena de bloques de transacciones, como el Bitcoin, es un buen ejemplo. Todos entran en tromba a un escenario emergente, y cada uno espera obtener una pequeña parte de lo que asume que será un crecimiento enorme.

Los académicos que han estudiado esta etapa la llaman «la miopía del mercado del capital». En un famoso caso práctico de 1987, William Sahlman y Howard Stevenson mostraron cómo docenas de participantes en el entonces emergente sector de los discos duros Winchester invirtieron montañas de dinero, y cada uno de ellos esperaba obtener una pequeña parte de un amplio mercado. Estos fenómenos se dan cuando los participantes toman decisiones que son sensatas desde el punto de vista individual, pero no tienen en cuenta las consecuencias colectivas de que todos tomen la misma decisión.[12]

Al igual que en una tragedia griega, la etapa de sobreexpectación casi siempre acaba en desastre, a veces de forma espectacular. Esto nos lleva a la *fase de desdén* en el ciclo vital, en la que aquellos que no participaron en la etapa de sobreexpectación adoptan una perspectiva de «Ya te lo dije», comentando: «Eso no va a pasar nunca». Sin embargo, es en esta etapa en la que se encuentran las oportunidades reales. En la fase de desdén, algunos de los participantes iniciales habrán sobrevivido al colapso y habrán empezado a asentar las bases para un crecimiento importante. Desarrollarán unos modelos de negocio viables, encontrando nuevas necesidades de los clientes que abordar, y puede que incluso estén empezando a ganar dinero. Llegados a este punto, deberías pensar en algunas inversiones que supongan un punto de apoyo, explorando dónde podría haber oportunidades y proporcionando al punto de inflexión algo de atención emergente.

---

12. Sahlman, W. A. y Stevenson, H. (1985): «Capital market myopia», *Journal of Business Venturing*, vol. 1, pp. 7-30.

El desdén suele verse seguido de la *etapa de surgimiento* o emergente, que es mucho más tranquila, pero más «concreta». En esta fase, aquellos que están prestando atención podrán ver claramente cómo la inflexión puede hacer cambiar cosas. Éste es el punto en el que debes generar muchas opciones que te posicionen para cualquier modelo que acabe surgiendo.

Por último, el punto de inflexión llega por sí mismo a la *etapa de madurez.* Ahora es obvio para todos cómo hará cambiar el mundo. Aquellos que no estén preparados verán cómo sus negocios entran en declive. Es de esperar que tu organización esté bien posicionada para aprovechar las oportunidades de crecimiento que representa esta etapa.

Después de la inflexión, el cambio queda incorporado en las suposiciones de la vida cotidiana. De hecho, llegados a este punto hay mucha gente que ha olvidado por completo cómo eran las cosas antes de que se diera la inflexión. Tu agenda consiste ahora en asegurarte de deshacerte de los recursos que ya no sean relevantes y de disfrutar del crecimiento que puede proporcionar la transición exitosa a través de un punto de inflexión.

Cómo está organizado este libro

La primera parte del libro consiste en «ver» llegar los puntos de inflexión. Describe cómo las organizaciones pueden generar las advertencias tempranas de un punto inflexión inminente y luego organizarse para emprender acciones con respecto a esos conocimientos. El capítulo 1 se basa en la observación de Andy Grove de que «la nieve se derrite primero por la periferia»[13] para describir cómo las organizaciones ágiles y receptivas generan flujos de información rápidos y horizontales de forma que las decisiones puedan tomarse velozmente y las respuestas a los cambios ambientales puedan procesarse en tiempo real. El capítulo 2 describe cómo puedes crear tu propio sistema de advertencia temprana, que puede ayudarte no sólo a detectar un punto de inflexión inminente, sino también a decidir cuál es el momento correcto para actuar: una decisión estratégica clave.

El capítulo 3 aporta un punto de vista sobre los elementos de creación de estrategias y su integración en la agenda de innovación de una organización. También

13. Grove, A. S.: *Sólo los paranoides sobreviven.*

muestra cómo la gente, en cualquier nivel jerárquico, puede proporcionar valor a la creación y ejecución de una estrategia. Dados el ritmo y la velocidad del cambio, la generación de estrategias ya no es una actividad limitada al equipo ejecutivo. En lugar de ello es un esfuerzo estimular a toda la organización para que actué alrededor de un punto de vista común sobre el futuro.

La segunda parte del libro explora cómo las organizaciones pueden crear oportunidades frente a una inflexión importante. El capítulo 4 describe mecanismos para dirigirse a los escenarios de los clientes, que suelen ser invisibles para aquéllos asediados por la lógica tradicional centrada en la industria. Un escenario consiste en «la tarea que tiene que llevar a cabo» un cliente en un momento y lugar concretos, y muestra cómo puedes convertirte en el proveedor de elección para ayudar a los clientes a tener éxito y hacerlo obteniendo un beneficio.

El capítulo 5 muestra cómo puedes liberar las limitaciones impuestas a los clientes que hacen que queden trabados en una experiencia insatisfactoria, permitiendo que huyan de soluciones anteriores y acudan en masa hacia la tuya. El capítulo 6 ilustra una forma de planificar el aprovechamiento de oportunidades mediante la generación de muchas hipótesis y descartando muchas de ellas rápidamente. En este capítulo aprenderás la importancia crucial de enamorarte de un problema al que se enfrenten tus clientes en lugar de fijarte en una solución concreta. En términos de diseño, ésta es la diferencia entre ayudar a la gente que está cansada de estar de pie y diseñar una silla. La primera idea te proporciona mucho más espacio para tu imaginación.

La tercera parte del libro es una guía general para gestionar en entornos de gran velocidad e incertidumbre llenos de puntos de inflexión potenciales. El reto consiste, frecuentemente, en no ver cómo se avecina un cambio. (¡La revista *Fortune* ya advirtió del potencial de Amazon en 1996!).[14] El reto consiste en llevar a cabo el trabajo transformativo necesario para reprogramar la organización. Esto es el equivalente al «dilema del innovador»: los mismísimos sistemas y procesos que te sirvieron bien antes del punto de inflexión pueden ser las mayores barreras cuando necesites transformarte.[15]

---

14. Martin, M. H. (1996): «The next big thing: A bookstore?». *Fortune,* 9 de diciembre de 1996.

15. Christensen, C. M.: *The innovator's dilemma: When new technologies cause great firms to fail.* Harvard Business School Press, Boston, 1997.

El capítulo 7 describe la forma en la cual los sistemas organizacionales se resisten a responder a un punto de inflexión naciente y qué palancas de cambio pueden usar los agentes para cambiarlos. Este capítulo también examina cómo el fracaso inminente, o el fracaso real, pueden convencer a una organización, que de otro modo se mostraría reticente, para que haga cambios para su supervivencia. El capítulo 8 se centra en los comportamientos de los líderes en entornos ambiguos e inciertos y aporta ejemplos de cómo debes ir más allá de la mentalidad de «mando y control» y virar hacia un tipo de comportamiento de liderazgo muy distinto.

Por último, el capítulo 9 relaciona la idea de los puntos de inflexión organizacionales y de sistemas con cómo puedes hacer uso de ellos en tu beneficio en tu vida personal. Enfatiza que un punto de inflexión a nivel de la sociedad o una gran organización tiene unos efectos en forma de ondas que afectan a tu vida personal de formas significativas.

Aunque es bastante normal mostrarse preocupado con respecto a una inflexión estratégica que cambie aspectos importantes de nuestra vida, mi esperanza es que, al ir avanzando por este libro, la emoción y la posibilidad de un punto de inflexión importante también salgan a la luz.

¡Adelante!

1

La nieve se derrite por los bordes

«Dios mío, este hombre tiene el destino
de la democracia europea en sus manos y no sabe qué hacer».[1]

Molly Scott Cato,
miembro del Parlamento británico,
hablando acerca de la declaración de Mark Zuckerberg,
director ejecutivo de Facebook, ante los legisladores europeos,
23 de mayo de 2018

Si alguna vez ha habido un punto de inflexión que valiese la pena prever, seguramente sería el cambio en las suposiciones en los negocios engendrado por el dominio de las plataformas de redes sociales. Rápidamente, lo «social» ha cambiado drásticamente el *marketing,* ha convertido las interacciones entre la empresa y los clientes en calles de doble sentido, ha proporcionado una plataforma a voces que antes eran desconocidas y ha conectado bases de datos que solían estar cuidadosamente separadas, con resultados que nadie había previsto.

Las redes sociales (ya se trate de Facebook, Google, Twitter u otras) tuvieron un año 2018 difícil. Incluyó la difusión de las «*fake news*», las cuentas falsas, la manipulación de elecciones y votantes, el secuestro de cuentas en la red, la venta de la información más personal de la gente a terceros, la discriminación por perfil racial, permitir la suplantación de celebridades y el acoso a poblaciones vulnerables. Google, que ni siquiera logró enviar a un ejecutivo para que representara a la compañía

1. Ghosh, S. (2018): « Christ, this guy has the fate of European democracy in his hands», *Business Insider Australia*, 24 de mayo de 2018, www.businessinsider.com.au/mark-zuckerberg-facebook-power-democracy-2018-5

en las audiencias en el Congreso de EE. UU., se enfrenta a todo tipo de presiones legislativas y sobre su modelo de negocio.[2]

Como sociedad, ahora estamos, colectivamente, rascándonos la cabeza pensando en cómo llegó a suceder todo esto.

Este capítulo emplea el ascenso y las continuas dificultades de Facebook y de otras plataformas de redes sociales para ilustrar el dilema que supone «ver» las verdaderas implicaciones de los puntos de inflexión que se están desplegando. Tanto si eres un director ejecutivo poderoso como si eres alguien situado más abajo en la cadena de mando, los puntos ciegos son peligrosos. Hacia el final del capítulo, hay una discusión de prácticas que facilitan, en lugar de boquear, la detección temprana de estas señales importantes.

La idea central aquí procede de la profética observación de Andy Grove: «Cuando llega la primavera, la nieve se derrite primero por la periferia, ya que es ahí donde está más expuesta».[3]

Las pruebas de un punto de inflexión emergente no se presentan esmeradamente en la mesa de conferencias de la sala de juntas de la empresa. Es la gente que está directamente en contacto con el fenómeno la que suele percibir cambios pronto.

Son los científicos, que saben hacia dónde se está encaminando una tecnología y cuándo podría cambiar. Son los vendedores, que hablan con los clientes cada día. Son las personas que trabajan recibiendo llamadas en el servicio de atención al cliente y que averiguan, de primera mano, qué hay en la mente de los clientes. Es la gente que hace sonar la alarma porque hay algo roto en un sistema. Es la gente que experimenta una sensación incómoda con respecto a una decisión inminente que tomar en el futuro.

Ésta es la gente (quizás tú seas uno de ellos) que lo ve primero y de forma más clara.

---

2. Brandom, R. (2018): «Google's bad day in Congress came at the worst possible time», The Verge, 5 de septiembre de 2018, www.theverge.com/2018/9/6/17827854/google-congress-regulation-facebook-twitter-ftc-complaints

3. Grove, A. S.: *Only the paranoid survive: How to exploit the crisis points that challenge every company and career*. Doubleday, Nueva York, 1996. (Trad. cast.: *Sólo los paranoides sobreviven*. Granica: Barcelona, 1997).

El ascenso del capitalismo de la vigilancia

Cuando era joven, la fuente a la que acudir para conseguir información importante era un libro de referencia, como la *Enciclopedia británica.* Conservaba los secretos sobre qué leía en ella, qué secciones captaban mi atención y cuáles no, e incluso quién era yo.

Aquellos que cuidan de los libros de referencia (los bibliotecarios), son los custodios del conocimiento humano grabados en los materiales que tienen a su cuidado. Se les ha advertido, durante mucho tiempo, para que mantengan una ética de «facilitar, pero no monitorizar, el acceso a la información».[4] Ciertamente, el derecho a la privacidad con respecto a mi utilización de los recursos de las bibliotecas se ha visto confirmado una y otra vez en innumerables casos judiciales a lo largo de los años. El riesgo de que los bibliotecarios pudiesen explicarle a otros cuáles eran mis intereses personales se consideraba tan grande que, de hecho, fue abordado en su código ético.

En la actualidad, esa perspectiva relativa a la privacidad parece prácticamente pintoresca. Ciertamente, el negocio de la publicidad digital, en la que empresas como Facebook y Google usan lo que saben de sus usuarios para dirigir, con precisión, los anuncios, es enorme.

Una estimación asignó un valor de 88 000 millones de dólares en 2017[5] a la publicidad canalizada a través de estas plataformas. El modelo de negocio subyacente a esta tremenda fuente de ingresos es completamente opaco para mucha gente que, según los corredores de datos, aporta voluntariamente su información para obtener los beneficios del uso de estas plataformas gratuitamente. Sin embargo, la mayoría de nosotros no somos conscientes de los aspectos concretos sobre cómo es usada nuestra información más personal de formas que no eran económica o físicamente factibles antes de la revolución digital.

---

4. American Library Association (2014): «Privacy: An interpretation of the Library Bill of Rights», modificado el 1 de julio de 2014, www.ala.org/advocacy/intfreedom/librarybill/interpretations/privacy

5. Sluis, S. (2018): «Digital ad market soars to $88 billion, Facebook and Google contribute 90 % of growth», *AdExchanger*, 10 de mayo de 2018, https://adexchanger.com/online-advertising/digital-ad-market-soars-to-88-billion-facebook-and-google-contribute-90-of-growth/

Desvelar los secretos de las bases de datos anteriormente privadas

Allá en la época anterior a la revolución digital, la información relativa a la gente estaba almacenada en todo tipo de lugares. La gente que evaluaba tu capacidad crediticia conocía tus transacciones financieras. El departamento de tráfico conocía la información relativa a tu carnet de conducir y tu coche. El sistema de justicia penal conocía tu historial de arrestos, si tenías la mala suerte de tener uno. Tus médicos y proveedores de servicios de salud sabían acerca de tu salud, tratamientos y cualquier operación a la que te hubieses sometido, etc. Pero imagina si algún tipo de superbase de datos pudiera conocer y combinar toda esta información para generar un cuadro completo incluyéndolo todo sobre ti. ¿Sabes qué? Esa posibilidad no sólo existe, sino que cientos de organizaciones se aprovechan activamente de ello.

En la era predigital, la información sobre dónde vivías, cómo conducías, qué enfermedades padecías, qué problemas con la ley podías haber tenido, en qué te gustaba gastar tu dinero y tus tendencias políticas estaban, en cierto grado, disponibles para terceros interesados en averiguarlas. Pese a ello, era laborioso y caro, y la profundidad y la calidad de la información solían ser cuestionables. Sin embargo, los corredores de datos actuales pueden comparar múltiples bases de datos entre sí de forma barata y a una velocidad impresionante. Además, a medida que las bases de datos anteriormente manuales se van digitalizando, el coste de acceder a estos registros desciende enormemente.

Tim Sparapani, un experto del sector de los corredores de datos, dice que la mayoría de nosotros nos quedaríamos sorprendidos al descubrir la cantidad de información personal identificable sobre muchos de nuestros comportamientos más íntimos que está libremente disponible para cualquiera con un presupuesto para comprarla. Y ni siquiera tienes que alcanzar una escala como la de Facebook para beneficiarte de gente que se preste voluntariamente a compartir su información contigo. Un reportaje de investigación emitido en el programa estadounidense de televisión *60 Minutes* en 2014 averiguó que los corredores de datos son perfectamente felices configurando portales web como GoodParentingToday.com (una página web dedicada a la crianza de los hijos), cuyos miembros de la «comunidad» aportan detalles concretos sobre su vida en respuesta a preguntas como «¿Estás embarazada?», «¿Tienes un seguro de vida adecuado?» o «¿Tienes mascotas?».[6]

---

6. Kroft, S. (2014): «The data brokers: Selling your personal information», *60 Minutes,* emitido por primera vez el 9 de marzo de 2014, CBS, www.cbsnews.com/news/the-data-brokers-selling-your-personal-information/

Lo que Take5 Solutions, la empresa que se encuentra detrás de este portal web y de muchos otros, *no* te cuenta es que una vez que les has contado algo sobre ti, pueden cruzar los datos que les has proporcionado con otras bases de datos enormes que pueden llenar el retrato con un detalle mucho más pormenorizado. Lo que resulta amedrentador es que no hay una supervisión concreta protectora de los consumidores con respecto a qué información almacenan estas empresas o a quién están dispuestas a proporcionársela.

Las bases de datos individuales pueden, por sí mismas, contener información inocua, pero si dominas el poder para combinarlas pueden darse resultados completamente inesperados, y somos conocedores de esto desde hace mucho tiempo. Por ejemplo, en 2009 los investigadores pudieron predecir números concretos de la seguridad social mediante la combinación de datos de distintos subconjuntos (sin filtración de datos y sin acceder a ninguna información privilegiada).[7] En un nuevo modelo de negocio especialmente sórdido, portales web como Mugshots.com proporciona, en la red, fotos de los arrestos de personas sin preocuparles si al final esa persona fue declarada inocente o culpable, y luego cobran a esta gente cientos de dólares para eliminar esas fotos de la página. Miles de personas han informado de que sus expectativas de empleo y su vida personal se han visto afectadas por la divulgación de estas fotos. Los cuerpos policiales han encontrado extremadamente difícil enjuiciar a los operadores de estos negocios, que no son, en esencia, responsables ante nadie.[8]

Viajando entre la multitud

Al iniciar sesión, la mayoría de nosotros creemos que, bueno, simplemente estamos accediendo a ese portal web. De lo que no nos damos cuenta es de que terceros con los que quizás no tengamos ninguna relación en absoluto nos están obser-

---

7. Acquisti, A. (20129: «Privacy and Market Failures: Three reasons for concern, and three reasons for hope», *Journal on Telecommunications and High Technology Law*, vol. 10, núm. 2, pp. 227-233, http://jthtl.org/content/articles/V10I2/JTHTLv10i2_Acquisti.PDF

8. Schmidt, S. (2018): «This site will remove your mug shot – for a price, authorities say. Its owners are charged with extortion», *Morning Mix* (blog), *The Washington Post,* 18 de mayo de 2018, www.washingtonpost.com/news/morning-mix/wp/2018/05/18/this-site-will-remove-your-mug-shot-for-a-price-now-its-owners-are-charged-with-extortion/

vando, siguiendo nuestros movimientos y registrando esa información en sus propias bases de datos. Saben cómo navegamos por ese portal, en qué clicamos, qué leemos, qué descartamos, y combinando toda esta información con lo que ya se encuentra en nuestros expedientes, pueden generar una idea mucho más completa sobre quiénes somos.

Y aunque esto es, en gran medida, un secreto a voces, la persona media parece no tener ni idea de que decirle cualquier cosa a cualquier portal web puede hacer que esa información aparezca en el dominio público.

Además, el simple hecho de acceder a Internet genera una huella digital que explica a las partes interesadas cosas sobre tu comportamiento en la red. Aunque los usuarios son vagamente conscientes de que los portales web los rastrean usando *cookies*, de lo que muchos no son conscientes es de las llamadas «*cookies* de terceros».[9] Si, por ejemplo, inicias sesión en un portal de noticias y ese portal dispone de un botón de «me gusta» de Facebook, se instalará una *cookie* en tu ordenador a la que Facebook podrá acceder. Así pues, incluso aunque nunca hayas visitado Facebook ni tengas una cuenta, esta red social seguirá recibiendo información sobre lo que has estado haciendo en la red.[10] Ya está bien de toda esa gente que dice: «No tengo una cuenta de Facebook, así que ¿por qué debería preocuparme que esa red tenga mis datos?».[11]

Los líderes de las redes sociales prometieron, prometieron y volvieron a prometer que el rastreo de la gente por todo Internet acabaría y que los usuarios volverían a tener el control de sobre dónde aparecería su información y con quién se compartiría. En 2019, Katherine Bindley, una reportera de *The Wall Street Journal*, pensó que probaría lo bien que lo estaban haciendo las empresas a la hora de cumplir sus promesas. Se descargó la aplicación relativa al embarazo de la compañía What to Expect y, tal y como informó, «en menos de doce horas me llegó un anuncio de ropa premamá en mis contenidos de Instagram. Cuando intenté des-

---

9. «Disable third-party cookies in Firefox to stop some types of tracking by advertisers», Mozilla Support, sin datos, https://support.mozilla.org/en-US/kb/disable-third-party-cookies

10. Murdock, J. (2018): «Facebook is tracking you online, even if you don't have an account», *Newsweek*, 17 de abril de 2018, www.newsweek.com/facebook-tracking-you-even-if-you-dont-have-account-888699

11. Nield, D. (2017): «Here's all the data collected from you as you browse the web», *Field Guide*, Gizmodo, 6 de diciembre de 2017, https://fieldguide.gizmodo.com/heres-all-the-data-collected-from-you-as-you-browse-the-1820779304

andar el camino, discutiendo este asunto con el publicador de la aplicación, sus socios de datos, el anunciante y el propio Facebook (docenas de correos electrónicos y llamadas telefónicas), nadie estableció una conexión entre los dos sucesos».[12] Prosigue para profundizar sobre las muchas formas en las que las empresas violan la privacidad de las personas sin que ellas lo sepan, incluyendo el rastreo de su ubicación cuando los servicios de ubicación están bloqueados, el uso de algoritmos sigilosos que controlan por qué la gente ve ciertos anuncios y mostrar a la gente anuncios basados en la actividad que se da fuera de Facebook, incluso aunque se optara por no permitir que Facebook pudiera hacerlo.

En un estudio todavía más perturbador (si es que eso es posible), otra investigación de *The Wall Street Journal* averiguó que las aplicaciones de salud y bienestar estaban compartiendo información muy personal con Facebook.[13] En su estudio descubrieron que una aplicación sobre el ritmo cardíaco enviaba información a Facebook inmediatamente después de que los usuarios entraran en ella; una aplicación de monitorización de la ovulación enviaba información sobre cuando una usuaria estaba teniendo el período y si tenía intención de quedarse embarazada, y una aplicación inmobiliaria enviaba datos sobre las casas que estaba mirando un usuario y que marcaba como favoritas. Lo que es incluso peor, señalan los autores, es que «ninguna de esas aplicaciones proporcionaba a los usuarios ninguna forma aparente de hacer que esa información no se enviara a Facebook». Y lo que es incluso peor que eso es que los datos pueden, frecuentemente, rastrearse hasta llegar a un dispositivo y una dirección IP concretos, haciendo posible que Facebook los emparejara con su enorme mina de información personal, todo ello para beneficio de anunciantes que están dispuestos a pagar por anuncios orientados a grupos o mercados concretos.

Hay, claramente, una enorme diferencia entre lo que la gente que comparte datos cree que está permitiendo y lo que sucede en realidad.

---

12. Bindley, K. (2019): «Why Facebook still seems to spy on you», *The Wall Street Journal,* 28 de febrero de 2019, www.wsj.com/articles/facebook-ads-will-follow-you-even-when-your-privacy-settings-are-dialed-up-11551362400?mod=hp lead_pos7

13. Schechner, S. y Secada, M. (2019): «You give apps sensitive personal information. Then they tell Facebook», *The Wall Street Journal,* 22 de febrero, 2019, www.wsj.com/articles/you-give-apps-sensitive-personal-information-then-they-tell-facebook-11550851636?mod=searchresults&page=1&pos=4&mod=article inline

Tu entorno te está vigilando

La mayoría de nosotros sabemos que Internet es un poco como el Lejano Oeste en lo tocante a nuestra privacidad, y sólo podemos esperar que nuestra información no se filtre a la gente inadecuada. ¿Pero qué sucederá cuando el resto de nuestro mundo empiece a enfrentarse a un rastreo como el de Internet?

The New York Times informó, en 2018, de que, en millones de hogares, los llamados televisores inteligentes *(smart TV)* están programadas para rastrear lo que ves, y no sólo eso, sino que también rastrean información del resto de los dispositivos (como por ejemplo un *smartphone)* que estén vinculados a la misma red[14] que tu televisor. Samba TV (un motor de recomendación de contenido y una aplicación de seguimiento de espectadores diseñada para televisores inteligentes), por ejemplo, como parte de su proceso de instalación en una *smart TV,* te solicita permiso para enviar información acerca de ti a su nave nodriza. Eso incluye no sólo información sobre tus hábitos de visionado, sino también toda la información que fluye a través de cualquier otro dispositivo conectado a la misma red.

Éste es un santo grial para los anunciantes, porque pueden registrar información inmediata sobre la eficacia de los anuncios de televisión basada en las visitas posteriores a sus páginas web por parte de la gente que está siendo monitorizada de esta forma. Tal y como Christine DiLandro, una antigua directora de *marketing* de Citi, analizó en un evento del sector, la capacidad de conectar el comportamiento de visionado en tiempo real con su actividad digital es «un tanto mágica».[15] Las empresas pueden pagar a Samba para dirigirse a la gente con propuestas específicas después de que los espectadores hayan visto el anuncio de un competidor, uno de sus propios anuncios o un programa concreto. Y todo esto es completamente legal, siempre y cuando las compañías puedan asegurar que han proporcionado a los consumidores información que describa el rastreo con precisión, incluso aunque esto esté oculto en una política de aceptación de mil páginas.

Para los 47,3 millones de personas con acceso a un altavoz inteligente como Alexa o Siri, podemos tener la seguridad de que este dispositivo está escuchando lo

---

14. Whitson, G. (2018): «How to stop your Smart TV from tracking what you watch», *The New York Times,* 26 de julio de 2018.

15. Maheshwari, S. (2018): «TVs that find an audience for your data», *The New York Times,* 5 de julio de 2018.

que sucede en otras partes de su hogar.[16] Y en un caso tras otro, está muy claro que los altavoces están recogiendo y registrando datos que se encuentran en un segundo plano en nuestra vida. Por ejemplo, un altavoz Amazon Echo grabó conversaciones privadas entre una pareja en Seattle y envió fragmentos de las grabaciones a un conocido que vivía a cientos de kilómetros.[17] Más y más casos para el expediente.

Rápido, exponencial y no controlado: Facebook, ¿ascenso y...?

Como ejemplo de los retos a los que es probable que se enfrenten todas las grandes plataformas de redes sociales respaldadas por publicidad, centrémonos en Facebook. Desde su fundación en 2004 como red social *online* en Harvard (y al poco tiempo en otras facultades y universidades) hasta su capacidad actual para llegar a más de una tercera parte de la población mundial, el crecimiento de Facebook ha sido exponencial y su influencia deslumbrante. Sin embargo, su actitud con respecto a su uso de datos personales no ha cambiado mucho desde el principio. Su punto ciego consistió en no lograr darse cuenta de que, al final, el público, los reguladores, los competidores y otros captarían lo que esta red social estaba haciendo.

Las señales de lo que podíamos esperar de Facebook con respecto a la privacidad estuvieron disponibles desde el principio, tal y como revela el siguiente intercambio de mensajes instantáneos entre Mark Zuckerberg y un amigo, expuesto por primera vez por el podcast *Silicon Valley Insider*.

Zuckerberg: Bueno, si alguna vez necesitas información de alguien en Harvard
Zuckerberg: Simplemente pregunta.
Zuckerberg: Tengo más de cuatro mil *emails,* fotografías, direcciones, números de la seguridad social.
[Nombre del amigo, eliminado]: ¿Qué? ¿Cómo has conseguido eso?
Zuckerberg: La gente simplemente los envió.

16. Perez, S. (2018): «47.3 million U.S. adults have access to a smart speaker, report says», TechCrunch, 7 de marzo de 2018, https://techcrunch.com/2018/03/07/47-3-million-u-s-adults-have-access-to-a-smart-speaker-report-says/

17. Siemaszko, C. (218): «Little did she know, Alexa was recording every word she said», NBC News, 24 de mayo de 2018, www.nbcnews.com/tech/tech-news/little-did-she-know-alexa-was-recording-every-word-she-n877286

Zuckerberg: No sé por qué.
Zuckerberg: «Confían» en mí.
Zuckerberg: Tremendos estúpidos.[18]

Cuando la red se abrió a la gente de fuera del entorno de las instituciones académicas en 2006,[19] los líderes de la empresa empezaron, supuestamente, a pensar en ella como en «el directorio de toda la gente del mundo» que esperaban que fuera el que «dominara».[20]

Hagamos un avance rápido hasta la salida a bolsa de Facebook en 2012 cuando, tal y como apuntó un observador, la presión por ganar dinero con el enorme número de usuarios de Facebook se volvió intensa, precipitando sus incursiones en la publicidad dirigida.[21] Esto sólo supuso el inicio de una serie de contratiempos documentados que, básicamente, procedieron de la capacidad sin precedentes de Facebook para explotar la información de los usuarios y proporcionar un acceso automatizado a los anunciantes.[22]

Hacia 2016, las señales de que el uso de ciertos tipos de publicidad dirigida era inaceptable se volvieron tan estridentes que uno tendría que haber llevado puesta una venda en los ojos para no verlas.

En, simplemente, un ejemplo indignante, Facebook permitió que los anunciantes del sector inmobiliario evitaran que los anuncios se mostrasen a miembros de grupos de «afinidad» como los afroamericanos, los estadounidenses de origen

---

18. «*Tremendos estúpidos*»: Carlson, N. (2010): «Well, these new Zuckerberg IMs won't help Facebook's privacy problems», Business Insider, 13 de mayo de 2010, www.businessinsider.com/well-these-new-zuckerberg-ims-wont-help-facebooks-privacy-problems-2010-5

19. Hansell, S.: «Site previously for students will be opened to others», *The New York Times,* 12 de septiembre de 2006.

20. Fisher, A. (2010): «Sex, beer, and coding: Inside Facebook's wild early days», *Wired,* 10 de julio de 2010, https://medium.com/@WIRED/sex-beer-and-coding-inside-facebooks-wild-early-days-in-palo-alto-7b447c143d52. Véase también Fisher, A.: *Valley of genius: The uncensored history of Silicon Valley.* Twelve, Nueva York, 2018.

21. Greenfield, R. (2012): «2012: The year Facebook finally tried to make some money», *The Atlantic,* 14 de diciembre de 2012, www.theatlantic.com/technology/archive/2012/ 12/2012-year-facebook-finally-tried-make-some-money/320493/

22. Lomas, N. (2018): «A brief history of Facebook's privacy hostility ahead of Zuckerberg's testimony», Tech-Crunch, 10 de abril de 2018, https://techcrunch.com/2018/04/10/a-brief-history-of-facebooks-privacy-hostility-ahead-of-zuckerbergs-testimony/

asiático y los hispanoamericanos. Cuando ProPublica sacó esta historia a la luz (después de comprar un anuncio en la categoría inmobiliaria que excluía específicamente a filiaciones étnicas), un importante abogado de derechos civiles dijo: «Esto es horripilante. Esto es tremendamente ilegal. Esto supone la violación más descarada de la Ley Federal para la Equidad en la Vivienda con la que uno se podría encontrar».[23]

En un trato fáustico, los consumidores han aceptado que pueden obtener servicios gratis estando de acuerdo en proporcionar información personal. El resultado es un acuerdo económico asimétrico. Lo que empezó siendo una idea relativamente modesta y divertida (¡Comparte fotos de tus amigos! *¡Comparte fotos de tus vacaciones!*) se ha convertido ahora en una fuerza social alimentada por miles de millones de dólares en publicidad.

Otros corredores de datos también siguen prácticas problemáticas. Google, por ejemplo, ha chocado con la Unión Europea, que multó a la compañía con 5 000 millones de dólares por prácticas como solicitar a los fabricantes precargar aplicaciones de Google en sus dispositivos y vender sólo versiones no modificadas del *software* de Google Android. Al contrario que los líderes de Google, que no niegan la recopilación de datos pero que argumentan que genera «más opciones para todos»,[24] los ejecutivos clave de Facebook han manifestado su asombro e ignorancia con respecto a cómo se han usado los datos que los usuarios les han confiado.

El director ejecutivo de Facebook ha tenido que dar explicaciones frente a representantes electos en dos continentes. La respuesta de la compañía a las revelaciones de Cambridge Analytica han sido criticadas en términos de una respuesta pobre ante una crisis.[25] Ese escándalo implicó la venta de información de más de 50 millones de personas por parte de la compañía sin que lo supieran con el fin

---

23. Angwin, J. y Parris, T. Jr., «Facebook lets advertisers exclude users by race», ProPublica, 28 de octubre de 2016, www.propublica.org/article/facebook-lets-advertisers-exclude-users- by-race

24. Gunther McGrath, R.: «The EU's $5 billion fine is bad news for Google – but it's not about the money», *Fortune,* 20 de julio de 2018, http://fortune.com/2018/07/20/google-android- chrome-eu-fine-antitrust-laws/

25. Haggerty, J. F. (2018): «Commentary: How Facebook's response ignited the Cambridge Analytica scandal», *Fortune,* 27 de marzo de 2018, http://fortune.com/2018/03/27/facebook-cambridge-analytica-data-scandal-crisis-investigation/

de dirigir anuncios políticos.[26] Ha surgido[27] un pequeño movimiento de gente que quiere abandonar su ecosistema. Los especialistas dicen ahora que Facebook podría muy bien seguir el camino de Myspace;[28] e incluso celebridades como Steve Wozniak (cofundador de Apple) y Brian Acton (fundador de WhatsApp) se adhirieron a #EliminaFacebook (#DeleteFacebook).[29]

Las compañías de redes sociales se enfrentan a un punto de inflexión importante, y Zuckerberg ha declarado que su compañía está «en guerra».[30] El inversor billonario George Soros hasta llegó a anunciar en la reunión en Davos (Suiza) del Foro Económico Mundial de 2018 que «los días de Facebook están contados».[31]

Las profecías de desgracias del negocio de los datos personales

No podemos decir que Facebook no estuviera advertido.

Tal y como he averiguado con prácticamente todos los puntos de inflexión importantes que he estudiado, hubo pruebas tempranas del potencial de esto mucho antes de que lo tuviéramos delante. Examinemos las primeras señales que resultan especialmente relevantes para Facebook (mientras reconocemos que es pro-

---

26. Granville, K. (2018): «Facebook and Cambridge Analytica: What you need to know as fallout widens», *The New York Times,* 19 de marzo de 2018, www.nytimes.com/2018/03/19/technology/facebook-cambridge-analytica-explained.html

27. Bever, L. (2018): «Why Apple co-founder Steve Wozniak is joining the #DeleteFacebook movement», *The Switch* (boletín informativo), *The Washington Post,* 9 de abril de 2018, www.washingtonpost.com/news/the-switch/wp/2018/04/09/why-apple-co-founder-steve-wozniak-is-joining-the-deletefacebook-movement/

28. Herrman, J. (2018): «What happens when Facebook goes the way of Myspace?», *The New York Times Magazine,* 12 de diciembre de 2018.

29. Mazza, E. (2018): «Apple co-founder Steve Wozniak ditches Facebook after data scandal», HuffPost, 9 de abril de 2018, www.huffingtonpost.com/entry/steve-wozniak-quits-facebook_us_5acaf56ee4b09d0a119529bf

30. Malone Kircher, M. (2018): «Facebook is at war and Mark Zuckerberg is its general», *Intelligencer,* 19 de noviembre de 2018, http://nymag.com/intelligencer/2018/11/mark-zuckerberg-declared-facebook-at-war.html

31. Solon, O. (2018): «George Soros: Facebook and Google a menace to society», *The Guardian,* 26 de enero de 2018, www.theguardian.com/business/2018/jan/25/george-soros-facebook-and-google-are-a-menace-to-society

bable que todo el sector de la correduría de datos y de las redes sociales se vean afectados).

Los observadores han considerado, desde hace mucho tiempo, que un riesgo considerable de Internet era cómo podía usarse la información. De hecho, en 1996, una celebridad como Tim Berners-Lee, el fundador de la red, se preguntó sobre los efectos de Internet:

> **¿Permitirá una verdadera democracia mediante la información a los votantes de las realidades tras las decisiones de Estado o albergará, en la práctica, guetos de intolerancia en los que la intensidad emocional, más que la verdad, se ganen a los lectores? Somos nosotros quienes debemos decidir, pero no es algo trivial valorar el impacto de decisiones sencillas de ingeniería sobre las respuestas a tales preguntas.**[32]

Facebook y Google ni siquiera existían en el momento en el que se formuló está pregunta futurista. Sin embargo, ambos estaban creciendo rápidamente cuando se emitió una advertencia profética en 2006. Danah Boyd, una erudita de la tecnología y las redes sociales e investigadora jefe en Microsoft, advirtió sobre los peligros para la privacidad que representaba la herramienta de Facebook Boletín de Noticias.[33] Observó entonces que, aunque las informaciones individuales eran fáciles de obtener por aquellos que los estuviesen buscando, el Boletín de Noticias generaba sensaciones de estar expuesto, ya que la información que los usuarios habían proporcionado al portal web estaban ahora siendo enviada a cualquiera con quien estuviesen conectados de una forma que no habían previsto. Esto no se ve aliviado por la obtusa tipificación por parte de Facebook de quién cuenta como «amigo». Agrupando a todos, desde el tipo al que ves regularmente en la cafetería hasta tus verdaderos amigos y familiares, Facebook hace difícil ser selectivo sobre quién ve qué. Esto contribuye a lo que Boyd llamó una sensación de «invasión».

---

32. Berners-Lee, T. (1996): «The World Wide Web: Past, present and future», agosto de 1996, www.w3.org/People/Berners-Lee/1996/ppf.html

33. Boyd, D. (2006): «Will Facebook learn from its mistake?», *Apophenia* (blog), 7 de septiembre de 2006, www.zephoria.org/thoughts/archives/2006/09/07/will_facebook_l.html; Boyd, D. (2006): «Facebook's "privacy trainwreck": Exposure, invasion, and drama», *Apophenia* (blog), 8 de septiembre de 2006, www.danah.org/papers/FacebookAndPrivacy.html

Tal y como dijo entonces del Boletín de Noticias: «Es enfermizo, socialmente perturbador y mucho peor para los usuarios que los jefes al acecho listos para derribarte vengativamente por la mera presencia de un vaso rojo de plástico[34] [...]. Y creo que también esto se terminará fraguando». Dolorosamente, las advertencias de Boyd tenían que ver con información que los usuarios compartían conscientemente con Facebook. Incluso ella no estaba pensando en el uso que se podía dar a los datos privados al comprarlos y venderlos. Sus advertencias fueron, en gran medida, ignoradas mientras la compañía crecía exponencialmente. El ritmo espectacular al que Facebook añadía usuarios siguió sin cesar.

Otra serie de advertencias que fueron ignoradas tenían que ver con la presencia de participantes malintencionados en la plataforma. Esta gente creaba cuentas falsas, iniciaba estafas y convertía, de otras formas, las relaciones que la gente establecía en esa red social en un arma. La presencia de cuentas falsas estaba tan generalizada que un artículo de 2011 en la revista *Adweek* advertía a la gente sobre «7 signos seguros de que tu nuevo amigo de Facebook es falso».[35] La asunción de Facebook de que requerir que los usuarios se inscribieran con su nombre real supondría un elemento disuasorio parece haber sido errónea.

Más interesantes que las advertencias de observadores externos como Boyd fueron las llamadas a la acción por parte de personas que trabajaban para Facebook. Advirtieron de que los datos que la compañía estaba recopilando podrían ser empleados con fines que ningún usuario habría pretendido nunca. Sandy Parakilas, un director de operaciones de esta plataforma desde 2011 hasta 2012 dijo, en una entrevista televisada en 2018, que había informado a los principales líderes de Facebook sobre las protecciones insuficientes de los datos sensibles que los usuarios le habían facilitado pero que, en esencia, fue ignorado.

Tal y como dijo en la entrevista: «Fue algunas semanas antes de la salida a bolsa, y la prensa había estado difundiendo estos asuntos una y otra vez [...] señalando las formas en las que Facebook no había estado cumpliendo con sus obligaciones». Continuó describiendo lo «horrorizado» que quedó al descubrir que, justo nueve meses después de su

34. Típico recipiente para tomar alguna bebida en una fiesta desenfadada en EE. UU. *(N. del T.)*

35. O'Neill, N. (2011): «7 surefire signs your new Facebook friend is a fake», *Adweek,* 3 de marzo de 2011, www.adweek.com/digital/fake-facebook-friend/

primer empleo en el sector tecnológico, era el responsable de datos de los usuarios de Facebook. Tal y como señaló: «No estaban preocupados por resolver el problema, sino preocupados por proteger su reputación en la compañía».[36]

En un coro creciente de voces, exempleados de Facebook se han mostrado en descuerdo con los efectos sociales de la plataforma. Chamath Palihapitiya, un antiguo ejecutivo de Facebook, se ha lamentado de la naturaleza adictiva de lo que Facebook ha creado, culpándole de «destrozar a la sociedad».[37]

Algunos exejecutivos tecnológicos han ido incluso más allá de emitir críticas verbales. Al fundar el Centro para Tecnología Humana (Center for Humane Technology) en 2018, antiguos ejecutivos de empresas como Google y Facebook estaban intentando generar una respuesta institucional unificada con respecto a lo que consideran las consecuencias sociales negativas de la adicción a las redes sociales.[38]

¿El principio de un punto de inflexión?

A los recopiladores de datos les ha interesado mantener a la gente en la oscuridad, cubriendo legalmente su conducta con unos términos de servicio que contienen miles de palabras. En la actualidad, los corredores de datos pueden vender y comprar displicentemente tu información más personal (¿Fumas? ¿Eres gay? ¿Te gusta la serie de libros *Cincuenta sombras de Grey?),* prácticamente sin supervisión, y la mayoría de nosotros ni siquiera lo sabemos. Al ver que los ejecutivos de algunas compañías han sido arrastrados frente al Congreso de EE. UU., con la introducción del Reglamento General de Protección de Datos (RGPD) en Europa y con incluso más ejemplos de cómo los datos personales en manos inadecuadas dan lugar a resultados horribles, creo que recordaremos esta época como un importante punto de inflexión sobre cómo se legisla el uso de la información personal.

---

36. Jacoby, J. y Bourg A. (2018): «Facebook insider says warnings about data safety went unheeded by executives», *Frontline,* retransmitido por primera vez el 20 de marzo de 2018, PBS, www.pbs.org/wgbh/frontline/article/facebook-insider-says-warnings-about-data-safety-went-unheeded-by-executives/

37. Vincent, J. (2017): «Former Facebook exec says social media is ripping apart society», The Verge, 11 de diciembre de 2017, www.theverge.com/2017/12/11/16761016/former-facebook-exec-ripping-apart-society

38. Bowles, N. (2018): «Early Facebook and Google employees form coalition to fight what they built», *The New York Times,* 5 de febrero de 2018.

Antonio García Martínez le toma el pulso a este problema. En su libro *Chaos monkeys*, que lo cuenta todo sobre Silicon Valley, describe cómo ayudó a crear los programas de publicidad de terceros que siguen a los usuarios por todo Internet.[39] ¿Su cínico punto de vista sobre cómo Facebook limita cómo se usan sus datos?: «La dura realidad es que Facebook nunca intentará limitar ese uso de sus datos a no ser que el clamor del público alcance un grado tal que no se pueda silenciar».[40]

Hay muchas señales de que este clamor ya ha llegado. En un informe de 2016 sobre las actitudes de los estadounidenses con respecto a la privacidad de los datos personales, la TRUSTe (una empresa de tecnología de cumplimiento de la privacidad)/el Índice de Privacidad de los Consumidores de la Alianza Nacional para la Ciberseguridad vieron que había más gente preocupada por la privacidad que por perder su fuente primaria de ingresos.[41]

Del mismo modo, los Gobiernos están despertando. Según *The New York Times*, no menos de cincuenta Gobiernos han implantado medidas para recuperar el acceso.[42] Una vez que las plataformas tecnológicas se convirtieron en redes para la comunicación de persona a persona, libres de restricciones gubernamentales, los Gobiernos empezaron a sentirse amenazados y respondieron en consecuencia. Ciertamente, Facebook lleva prohibido en China desde 2009 (después de que se pensara que había desempeñado un papel en las comunicaciones entre manifestantes) a pesar de una importante ofensiva atractiva, incluyendo que Mark Zuckerberg estaba aprendiendo a hablar chino mandarín.

Tampoco es inconcebible que, en intercambio por el permiso para seguir operando, los Gobiernos puede que insistan en que Facebook se reestructure. Con el aplanamiento de la curva de crecimiento de su plataforma nuclear Boletín de Noticias y todo el crecimiento que se está dando en WhatsApp e Instagram, eso serían

---

39. García-Martínez, A.: *Chaos Monkeys: Obscene fortune and random failure in Silicon Valley*. HarperCollins, Nueva York, 2016.

40. Mozur, P.; Scott, M. e Isaac, M. (2017): «Facebook is navigating a global power struggle», *The New York Times,* 18 de septiembre de 201

41. Mastroianni, B. (2016): «Survey: More Americans worried about data privacy than income», CBS News, 28 de enero de 2016, www.cbsnews.com/news/truste-survey-more-americans-concerned-about-data-privacy-than-losing-income/

42. García-Martínez, A. (2017): «I'm an ex-Facebook exec: Don't believe what they tell you about ads», *The Guardian,* 2 de mayo de 2017, www.theguardian.com/technology/2017/may/02/facebook-executive-advertising-data-comment

noticias verdaderamente malas para el negocio de Facebook.[43] Ahora que los datos están recibiendo el apelativo de «el nuevo petróleo», se están haciendo analogías con la fragmentación de las grandes compañías petroleras a principios de la década de 1900, o con la innovación que floreció en la década de 1980 después de que AT&T ya no pudiera ejercer un poder monopolístico sobre qué servicios y dispositivos podían comprar los consumidores.

Los funcionarios gubernamentales también están empezando a emplear mecanismos legales para estrangular los modelos de negocio de los llamados fabricantes de *smart TV* que usan servicios como Samba para abultar sus estrechos márgenes.[44]

Lo que resulta todavía más grave para Facebook en concreto es la reducción de su atractivo para sus propios empleados actuales y potenciales. A finales de 2018, sólo la mitad de ellos decía que creía que la compañía estaba haciendo que el mundo fuera mejor, y el 52 % dijo que la empresa estaba en el camino adecuado.[45] Otro informe decía que muchos empleados estaban recurriendo a contactos externos para conseguir trabajo en otras organizaciones.[46]

Otro gran reto para el modelo de negocio de Facebook es la competencia. Aunque tiene una relación profunda y pegajosa con sus seguidores, no gana dinero con ellos. Gana dinero vendiendo información acerca de ellos a los publicistas; y la información es, toda ella, indirecta: quién eres, qué te gusta, en qué clicas, etc. Imagina lo mucho más potente que podría ser la publicidad en una plataforma como Amazon. Amazon no sólo tiene mucha información (mucha de ella bastante menos espeluznante que la que recopila Facebook), sino que también sabe lo que realmente compras. Los observadores esperan que Amazon capte una buena cantidad del tráfico de

43. Elliott, L. (2018): «Is it time to break up the tech giants such as Facebook?», *The Guardian,* 25 de marzo de 2018, www.theguardian.com/business/2018/mar/25/is-it-time-to-break-up-the-tech-giants-such-as-facebook

44. Maheshwari, S. (2018): «Senators urge investigation of Smart TV industry, citing privacy concerns», *The New York Times,* 13 de julio de 2018.

45. Seetharaman, D. (2018): «Facebook morale takes a tumble along with stock price», *The Wall Street Journal,* 14 de noviembre de 2018, www.wsj.com/articles/facebook-morale-takes-a-tumble-along-with-stock-price-1542200400

46. Newton, C. (2018): «Facebook's morale problem is getting worse», The Verge, 6 de diciembre de 2018, www.theverge.com/2018/12/6/18128267/facebook-morale-uk-parliament-emails-privacy-competition

Google y Facebook mientras hace uso de la información que posee para proporcionar anuncios que los usuarios pueden convertir rápidamente en compras.[47]

La competencia de Facebook también puede surgir de otras plataformas. Sólo por especular, los fundadores de Instagram abandonaron la compañía en 2018, tras desavenencias declaradas con otros directivos de la compañía.

En un comunicado que me daría que pensar si formara parte del equipo directivo, Kevin Systrom, cofundador de Instagram, dijo que esperaba con ilusión empezar «algo nuevo».[48] Piensa en ello: Hay un tipo que ya ha creado un canal de redes sociales inmensamente popular que es libre; y al contrario que otros fundadores cuyas compañías es probable que sean vulnerables a su adquisición por parte de Facebook (su actividad normal anticompetencia), no es probable que Systrom se vea tentado por mucho dinero que Facebook le pueda poner delante de sus narices.

Por lo tanto, mi argumento básico es el siguiente: el punto de inflexión ha llegado para Facebook y para otras organizaciones recopiladoras de datos que se alimentan de la publicidad. La compañía y sus iguales quizás todavía averigüen cómo maniobrar a través del punto de inflexión, pero podemos estar bastante seguros de que tendrán un aspecto bastante diferente a medida que este movimiento se desarrolle.

El conocimiento desde los bordes: ocho formas de abordar los puntos ciegos

Facebook se encuentra en un momento crucial. En el momento de la redacción de este libro, esta red, que tiene más de 2000 millones de usuarios activos, que genera 40 000 millones de dólares en ingresos (2017) y tiene una presencia ubicua en cualquier lugar de Internet, parece inexpugnable. Pese a ello, hay gigantes que han caído antes. El fracaso a la hora de ver las nubes de tormenta acercándose desempeña un enorme papel en los bandazos hacia la irrelevancia. Piensa en Nokia.

---

47. Sun, L. (2018): «Amazon becomes a major contender in digital advertising: A foolish take», *USA Today*, 2 de octubre de 2018, www.usatoday.com/story/money/markets/2018/ 10/02/amazon-contender-digital-advertising-sales/37920325/

48. Rodríguez, S. (2018): «Former Instagram CEO on why he quit Facebook: «No one ever leaves a job because everything's awesome"», CNBC, 15 de octubre de 2018, www.cnbc.com/ 2018/10/15/instagram-former-ceo-kevin-systrom-on-why-he-left-facebook.html

En 2007 poseía un 49,4 % de la participación global en el mercado de los teléfonos móviles. Su director ejecutivo apareció en la portada de la revista *Forbes* en noviembre, acompañado del titular «Nokia: Mil millones de clientes. ¿Puede alguien pillar al rey de los teléfonos móviles?». Y pese a ello, las advertencias tempranas de su colapso ya estaban a punto desde la introducción del iPhone de Apple y la comercialización de la plataforma Android a principios de ese mismo año.

Lo sé porque estaba trabajando muy de cerca con esa compañía a principios de la década de 2000. Empecé a recibir correos electrónicos de gente que estaba al tanto que decían que los contables habían asumido el mando en Nokia y que los tipos talentosos que solían estar muy cerca del mercado estaban siendo machacados. Pese a que sostenía en mi mano un dispositivo que resultaría reconocible en la actualidad como una tableta con conexión a Internet, ningún cliente la vería nunca; y lo más desalentador es que los procesos de emprendimiento y crecimiento en los que otras personas y yo habíamos trabajado tan duro estaban siendo desmantelados.

El liderazgo de Nokia había perdido el contacto con los bordes (con los lugares en los que los puntos de inflexión negativos para su negocio estaban acumulando fuerzas). Una ignorancia similar alimentada por el éxito parece abundar en Facebook.

La recopilación de datos y las prácticas de publicidad dirigida de Facebook han conducido a unos resultados extraordinariamente preocupantes; y si debemos creer a los representantes de la compañía, todo esto ha supuesto un mazazo realmente terrible.

Dejando a un lado el cinismo sobre tales afirmaciones, podemos identificar un patrón constante de ignorar las preocupaciones externas que caracteriza a los retos para Facebook. Tanto si Facebook acaba extendiendo su ventaja competitiva (como ha hecho antes con las adquisiciones de WhatsApp e Instagram, que estaban creciendo rápidamente) como si no, está claro que sus líderes hubieran preferido no estar «en guerra» en 2018.

En el próximo capítulo presentaré un método para detectar e interpretar señales débiles de que las cosas podrían estar cambiando. Aquí me centraré en cómo puedes detectar esas señales antes de que la noticia resulte obvia para todos empleando algunos ejemplos de la saga de Facebook para ilustrarlo.

Estar presente en los bordes

Si la nieve se derrite desde los bordes, te corresponde disponer de mecanismos implementados para ver qué está pasando ahí. Ésta es una prescripción ampliamente formulada por los futurólogos, como Amy Webb, en su brillante libro *The signals are talking.*[49] Y pese a ello, cuando pienso en cómo pierden su tiempo tantos ejecutivos con los que trabajo, llegar a los bordes es una de las últimas cosas en su agenda. Citando las presiones del día a día, la necesidad de cumplir con los objetivos del trimestre actual, o incluso una falta de preocupación debido a un continuo y tremendo éxito, permanecen seguros en sus oficinas centrales y se rodean de miembros del equipo interno.

Piensa, pues, en las siguientes ocho prácticas que pueden ayudarte a asegurarte de que no hay nada cociéndose en la periferia de tu organización que pudiera tener un impacto explosivo en la compañía antes de que te des cuenta.

1. Crea mecanismos que dirijan los flujos de información desde la oficina con vistas panorámicas a las calles

Una razón muy común por la cual los líderes no detectan puntos de inflexión importantes es que se encuentran aislados de la gente que les podría decir lo que está pasando de verdad. Al cerrarse a la comunicación crucial con la gente que podría estar en desacuerdo o que puede tener distintas perspectivas ventajosas, esos líderes desarrollan una falsa idea de lo que está sucediendo en el mundo.

Esto parece ser parte de la historia en Facebook. En esta muy exitosa compañía, no resulta sorprendente que sus líderes se hayan mantenido dentro de un círculo bastante estrecho. Estos líderes, muchos de los cuales han formado parte de la organización durante una década o más, han descrito frecuentemente al equipo directivo como una «familia».[50] En la parte positiva, informan de unos lazos y relaciones duraderas, fuertes y de confianza que permiten que la compañía se mueva

---

49. Webb, A.: *The signals are talking: Why today's fringe is tomorrow's mainstream.* PublicAffairs, Nueva York, 2016.

50. Salinas, S. (2018) «Facebook's "family" is getting smaller, as several executives head for the exits in a turbulent year», CNBC, 3 de septiembre de 2018, www.cnbc.com/2018/09/01/all-the-facebook-executives-who-announced-departure-so-far-in-2018.html

con rapidez. Una indicación de que el punto de inflexión ha llegado para Facebook es que muchos miembros de este equipo muy unido han anunciado su salida.

Sin embargo, algunos observadores no han sido tan elogiosos con esta organización amistosa. Uno de ellos ha dicho que «Mark Zuckerberg está rodeado de aduladores y gente que piensa exactamente igual que él. Él no es consciente del impacto negativo que su compañía ha tenido sobre el mundo».[51] Algunos han ido tan lejos como para afirmar que Facebook es «como una secta», un lugar de trabajo en el que se desalienta la discrepancia: una receta infalible para generar puntos ciegos.[52]

Las organizaciones que buscan las advertencias tempranas de un punto de inflexión tienen prácticas implementadas que permiten que la información y las tendencias que se están cociendo lejos de las oficinas centrales se vean y oigan. Una práctica consiste en la generación deliberada de flujos de información que lleguen directamente desde las oficinas de los líderes hasta las primeras líneas de la empresa. Esto puede asumir muchas formas. Cuando Lou Gerstner estaba dirigiendo IBM, pasó los primeros meses en su puesto visitando a clientes y hablando con empleados de vanguardia para captar la sensación de lo que estaba pasando realmente. En un sistema muy jerarquizado, volvió locos a los empleados mediante la organización de sesiones de «inmersión profunda» a las que se invitaba a los participantes dependiendo de la información de la que dispusieran, independientemente de su nivel jerárquico.

Las conversaciones en las que se prescinde del nivel jerárquico de la gente son otra fuente de información sin filtros. Una práctica que he visto consiste en un líder que invita regularmente a desayunar a varios empleados escogidos al azar por un programa informático. Otra por todos conocida que se usa en la división de tarjetas de crédito de Citibank cosiste en pedir regularmente a los líderes que informen sobre una idea que hayan aprendido de un cliente real ese mes. La clave aquí consiste en proporcionar una forma metódica pero segura desde el punto de vista de la organización para que aquéllos con derecho a tomar decisiones se expongan a lo que está cambiando en la interfase entre la organización y su entorno externo.

---

51. Bilton, N. (2017): «"Oh my God, what have I done": Some early Facebook employees regret the monster they created», *Vanity Fair,* 12 de octubre de 2017, www.vanityfair.com/news/2017/10/early-facebook-employees-regret-the-monster-they-created

52. Rodríguez, S. (2019): «Inside Facebook's "cult-like" workplace, where dissent is discouraged and employees pretend to be happy all the time», CNBC, 8 de enero de 2019, www.cnbc.com/2019/01/08/facebook-culture-cult-performance-review-process-blamed.html

2. Asegúrate de hacer uso de la diversidad de pensamiento

Para bien o para mal, los seres humanos extraen sus expectativas sobre el mundo de sus propios marcos o referencias. El equipo fundador de Facebook y su conjunto inicial de seguidores no sólo tenían un marco de referencia colegiado, sino una verdadera excelencia a ese respecto. Esto condujo a que no captaran las implicaciones de lo que podía hacerse con su plataforma una vez que toda la humanidad (con sus distintas normas culturales, sus distintas expectativas institucionales y sus distintas motivaciones) tuviera acceso a ella.[53]

O, expuesto de forma más clara por Anil Dash, un pionero del *blogging* y el primer empleado de Six Apart, el creador de Movable Type:[54] «Si tienes veintiséis años, has sido un niño mimado, has sido rico toda tu vida, has sido un privilegiado toda tu vida y has tenido éxito toda tu vida, por supuesto que no piensas que nadie tuviera nunca nada que ocultar».[55]

La falta de imaginación y la incapacidad de ver cómo otras personas podrían aprovecharse de una situación de una forma que tú no harías es un típico punto ciego. Por ejemplo, las almas optimistas que hay detrás del proyecto LinkNYC (un intento por dar un mejor uso a las cabinas telefónicas abandonadas), creó lugares públicos en ellas para acceder a Internet. En la mente de los fundadores del proyecto, las terminales serían usadas por los turistas que buscaran información local, por gente que buscara buenos restaurantes y con otros fines relativamente positivos. Imagina su consternación cuando empezaron a llegar informes de personas viendo pornografía en la calle, montando salas de estar al aire libre alrededor de los terminales y usándolos para otros comportamientos indeseables.[56]

---

53. Shahani, A. (2017): «Mark Zuckerberg's big blind spot and the conflict within Facebook», *All Tech Considered* (blog), NPR, 31 de octubre de 2017, www.npr.org/sections/alltechconsidered/2017/10/ 31/560667628/mark-zuckerbergs-big-blind-spot-and-the-conflict-within-facebook

54. Una herramienta web desarrollada como *software* libre destinada a la creación y publicación de bitácoras o weblogs. *(N. del T.)*

55. Vargas, J. A. (2010): «The face of Facebook», *The New Yorker,* 20 de septiembre de 2010, www.newyorker.com/magazine/2010/09/20/the-face-of-facebook

56. Chung, J. (2016): «After porn & masturbation incidents, LinkNYC removes Web browsing from WiFi kiosks», Gothamist, 14 de septiembre de 2016, http://gothamist.com/2016/09/14/free_porno_spigots_cut_off.php

Pregúntate: ¿estoy dando lugar a puntos de vista diversos en nuestras discusiones? ¿Estamos escuchando a la gente cuyas experiencias vitales y puntos de vista son distintos a los nuestros? ¿Estamos concentrándonos en un escenario en detrimento de incluso ser capaces de imaginar otros?

3. Equilibra las decisiones de tipo 1 y tipo 2: Empodera a la agilidad, pero genera equilibrio

El fundador y director ejecutivo de Amazon, Jeff Bezos, ha observado estupendamente que hay dos decisiones básicas que una organización debe tomar. Lo que él llama decisiones de tipo 1 son aquellas que tienen enormes implicaciones para la organización, son potencialmente muy arriesgadas y son irreversibles. Las decisiones de tipo 2 son, en contraste, reversibles, de bajo riesgo y ricas en potencial de aprendizaje. Un éxito bien documentado en Amazon es el uso, por parte de Bezos, de pequeños equipos para reaccionar ante las decisiones de tipo 2.

Este enfoque refleja la popularidad de los métodos «ágiles» como alternativa a la burocracia convencional.[57] Uno de sus principios consiste en que los equipos deberían ser pequeños y estar empoderados para tomar decisiones sobre las actividades de bajo riesgo que tienen bajo su control. En Amazon, Bezos instituyó su famosa «norma de las dos pizzas», que significa que ningún equipo debería ser tan grande como para no poder comer correctamente con dos pizzas. Desde su punto de vista, un equipo de diez o de quizás doce personas debería ser el tamaño máximo de un equipo, ya que no requiere de mucha coordinación y puede trabajar de forma conjunta y fluida. También describe el delegar autoridad a la hora de tomar decisiones de tipo 2. Estas decisiones, argumenta Bezos, no deberían tener que tomarse bajo un fuerte escrutinio de la burocracia empresarial.

Cómo ejemplo de a qué se parece esto, piensa en esta descripción de la diferencia entre un equipo ágil y conectado y una acción corporativa convencional. En 2015, los asesores Chris Zook y James Allen, de Bain & Company, observaron las prácticas de John Donahoe, el director ejecutivo de eBay. Donahoe convocaba regularmente reuniones con empleados de menos de treinta años (que general-

57. Denning, S.: *The age of agile: How smart companies are transforming the way work gets done*. AMACOM, Nueva York, 2018.

mente pasaban a formar parte de la empresa como resultado de una absorción). Uno de ellos, Jack Abraham, tuvo una idea para un importante rediseño de la página web de la empresa. Donahoe le dijo que averiguara qué recursos necesitaba para llevarlo a cabo. Abraham invitó una noche a unas copas a los cinco mejores desarrolladores y les convenció para hacer un viaje de dos semanas a Australia al día siguiente para trabajar en un prototipo. Donahoe quedó deslumbrado. «Si se lo hubiéramos pedido un equipo de producto normal –dijo–, habría recibido cientos de diapositivas de PowerPoint, un período de dos años y un presupuesto de 40 millones de dólares; pero estos tipos se fueron de viaje, trabajaron a tiempo completo y desarrollaron un prototipo. Estos tipos construyen. No hacen documentos de PowerPoint. Simplemente construyen».[58]

La gente empoderada y en la que se confía que se encuentra en primea línea de una empresa es enormemente importante, lo que ha supuesto una parte significativa del despegue de Home Depot (una empresa minorista estadounidense de mejoras del hogar, ferretería, bricolaje y materiales de construcción), después de que hubiera olvidado esta muy crucial lección durante un tiempo.[59] La forma de *no* alcanzar este objetivo consiste en contratar a un grupo de asesores caros que hablarán con la gente que, de hecho, sabe lo que está pasando, y entonces los asesores presentarán a las personas que toman las decisiones un informe sobre lo que oyeron.

Afirmaría que a Facebook se le ha ido la mano con el uso de equipos pequeños y empoderados para tomar decisiones que, en retrospectiva son, de hecho, de tipo 1. Piensa en los muchos y enormes percances públicos de esta empresa: desde la introducción de su servicio de anuncios Beacon hasta los permisos y el acceso concedido a los desarrolladores, a cargos de manipulación emocional, el fracaso de Cambridge Analytica y las acusaciones de intromisión en las elecciones. Lo cierto es que el mantra de «muévete rápido y rompe cosas», que presta un buen servicio a las organizaciones para explorar y tomar decisiones de tipo 2, puede resultar mortal en la ejecución de decisiones de tipo 1. El propio Facebook parece haber reconocido los peligros del uso de procesos de tipo 2 cuando se opera a la escala en que lo hace. En 2014, Zuckerberg anunció la retirada del «muévete rápido y rompe cosas» e instauró la implementación del «muévete rápido y con una infraestruc-

---

58. Zook, C. y Allen, J. (2016): «Reigniting growth», *Harvard Business Review,* marzo de 2016.

59. Motley Fool Staff: «Home Depot is doing everything right», The Motley Fool, 23 de mayo de 2017, www.fool.com/investing/2017/05/23/home-depot-is-doing-everything-right.aspx

tura estable». Aunque esto estaba orientado a la comunidad de desarrolladores, discutiría que hubiera sido de utilidad aplicar esta disciplina a las consecuencias de las actividades externas de Facebook.

4. Equipa los bordes: Fomenta las pequeñas apuestas

Facebook lo hace bien en este caso. Esta recomendación sigue la idea de Peter Sims que aparece en su libro *Pequeñas apuestas: Descubre por qué las ideas más innovadoras surgen de pequeños descubrimientos.*[60]

Otro ejemplo: Adobe usa su programa Kickbox para solicitar ideas y contribuciones a las personas a lo largo y ancho de la organización que normalmente no serían escuchadas en las reuniones de planificación de estrategia o innovación. Su filosofía consiste en que las ideas más creativas pueden morir fácilmente batallando contra la burocracia corporativa por la posibilidad de ser descubiertas. De ahí, la Kickbox: una caja roja de cartón con un gráfico de «abrir en caso de tener una idea».

En su interior hay un conjunto de instrucciones para «vencer» a la caja, un bolígrafo Bic, dos conjuntos de notas autoadhesivas Post-it, un temporizador, un minicuaderno de notas Staples para «malas ideas», una libreta de notas de espiral de un tamaño ligeramente mayor, una barrita de chocolate World Market con caramelo y sal marina y una tarjeta de regalo de Starbucks de diez dólares. Los dos últimos objetos porque todas las buenas innovaciones dependen de un flujo constante de azúcar y cafeína. Una cosa que distingue a la Kickbox de los buzones de sugerencias o de los campamentos intensivos de innovación es que también viene acompañada de una tarjeta con mil dólares que los empleados pueden gastar como deseen sin tener que justificar una compra a un gerente o tener que redactar un informe de gastos.

La idea de la Kickbox fue desarrollada por Mark Randall, estratega jefe y vicepresidente de creatividad de Adobe. En medio de la transición de la compañía del *software* retractilado en las propias instalaciones a la oferta basada en la nube, Randall aprovechó este importante cambio para fijarse cuidadosa y exhaustivamente

60. Sims, P.: *Little bets: How breakthrough ideas emerge from small discoveries,* repr. ed. Simon & Schuster, Nueva York, 2013. (Trad. cast.: *Pequeñas apuestas: descubre por qué las ideas más innovadoras surgen de pequeños descubrimientos.* Gestión 2000: Barcelona, 2012).

en cómo Adobe sacaba ideas nuevas a la superficie.[61] Empleó una práctica fenomenal para obtener conocimientos de los bordes: en este caso, entrevistando a docenas de empleados para averiguar qué obstáculos se encontraban en el camino de su búsqueda de ideas prometedoras basándose en conocimientos que podían tener, ellos solos, acerca de los clientes y de los siguientes pasos.

Lo que averiguó es congruente con la tesis que expongo aquí: frecuentemente, el gran problema no consistía en concebir ideas interesantes. El problema era el de abrirse camino a través de la burocracia para conseguir las aprobaciones necesarias para avanzar. Randall tuvo una idea de primera categoría: por el precio de financiar sólo un proyecto de un millón de dólares podía financiar mil proyectos de mil dólares: pequeñas apuestas. Cualquier empleado puede pedir una Kickbox, y no hay plazos ni penalizaciones si la idea no da resultado. Se anima (pero no se exige) a los participantes a asistir a un cursillo de dos días en el que les enseñan acerca de algunos de los aspectos básicos de investigar una idea y promoverla, como por ejemplo el valorar el interés de los clientes. El «programa de estudios» que acompaña a una Kickbox consiste en seis niveles, cada uno de los cuales tiene sus propios siguientes pasos recomendados y algunas preguntas. Completa todos los niveles y «vencerás a la caja».

De las, más o menos, mil personas que han obtenido una Kickbox hasta el momento, relativamente pocas han llegado al siguiente nivel, aunque Adobe reconoce las ideas desarrolladas a través del programa Kickbox como decisivas en su adquisición de la compañía de contenidos Fotolia por 800 millones de dólares. Unas veintitrés de las personas que obtuvieron una Kickbox han recorrido todo el camino y superado los seis niveles. Llegados a ese punto, disponen de todo lo que necesiten para venderle su idea a la dirección y recibir una preciada Kickbox *azul*. El contenido de la caja azul es un misterio, pero esa transición representa un viaje desde los bordes de la organización (la caja roja) hacia los papeles de toma de decisiones clave (la caja azul).

Adobe ha hecho, además, que el programa Kickbox sea de código abierto, de forma que otras organizaciones puedan probarlo.[62]

---

61. Wilson, M. (2015): «Adobe's Kickbox: The kit to launch your next big idea», *Fast Company*, 9 de febrero de 2015, www.fastcompany.com/3042128/adobes-kickbox-the-kit-to-launch- your-next-big-idea

62. «Discover Kickbox», Adobe, sin datos, https://kickbox.adobe.com/what-is-kickbox

5. Sal del edificio

Independientemente de cuáles sean sus motivaciones, es algo que está relativamente claro que lo que podría haber empezado con unas buenas intenciones por parte de las empresas de comercialización de datos ha tenido muchas consecuencias no intencionadas. Asumiría que Facebook nunca tuvo la intención de que su publicidad dirigida se extendiera hacia la manipulación política o la represión tiránica de ciudadanos; pero la incapacidad de ver cómo funcionan las cosas «sobre el terreno» genera puntos ciegos que pueden ser explotados fácilmente por personas malintencionadas.

Los líderes en lo referente a las alertas insisten en conectar personalmente con el entorno exterior, buscando lo que está cambiando y cómo lo está haciendo. Como emprendedor en serie, educador e inventor del proceso de «descubrimiento del cliente», a Steve Blank le gusta decir: «No hay respuestas en el edificio». Anima a toda la gente de la organización a salir y encontrar inspiración e ideas de los clientes fuera de sus interacciones normales. Esto es complicado, ya que los empleados que se encuentran en primera línea frecuentemente ocultan información a sus líderes inintencionadamente en un esfuerzo inapropiado por dar una buena impresión.

En una historia publicada en *The New York Times* que aparentemente tiene que ver con las horas que trabajan los empleados, puedes ver cómo sucede esto. La idea principal del relato es que la expectativa general de rendimiento había detectado algunos beneficios empresariales al ofrecer a los trabajadores unos horarios más estables y predecibles. Informaba de que no todos los directores se estaban encontrando con que esto fuera fácil. Ciertamente, un jefe de tienda dijo que «probablemente había ampliado entre dos y tres turnos cada día en vísperas a la visita» de un ejecutivo.[63]

Piénsalo durante un minuto. El loable esfuerzo por parte del ejecutivo por experimentar el contacto de su empresa con los clientes sobre el terreno se vio completamente socavado por la decisión del gerente. La tienda que estaba conociendo no era una con la que los clientes se encontraran normalmente, sino una con unos niveles de dotación de personal significativamente mayores que los presupuesta-

---

63. Scheiber, N. (2018): «Steady shifts for workers help stores, too», *The New York Times,* 28 de marzo de 2018.

dos. No es sorprendente que el líder no captara las señales de que quizás no todo iba bien: no hubo ninguna oportunidad de verlas todas. No es que se debiera culpar al jefe de tienda. En muchas culturas empresariales, esto supondría un procedimiento de actuación estándar. Es como limpiar y ordenar la sala de estar cuando estás esperando invitados. Todos sabemos que la sala de estar no suele tener ese aspecto.

Otro ejemplo de este inconveniente es el de un ejecutivo de una compañía de telecomunicaciones inalámbricas que asistió a una de mis clases. En esa época, la empresa era conocida por una cobertura irregular y un rendimiento generalmente pobre de la red en muchas partes del país. Me mencionó que uno de sus ejecutivos de las oficinas centrales (que resultaba que se encontraban en Europa) iba a viajar a Estados Unidos la semana siguiente. Le pregunté: «¿Cómo reaccionan tus ejecutivos ante la mala calidad del servicio aquí en EE. UU.?». Me respondió: «Oh, no tienen esos problemas. Conocemos sus itinerarios, las rutas que siguen para ir de un lugar a otro y dónde estarán trabajando. Nuestros técnicos siempre se aseguran de que las señales que consigan siempre sean buenas y potentes y que no tengan esos problemas. Después de todo, tienen que llevar a cabo su trabajo mientras estén». Una vez más, se trata de una decisión deliberada, si bien no intencionada, de proteger a los que toman las decisiones de la realidad de la sensación que genera su empresa en sus clientes.

El estímulo aquí consiste en asegurarte de que no desaparezcas en los espacios seguros de las oficinas centrales de la compañía, sino que, en lugar de ello, te permitas experimentar una exposición directa de lo que está sucediendo en realidad en la conexión entre tus clientes y tu organización.

Otra forma de asegurarte de que esto sucederá consiste en situar a los líderes en un puesto en el que encontrarse con clientes sea algo que suceda de forma natural. Piensa, por ejemplo, en mover tu escritorio para que esté cerca de donde se encuentra la acción, o insiste en estar presente cuando se estén dando conversaciones cruciales.

Aquí pueden ser de gran ayuda algunos ejercicios «de tipo salir del edificio». Uno que me gusta lo he tomado prestado de mis colegas de Solve Next y se llama Adquisición de una Marca. Básicamente, lo que haces es imaginar que tu empresa fuese absorbida por otra. Entonces pregúntate: ¿qué querrían que empezases a hacer? ¿Y qué querrían que dejases de hacer? Si dispusieses de mucho más dinero que gastar en *marketing,* ¿cómo querrían que lo empleases? El simple hecho de imaginar que eres parte de una organización completamente distinta puede ser inmensamente liberador.[64]

6. Genera incentivos que revelen información útil, pese a que pueda ser incómoda

Dado que el modelo de negocio de Facebook se basa en vender información personal, no es sorprendente que los informes de que este proceso tenía enormes defectos no fueron recibidos precisamente con los brazos abiertos. Los ejecutivos de Facebook simplemente no querían escuchar.[65] Estos ejecutivos pasaron bruscamente por alto cuestiones relativas a la privacidad, argumentando que los usuarios «daban su consentimiento».[66]

Tal y como apuntó Aarti Shahani, de la NPR (Radio Pública Nacional de EE. UU.), un verdadero problema para Facebook consiste en poner la implicación de los usuarios por encima de cualquier otra estadística. Informó de que «La gente que ha trabajado en Facebook dice que desde el primer día los ejecutivos han estado obsesionados por medir el compromiso: cuántas cosas te gustan, clicas, compartes, y hasta qué segundo ves un vídeo. En las reuniones de producto, los empleados actuales y antiguos dicen que cualquier sugerencia para modificar el Boletín de Noticias (el producto enseña de Facebook) debe incluir un profundo análisis sobre cómo haría aumentar o reducir la implicación. Este foco obstinado por las estadísticas también se pone de evidencia en las propias publicaciones en los blogs y las investigaciones de la compañía».[67]

La lección que aprendemos aquí es que los fuertes incentivos empresariales pueden frustrar la voluntad de asimilar y absorber lecciones incómodas. De hecho, cuando no están diseñados cuidadosamente, los potentes incentivos para los ejecu-

---

64. Bielenberg, J.; Burn, M. y Galle, G.: *Think wrong: How to conquer the status quo and do work that matters*. Instigator Press, San Francisco, 2016.
65. Moaiandin, R. (2018): «How Facebook ignored security warnings for 3 years», *CPO Magazine,* 20 de abril de 2018, www.cpomagazine.com/2018/04/20/how-facebook-ignored-security-warnings-for-3-years
66. Geib, C. (2018): «Here's why that recent abuse of Facebook data matters», Futurism, 20 de marzo de 2018, https://futurism.com/abuse-facebook-data-cambridge/
67. Shahani: «Mark Zuckerberg's big blind Spot».

tivos pueden dar lugar a resultados que nadie desea. Piensa en Enron, la deshonrada compañía de compraventa de energía. Incluso mientras el desempeño de la empresa destruía el valor para los accionistas, cubría a sus ejecutivos de enormes recompensas, lo que a su vez les incentivaba a seguir incrementando el valor de las acciones, lo que, a su vez, acabó dando lugar a una conducta no sólo repugnante sino ilegal.[68]

Vale la pena recordar que es completamente posible que las compañías cesen sus operaciones si se averigua que lo que están haciendo es ilegal. Piensa, por ejemplo, en Aereo, una empresa emergente que intentó revender programas de televisión abierta por Internet. Un grupo de demandantes poderosos estaba tan harto del modelo de negocio de la compañía que la demandaron, y el caso llegó hasta el Tribunal Supremo de EE. UU.[69] Facebook ha sido objeto, hasta el momento, de tantos pleitos que, de hecho, los menciona en una nota especial en su informe trimestral de la Comisión de Bolsa y Valores.[70]

7. Evita la negación

Aunque no hay escasez de pruebas de que algo va muy mal en Facebook, las declaraciones públicas de la compañía restan continuamente importancia a lo mal que están las cosas. Desde sus comentarios que niegan que cualquiera podría pensar que la plataforma podría haber influido en las elecciones presidenciales de EE. UU. de 2016[71] hasta una posterior defensa del derecho de los negacionistas del Holocausto a difundir sus relatos en la plataforma,[72] parece haber poca voluntad genui-

68. Ackman, D. (2002): «Pay madness at Enron», *Forbes,* 22 de marzo de 2002, www.forbes.com/2002/03/22/0322enronpay.html#3cec42dd7a6d

69. Chapell, B. (2014): «Aereo's TV streaming service is illegal, Supreme Court says», *The Two-Way* (blog), NPR, 24 de junio de 2014, www.npr.org/sections/the-two-way/2014/06/25/325488386/tech-firm-aereo-performs-an-illegal-service-supreme-court-says

70. Roberts, J. J. (2018): «Facebook has been hit by dozens of data lawsuits. And this could be just the beginning», *Fortune,* 30 de abril de 2018, http://fortune.com/2018/04/30/facebook-data-lawsuits/

71. Tufekci, Z. (2016): «Mark Zuckerberg is in denial», *The New York Times,* 15 de noviembre de 2016.

72. Zraick, K. (2018): «Mark Zuckerberg seeks to clarify remarks about Holocaust deniers after outcry», *The New York Times,* 18 de julio de 2018.

na de asumir la responsabilidad por el uso de Facebook para fines inmorales, por no decir ilegales. Esto es doblemente interesante, porque una investigación hecha en 2010 por Facebook mostró que esta red social tenía un gran impacto en hacer que los ciudadanos saliesen a votar en las elecciones a mitad de legislatura.[73]

Este tipo de comportamiento no es nuevo. Los líderes hacen la vista gorda bastante intencionadamente porque, simplemente, resulta más conveniente no enterarse de las noticias que dicen que las cosas podrían estar cambiando. Por ejemplo, cuando Robert S. Apatoff, director ejecutivo del icónico servicio de cartografía Rand McNally, fue entrevistado en 2006, básicamente desestimó los efectos probables de la revolución digital:

> Cualquiera que piense que los anticuados mapas plegables van a desaparecer debería volver a pensárselo, según Apatoff. «Es algo así como decir que los periódicos van a desaparecer –dijo en una entrevista en las oficinas centrales de la compañía, en Chicago–. Va a haber algunos cambios en cuanto a la forma en la que se usen, pero la gente seguirá queriendo abrirlos y leerlos mientras toma su café. Lo mismo sucede con la planificación de viajes. La gente seguirá queriendo poder consumir mapas de esta forma –dijo–, incluso aunque usen mapas o atlas junto con dispositivos portátiles o Internet.

Rand McNally fue adquirida en 2007 por Patriarch Partners,[74] una empresa de inversiones en activos en dificultades.

8. Habla con el futuro que se está desplegando ahora

Según una cita generalmente atribuida al escritor de ciencia ficción William Ford Gibson, «El futuro ya está aquí: no está distribuido muy equitativamente». Uno de mis colegas en la asesoría Innosight, Scott Anthony, ha convertido esta idea en una

---

73. Markoff, J. (2012): «Social networks can affect voter turnout, study says». *The New York Times,* 13 de septiembre de 2012.

74. Carpenter, D. (2006): «Rand McNally adapts to New Age with software, gadgets», *Houston Chronicle,* 18 de octubre de 2006, www.chron.com/business/technology/article/Rand-McNally-adapts-to-new-age-with-software-1511674.php

receta práctica: identifica los lugares a los que podrías ir a hablar con los representantes del futuro.[75]

Si, por ejemplo, quieres saber cómo verán el mundo los que serán veinteañeros dentro de diez años, puedes tener la completa seguridad de que podrías mantener una conversación con los niños de diez años actuales. Si estás interesado en los avances de vanguardia en prácticamente cualquier sector, seguro que hay conferencias en las que la gente presenta sus ideas en una fase temprana.

Por ejemplo, Frank Rose, uno de mis colegas de la Universidad de Columbia, dirige un sorprendente programa llamado Digital Storytelling Lab (Laboratorio de Narración Digital), dedicado a explorar cómo las tecnologías digitales están influyendo en las historias y experiencias que compartimos los unos con los otros. Entre las iniciativas del laboratorio tenemos la competición Digital Dozen (Docena Digital), en la que se dan galardones a la gente que se ha implicado en el desarrollo de «enfoques innovadores en la narrativa». La razón de Rank para crear esta competición fue su creencia en que cada a revolución en la comunicación humana le lleva unos veinte años alcanzar su madurez. Ha observado que, por ejemplo, cuando se comercializaron las películas de cine por primera vez, nadie sabía lo que era una «película». Así pues, ¿qué hicieron?: Filmaron obras de teatro. Yo haría una observación similar sobre la educación *online*. Todavía no sabemos en qué consiste en realidad, así que filmamos a profesores hablando en la parte delantera del aula. Es muy improbable que sea hacia aquí hacia donde nos lleve este nuevo medio, pero todavía no sabemos qué aspecto tendrá, así que la experimentación y la prueba y error son esenciales.

En el caso de las películas, no fue hasta que hubieron pasado muchos años cuando los elementos que consideraríamos aspectos normales de la industria cinematográfica se convirtieron en la práctica habitual. Filmar una secuencia, usar distintos ángulos de cámara para captar una escena similar, cortar y editar, y muchísimas otras técnicas estaban todavía por llegar cuando se inventaron las películas.

La competición Digital Dozen reúne docenas de obras digitales que, por el momento, desafían a su clasificación. Un participante en los galardones de 2018 presento una hilarante serie de anuncios y montajes por parte de la compañía de *marketing* por correo electrónico Mailchimp. Las malas pronunciaciones de su

75. Véase Anthony, S. D.; Gilbert C. G. y Johnson, M. W.: *Dual transformation: How to reposition today's business while creating the future*. Harvard Business Review Press, Cambridge, 2017.

nombre cobran vida en montajes cómo «Mail Shrimp» (en el que aparece un bocadillo de gambas cantando en una oficina de correos) y «Kale Limp» (que muestra a cachorritos cubiertos de col rizada), todos ellos hechos con un formato de vídeo y un sonido muy inmersivos, y reflejados en vallas publicitarias reales; y otros conceptos como «Fail Chips»,[76] que enlazan los mensajes.[77]

Otro filme concursante sumergía al espectador en la experiencia de visitar la frontera entre EE. UU. y México; y otro consistía en un proyecto basado en dibujos animados que exploraba qué tal era formar parte de los servicios secretos daneses en la Segunda Guerra Mundial, etc. Si no me crees, visita el portal web de Digital Dozen en http://digitaldozen.io/2018-awards/ para echar un vistazo revelador al futuro de las comunicaciones y la narrativa digitales.

El principal aspecto aquí es que el futuro no sucede simplemente todo él de golpe. Empieza a desplegarse de forma irregular. Si puedes «entrever» dónde está empezando a tener lugar ahora, puedes empezar a desarrollar un punto de vista temprano al respecto.

A veces, las profecías de desgracias descubren algo

El drama, que todavía se está desarrollando, sobre la utilización de datos personales por parte de Facebook para respaldar sus prácticas empresariales sigue sacando a la palestra los peligros de no prestar atención a lo que está sucediendo en los bordes de tu organización. También destaca la importancia de prestar atención a aquellos que están directamente en contacto con el punto de inflexión emergente, ya que puede que se encuentren en la mejor posición para ayudarte a comprenderlo.

Si eres una de esas personas que se encuentran en los bordes, recuerda esto: *puede que tu momento llegue antes de lo que crees.* Estar sentado en la primera fila de un cambio que está a punto de producirse puede proporcionarte enormes conocimien-

---

76. Nos encontramos con unos juegos de palabras que pierden todo sentido y gracia en castellano y que pretenden hacer humor con el sonido parecido de todos estos nombres en inglés. *Mailchimp* significaría algo así como «Chimpancé encargado del correo», *Mail Shrimp* equivaldría a «Gamba encargada del correo», *Kale Limp* sería «cojera de col rizada» y *Fail Chips* «patatas fritas fallidas». *(N. del T.)*

77. Mailchimp: «Hi, we're… Nice to meet you», sin datos, https://mailchimp.com/did-you-mean/ (esta página web no existe actualmente).

tos sobre qué acciones emprender entonces, antes de que el resultado sea obvio para todo el mundo.

Moralejas clave

La nieve se derrite desde los bordes. Los cambios que van a influir de forma fundamental en el futuro de tu negocio se están gestando en la periferia. Para evitar que un punto de inflexión te pille por sorpresa, debes estar expuesto a lo que está sucediendo en los bordes.

A las turbulencias generadas por los puntos estratégicos de inflexión importantes suele llevarles algún tiempo desplegarse. Tampoco son «completos» cuando los ves por primera vez; pero si prestas atención, podrás empezar a ver las implicaciones de su trayectoria desde un buen principio, cuando todavía sigue siendo posible influir en ellas.

Hay ocho prácticas que pueden ayudarte a que estés seguro de que estás viendo lo que está sucediendo en los bordes:

1. Asegura una conexión directa entre la gente que se encuentra en los extremos de tu compañía y la que elabora la estrategia.
2. Salte de tu camino para incluir diversas perspectivas al pensar en las implicaciones del futuro.
3. Emplea procesos reflexivos de toma de decisiones para las resoluciones importantes e irreversibles (tipo 1). Emplea equipos pequeños, ágiles y empoderados para las decisiones reversibles y experimentales (tipo 2).
4. Alienta pequeñas apuestas que sean ricas en aprendizaje y que estén, en condiciones ideales, distribuidas a lo largo y ancho de toda la organización.
5. Dedícate al contacto directo con el entorno: «Sal del edificio».
6. Asegúrate de que tu gente cuente con incentivos para oír la realidad, y no al revés.
7. Date cuenta de cuándo tu gente está en fase de negación.
8. Exponte a ti mismo y expón a tu organización hacia donde el futuro se esté desplegando hoy.

No tienes por qué ser un director ejecutivo para ver cómo es probable que se despliegue una inflexión. De hecho, probablemente sea más fácil que la veas cuanto más cerca te encuentres de las tendencias externas que hacen que tu negocio sea posible.

2

Alertas tempranas

«Hay muchas más posibles catástrofes que las que sucederán en realidad».[1]

PATRICK MARREN,
director de *Futures Strategy Group*

Las señales débiles o leves de un cambio inminente pueden, al reconocerlas temprano, proporcionarte una ventaja para que te prepares para aprovechar un punto de inflexión.

Un punto de inflexión se produce cuando un cambio (lo que algunas personas llaman un cambio 10X) derroca las suposiciones básicas sobre las que está construido un modelo de negocio.

Cuando llega el momento de la claridad cristalina, ése es el momento de movilizar las tropas, centrar la atención y hacer presión con fuerza para preparar a la organización para el mundo postinflexión.

Este capítulo no consiste en lo que sucede *después* de ese momento de reconocimiento.

Más bien, este capítulo se centra en el caldo ambiguo, desordenado y primordial de los cambios, amenazas y –sí– oportunidades que preceden a un momento en el que se te enciende la bombilla. Se trata de un período confuso y frustrante en el que la gente puede tener, legítimamente, grandes diferencias de opinión sobre lo importante, relevante, peligroso o valioso que podría ser un cambio en el entorno.

1. Marren, P.: comunicación por email con la autora, 28 de febrero de 2019.

Escépticos digitales

En un ahora hilarante repudio del bombo publicitario temprano de Internet, la revista *Newsweek* publicó un artículo de Clifford Stoll en febrero de 1995 titulado «Why the Web won't be Nirvana» («Por qué la red no será el nirvana»). En él escribía:

> Los visionarios ven un futuro de trabajadores a distancia, bibliotecas interactivas y aulas multimedia. Hablan de reuniones municipales y de comunidades virtuales. El comercio y los negocios pasarán de las oficinas y los centros comerciales a las redes y los módems, y la libertad de las redes digitales hará que el gobierno sea más democrático.
>
> Tonterías. ¿Carecen de sentido común nuestros especialistas en informática? Lo cierto es que ninguna base de datos *online* reemplazará a tu periódico cotidiano, ningún CD-ROM puede sustituir a un profesor competente y ninguna red informática cambiará la forma en la que funciona el gobierno [...].
>
> ¿Qué hay de la publicación electrónica? Intenta leer un libro en un compact disc. En el peor de los casos será un tarea pesada y desagradable: el brillo borroso de un tosco ordenador reemplaza a las páginas de un libro. Y no puedes llevarte ese ordenador portátil a la playa. Pese a ello, Nicholas Negroponte, director del Laboratorio de Medios del Instituto Tecnológico de Massachusetts, predice que pronto compraremos libros y periódicos directamente en Internet. Claro, seguro.[2]

No deberíamos olvidar que la mismísima revista *Newsweek,* que solía producir en masa cuarenta ediciones impresas al año, se fue al garete en 2012, víctima del cambio masivo que Stoll sugirió que nunca se produciría.

Pese a ello, ver un cambio acercándose no siempre significa que debas correr apresuradamente a invertir en él.

Por ejemplo, en 1995, el mismo año en que Amazon hizo sus primeras ventas y Stoll expresó su escepticismo, los investigadores hicieron un estudio sobre qué tipos de compañías estaban usando Internet y con qué fines empresariales. Averiguaron, al fijarse en unas trescientas compañías que habían creado páginas web en

---

2. Stoll, C. (1995): «Why the Web won't be Nirvana», *Newsweek,* 26 de febrero de 1995, www.newsweek.com/clifford-stoll-why-web-wont-be-nirvana-185306

ese momento, que el uso comercial de Internet era primitivo en el mejor de los casos. Aunque algunos encuestados sin duda se estaban posicionando para una «fiebre colonizadora» a medida que la tecnología maduraba, la mayoría coincidió con el siguiente sentimiento, expresado por uno de los participantes en el estudio:

> Las ventas son pésimas y apenas cubren el coste del mantenimiento de la página web a través de mi proveedor de Internet [...]. No veo que Internet sea una herramienta de *marketing* viable durante, al menos, veinte años[3] para productos que no sean informáticos.

Recuerda que la experiencia de comprar por Internet en 1995 era radicalmente distinta que la actual. Incluso en 1997, menos del 40 % de los hogares estadounidenses tenía un ordenador, y menos de un 20 % tenía acceso a Internet, que era proporcionado principalmente mediante módems de marcación lentos y que fallaban, frecuentemente a través de los servicios de America Online (AOL). En ese momento, AOL seguía cobrando a sus usuarios una tarifa horaria para proporcionarles acceso a la red. Esto se cambió por una tarifa plana ilimitada de 19,95 dólares mensuales en 1996, lo que, aunque aliviaba la ansiedad de los clientes por que sus gastos en Internet se disparasen, también dio lugar a una riada de tráfico. Muchos clientes acabaron dándose de baja del servicio, que estaba plagado de constantes señales de línea ocupada.

En los primeros días había pocas formas prácticas y de confianza para pagar por cosas en Internet. Toda la idea del comercio electrónico todavía no se había convertido en la cultura dominante. Incluso encontrar lo que estabas buscando no era fácil. Los buscadores rivales empleaban distintos modelos de negocio, algunos de los cuales incluían el pago por la búsqueda, limitando así el interés y el entusiasmo de los clientes por ellos. No olvidemos que aunque existían otros buscadores primigenios al modelo respaldado por publicidad, algorítmico y gratuito para los usuarios que Google ha aprovechado de forma tan eficaz, todavía le faltaban años para desarrollarse.

---

3. Cockburn, C. y Wilson, T. D. (1995): «Business use of the World-Wide Web», *Information Research* vol. 1, núm. 2, www.informationr.net/ir/1-2/paper6.html

La banda ancha siempre encendida, como la conocemos en la actualidad, empezó a funcionar hacia el año 2000. Hubo que esperar hasta 2007 para que la mitad de los hogares estadounidenses tuvieran tanto ordenadores como conexiones a banda ancha. Ese año también es importante, por supuesto, por ser cuando Apple sacó al mercado el primer iPhone, poniendo el equivalente a una conexión de banda ancha en el bolsillo de todos.

Siendo justos, desde el punto de vista de un minorista tradicional en 1995, habría resultado temerario hacer grandes inversiones en posibilidades de trabajo en Internet, dada la inmadurez de la tecnología en esa época.

Éste es un período muy confuso en el despliegue de un punto de inflexión. Mientras la fusión de AOL y Time Warner en 2000 espoleó a mucha gente a pensar que quizás debería hacer una gran apuesta con Internet, el rápido desmoronamiento de la compañía persuadió a muchos de que las grandes inversiones en Internet no podían conducir a nada bueno. Hay poca alegría en el hecho de moverse demasiado pronto para intentar aprovechar un punto de inflexión emergente. La red primigenia ilustra uno de los aspectos más vagos de los puntos de inflexión. Cuando emergen por primera vez, aunque es posible especular sobre en qué podrían convertirse, en las primeras fases son inevitablemente incompletos de un modo u otro. Los ecosistemas no pueden formarse hasta que dispongan de una solución lo suficientemente completa que ofrecer. Tomemos las cadenas de bloques de transacciones *(blockchain),* por ejemplo, que es una tecnología que se encuentra actualmente en su etapa más inicial de desarrollo. Aunque ofrece soluciones prometedoras a algunos problemas fastidiosos a largo plazo, como la generación de confianza de una forma distribuida, el marco institucional para el despliegue total del *blockchain* es incompleto. No nos hemos puesto de acuerdo con los protocolos, los estándares o las normas del camino para que sea la corriente principal... todavía. Eso no significa que debamos ignorarlo, en absoluto. Simplemente significa que necesitamos desarrollar un punto de vista sobre qué resultaría necesario para que esta tecnología sea útil y cuándo podría suceder eso.

En el momento de escribir este libro, las inflexiones representadas por el surgimiento de los macrodatos *(big data),* la inteligencia artificial, la realidad virtual, la ludificación y muchas otras innovaciones son, todas ellas, interesantes pero incompletas. Muchos observadores concluyen, con bastante sensatez, que nunca llegarán a nada. De hecho, ha habido muchos puntos de inflexión potenciales superpublicitados que, ciertamente, no han llegado a absolutamente nada (la oficina sin papel, el televisor 3D para el hogar, los electrodomésticos inteligentes... y la lista sigue).

Hacia mediados de la década de 2000, Internet había pasado de ser frustrante, desorganizado y caótico a ser un lugar al que la gente recurría para obtener información útil (Yahoo), para hacer limpieza de sus armarios (eBay), para enviar y recibir correos electrónicos (AOL), para conectar con otros en su comunidad local (Craigslist) y para, de hecho, comprar cosas (Amazon). La digitalización y su impacto potencial sobre el trabajo creativo ya no era un fenómeno completamente nuevo.

En otras palabras, las señales y el redoble de tambor de que esto iba a ser algo grande eran, por ese entonces, muy fuertes, generando una promesa clara y presente de un cambio importante y un estímulo poderoso para que los afectados emprendiesen acciones. La misión en este capítulo consiste en explorar ese período antes de que las señales de un punto de inflexión se vuelvan obvias y potentes. Cuando hay tantas cosas que podrían representar un punto de inflexión potencial, detectar las señales débiles que importan realmente no supone un reto fácil.

Como una exquisita ironía, Bill Gates publicó su libro *Camino al futuro* en –lo has adivinado– 1995. En él comentaba: «Siempre sobreestimamos el cambio que se producirá en los próximos dos años y subestimamos el cambio que se producirá en los próximos diez años. No te dejes llevar por la inacción».[4] El problema consiste en algo que Gartner llama el Ciclo del Bombo Publicitario, en el que algún tipo de objeto nuevo y brillante capta la imaginación pública y genera mucho alboroto, y luego no logra proporcionar ningún cambio a corto plazo en nada. A su vez, esto lleva a la gente a desestimar el cambio emergente restándole importancia. Mientras Gates anticipó una superautopista de la información, irónicamente Microsoft acabó viéndose sorprendida por un Internet que finalmente puso a la compañía a la defensiva.

En 2000, Gates eligió a su número dos de toda la vida, Steve Ballmer, para que le sucediera en la empresa. Aunque la compañía era enormemente rentable, en 2016 Steve Blank vio que durante la era Ballmer, Microsoft no logró comprender las cinco tendencias tecnológicas más importantes del siglo XXI: «En la búsqueda (perdiendo frente a Google); en los *smartphones* (perdiendo frente a Apple); en los sistemas operativos móviles (perdiendo frente a Google/Apple); en los medios

---

4. Gates, B. con Myhrvold, N. y Rinearson, P.: *The road ahead*. Viking, Nueva York, 1995. (Trad. cast.: *Camino al futuro*. McGraw-Hill, Interamericana de España: Madrid, 1997).

(perdiendo frente a Apple/Netflix) y en la nube (perdiendo frente a Amazon). Microsoft abandonó el siglo XX poseyendo más del 95 % de los sistemas operativos que funcionaban en los ordenadores (casi todos en ordenadores de sobremesa). Quince años y 2 000 millones de *smartphones* expedidos en el siglo XXI y la cuota de Microsoft en los sistemas operativos móviles es del 1 %».[5]

Éstos son los riesgos de desdeñar las señales débiles o leves que otros competidores sí son capaces de ver.

Las razones por las cuales las señales débiles representan oportunidades estratégicas es que cuanto antes puedas detectar un punto de inflexión en curso más fácilmente podrás diseñar tu estrategia para abordarlo con eficacia. Me gusta hacer una analogía con la conducción: cuando puedes ver muy lejos delante de ti, puedes adaptar tu trayectoria con un pequeño movimiento del volante, pero cuando sólo puedes ver después de que el punto de inflexión se encuentre sobre ti, esto hará que tengas que dar un gran volantazo.

Expresado de otra forma, cuando puedes ver un obstáculo a lo lejos en la carretera, tendrás que hacer sólo un pequeño ajuste con tu volante; pero cuando el obstáculo se encuentra, de repente, delante de tu coche, deberás dar un volantazo rápido y drástico, y de qué forma.

Indicadores pasados, actuales y de vanguardia

Una buena cantidad de directores se enorgullecen de basarse en los datos, estar obsesionados con las cifras concretas y dominar la información. Tal y como le gusta decir a un amigo mío, que es un alto ejecutivo en Infosys: «Confiamos en Dios. El resto de la gente aporta datos». Ciertamente, en muchas organizaciones, la preparación de un conjunto de diapositivas infalibles, de hojas de cálculo exquisitamente detalladas y de referencias precisas a fuentes de información ocupan grandes cantidades del tiempo de los ejecutivos.

La dificultad con este énfasis en los datos es que, lamentablemente, los hechos suelen ser un indicador pasado de lo que podría ser potencialmente importante.

5. Blank, S. G. (2016): «Why Tim Cook is Steve Ballmer and why he still has his job at Apple», publicación en blog, 24 de octubre de 2016, https://steveblank.com/2016/10/24/why-tim-cook-is-steve-ballmer-and-why-he-still-has-his-job-at-apple/

Para cuando estés lidiando con un hecho sobre el terreno, lo que fuera que dio lugar a él ya ha sucedido.

Indicadores pasados

Un *indicador pasado* es un resultado o consecuencia de alguna actividad que ha sucedido con anterioridad. Muchos de nuestros parámetros o estadísticas más usados en el mundo de la empresa son indicadores pasado. Los beneficios, los ingresos, el retorno de la inversión e incluso las ganancias por acción son, todos ellos, consecuencias pasadas de decisiones tomadas en algún momento anterior.

Muchas compañías con las que trabajo están muy sesgadas hacia el uso de indicadores pasados para tomar sus decisiones más importantes, lo que puede, en sí mismo, generar unos puntos ciegos increíbles. A pesar de las investigaciones que muestran que incluso parámetros inequívocos como las cifras de contabilidad se ven influidas por las preferencias personales, tenemos una creencia prácticamente mágica de que las cifras no nos engañarán. Así pues, estamos sistemáticamente predispuestos a preferir los indicadores pasados en nuestra toma estratégica de decisiones, lo que es algo problemático. Para cuando un punto de inflexión te ha mostrado una nueva realidad ya es un poco tarde.

Las cifras concretas pueden ser de utilidad si pueden ayudarte a identificar una tendencia o discontinuidad al fijarte en patrones a lo largo del tiempo. Sin embargo, no son, en sí mismas, de especial utilidad si tu objetivo es comprender el futuro y ver lo que se avecina.

Entre los indicadores pasados comunes tenemos:

- Los márgenes de operativos: Cuánto beneficio obtienes en ventas en este momento.
- GAIIDA: Ganancias antes de intereses, impuestos, depreciación y amortización (pretende transmitir cuánto está ganando una compañía, sin información superflua).
- Ingresos/volumen de ventas: Cantidad total ingresada por la compañía en un cierto período.

- Aumento o descenso de ingresos: Cambio desde un período anterior.
- Retorno del activo neto: Ganancias netas divididas entre los activos usados para generarlas.
- Cambios en los beneficios de explotación: Cambio desde un período anual anterior.

Tal y como puedes ver, cada una de estas cifras representa un *resultado.* Son un reflejo de acciones emprendidas que dan lugar a esa cifra, pero no aportan ninguna luz en absoluto con respecto a lo que podrías tener que hacer para que las cifras expliquen una historia distinta en el futuro. Centrarse tanto en los indicadores pasados es la razón por la cual muchos estrategas y pensadores a largo plazo se encuentran con que la obsesión por los beneficios trimestrales de muchas compañías que cotizan en bolsa es tan deprimente. Al esforzarse por hacer que un indicador trimestral pasados tenga un buen aspecto, se sacrifican factores que podrían hacer que tuviese un mejor aspecto a largo plazo.

Indicadores actuales

Los indicadores actuales te proporcionan datos sobre el estado actual de las cosas. Una razón por la cual tantos sistemas en tiempo real son populares es que resulta valioso conocer exactamente dónde te encuentras (es un poco como una aplicación de mapas o direcciones que te muestra tu ubicación y cuánto tiempo te llevará llegar a tu destino). Sectores empresariales enteros (desde la monitorización vinculada a sensores y los sistemas de planificación de recursos empresariales [ERP]) se han desarrollado sobre el hecho de ser capaces de contestar a la siguiente pregunta: ¿qué está sucediendo en este preciso momento?

Muchos indicadores actuales se basan en la receta para el éxito ya comprobada en una empresa dada (es decir, en las condiciones en un determinado momento). Los ejecutivos aprenden a prestar atención a estos indicadores. Los analistas disponen de formación para estudiarlos. Los empleados y los líderes se centran en ellos; y frecuentemente suelen, simplemente, darse por sentados como predictores de lo que guiará el éxito en el futuro.

Por ejemplo, en el negocio tradicional de la energía, han surgido varias estadísticas clave de rendimiento a lo largo del tiempo basadas en la suposición de un sistema de suministro centralizado basado en la red eléctrica. Como ejemplos tenemos:

- Los apagones y su duración media: ¿Cuántos trastornos están experimentando actualmente los clientes?
- Consumo por sector: ¿Quién está consumiendo tu energía y cuándo la está consumiendo?
- Flujo de caja operativo: ¿Cuánto efectivo estás generando con tus operaciones?
- Costes de producción: ¿Qué te está costando producir tu energía? ¿Cómo se comparan distintas fuentes?
- Factor de disponibilidad: ¿Con cuánta facilidad puedes satisfacer las necesidades actuales de energía?
- Relación de utilización de activos: ¿Con qué eficiencia estás usando tus activos?

Mientras las limitaciones clave para las compañías eléctricas de un sistema basado en la red y de un acuerdo para proporcionar un servicio esencialmente regulado sigan vigentes, estas estadísticas (indicadores clave de rendimiento) tienen sentido. Sin embargo, estas estadísticas no te van a decir gran cosa que te vaya a preparar para el futuro del sector de la energía. Tal y como veremos más adelante en este capítulo, la aparición de las energías renovables, la idea de que la electricidad puede generarse de forma descentralizada y revenderse a la red, las posibles implicaciones para el consumo de energía de los vehículos eléctricos, los cambios en el consumo motivados por los termostatos «inteligentes» y la mismísima idea de que en el futuro los clientes dispondrán de una variedad de suministradores y de mecanismos de interacción no se ven reflejados en estos indicadores actuales.

Como los incentivos para los empleados suelen ir ligados a su desempeño con respecto a impulsar los indicadores actuales, no es sorprendente que mucha gente no se moleste en ver más allá de ellos. Y pese a ello, este enfoque puede ser una fuente de importantes puntos ciegos en un entorno cambiante. Tal y como he dicho anteriormente, un punto de inflexión cambia la naturaleza de las estadísticas clave que reflejan las suposiciones que se daban por sentadas en tu sector. El mero hecho de prestar atención a los indicadores actuales no va a ser tan útil.

Indicadores de vanguardia

Los *indicadores de vanguardia* representan cosas que todavía no son hechos en tu sector. Tienen el potencial de conducir a hechos más adelante, pero por el momento los estás estudiando, sólo son suposiciones, conjeturas y asunciones. Suelen ser cualitativos, más que cuantitativos. Suelen explicarse en forma de narrativas e historias más que con meticulosas gráficas de PowerPoint. Debido a eso, los ejecutivos suelen mostrarse recelosos con respecto a basar decisiones importantes en ellos. Esto puede ser una locura de máximo nivel en un mundo de puntos estratégicos de inflexión, porque los indicadores de vanguardia (o adelantados) se encuentran allá donde se hallan las ideas sobre el futuro.

Sanjay Purohit, que fue una figura destacada en Infosys y jefe de planificación durante más de una década, hizo que una parte clave de su labor fuera pasar mucho tiempo buscando indicadores de vanguardia que fueran más allá de los indicadores clave de desempeño. Tal y como me dijo:

> Cuando he visto a una organización prever los puntos de inflexión siempre ha habido un esfuerzo proactivo por inspirarse en los indicadores de vanguardia [...]. Estoy buscando conocimientos que se encuentren en la periferia de la organización. Me pregunto a mí mismo: ¿cómo te involucras con la periferia? Solía pasar bastante tiempo con los representantes. Eso implicaba estar en el mercado, escuchando, buscando pistas: ¿ven ellos algo que no pueden expresar necesariamente, pero que está empezando a cambiar la vida? [...]. Son muchas señales que procesar, por así decirlo. Pasé mucho tiempo intentando captar estas señales.[6]

Purohit vio a Infosys pasar por varios puntos de inflexión, el más reciente (2014) como director ejecutivo fundador de EdgeVerve Systems, una empresa

6. Purohit, S. (2018): entrevista con la autora, 14 de diciembre de 2018.

emergente propiedad de Infosys, que se diseñó para explorar la promesa de las estrategias de plataforma en contraposición con el negocio tradicional central de Infosys. Esto sucedió como respuesta directa a las alertas tempranas representadas por el ascenso de Amazon Web Services, Google y otras plataformas que se estaban volviendo cada vez más poderosas.

La relación entre los indicadores y los resultados

Echemos un vistazo a las relaciones entre estos distintos tipos de indicadores y los resultados en la siguiente tabla. Digamos que el resultado (el hecho) que quieres comprender es la rotación de clientes (cuántos clientes están dándose de baja de tu negocio en un cierto período). El simple hecho de conocer esa información te proporciona una pequeña orientación sobre qué hacer para reducirla. En tu búsqueda para llegar al meollo de este asunto, te encuentras con una correlación clara entre la satisfacción de los clientes en el período 1 y el abandono de los clientes en el período 4. La satisfacción de los clientes podría, por tanto, ser un indicador aproximativo de las futuras intenciones de los clientes.

Pasados	**Actuales**	**De vanguardia**
Rotación de clientes	Satisfacción de los clientes	Implicación de los empleados
Facturación de los empleados	Implicación de los empleados	Eficacia directiva
Ingresos procedentes de productos nuevos	Uso por parte de los clientes	«Amor de los clientes»

¿Qué, a su vez, subyace a la satisfacción de los clientes? Muchos estudios sugieren un papel poderoso de la satisfacción y la implicación de los empleados.[7] Así

7. *Véase,* por ejemplo, Heymann, M. (2015): «Spotlight on service: Integrating workforce management with employee engagement to optimize customer satisfaction and profitability», *Global Business and Organizational Excellence*, vol. 34, núm. 5, pp. 6-12; Cain, L.; Tanford, S. y Shulga, L. (2018): «Customers' perceptions of employee engagement: Fortifying the service-profit chain», *International Journal of Hospitality & Tourism Administration*, vol. 19, núm. 1, pp. 52-77; Martinaityte, I.; Sacramento, C. y Aryee, S. (2019): «Delighting the customer: Creativity-oriented high-performance work systems, frontline employee creative performance, and customer satisfaction», *Journal of Management*, vol. 45, núm. 2, pp. 728-751; y Mehta, D. y Mehta, N. K. (2013):

pues, la implicación de los empleados se convierte en un indicador de vanguardia de la posterior propensión del cliente a darse de baja, y es algo sobre lo que puedes emprender acciones para influir.

Si tu intento fuera el de comprender un resultado distinto (digamos la rotación de empleados), los niveles de implicación podrían considerarse un tipo distinto de indicador: en este caso, uno actual.

Será menos probable que unos empleados muy implicados abandonen tu organización que unos que no estén implicados. Un indicador de vanguardia podría ser la eficacia con la que son dirigidos esos empleados. En concreto, el elemento de la seguridad psicológica en un equipo está muy correlacionado con la implicación del personal y la propensión a quedarse, tal y como descubrió Amy Edmondson hace años, y las enormes investigaciones por parte de Google lo han reconfirmado más recientemente.[8]

Como tercer ejemplo, piensa en la dirección tomada por Satya Nadella, que reemplazó a Steve Ballmer como director ejecutivo de Microsoft en 2014. En lugar de seguir centrándose en los beneficios basados en Windows, que caracterizaron la era de Ballmer (y que Blank criticó rotundamente), Nadella ha enmarcado su liderazgo completamente alrededor de los indicadores de vanguardia. Tal y como dijo en una entrevista que le hicieron en 2015: «Ya no hablamos de los indicadores pasados del éxito, que son los ingresos, los beneficios. ¿Cuáles son los indicadores de vanguardia del éxito?: el amor de los clientes».[9]

En esencia, Nadella está haciendo una gran apuesta relativa a que, si puede poner en funcionamiento los indicadores correctos, todo el resto vendrá detrás. Con varios años en el cargo, está recibiendo grandes felicitaciones por transformar al gigante del *software* y hacer que sea relevante para las nuevas áreas de crecimiento en el campo de la tecnología, incluso enfrentando a su servicio Azure de computación en la nube contra los poderosos Amazon Web Services.

«Employee engagement: A literature review», *Economia: Seria Management*, vol. 16, núm. 2, pp. 208-215.

8. Edmondson, A. (1999): «Psychological safety and learning behavior in work teams», *Administrative Science Quarterly*, vol. 44, pp. 350-83; Cauwelier, P. (2019): «Building high-performance teams through action learning», *Action Learning: Research and Practice*, vol. 16, núm. 1, pp. 68-76.

9. Weinberger, M. (2015): «Satya Nadella: 'Customer love' is a better sign of success than revenue or profit», Business Insider, 7 de octubre de 2015, www.businessinsider.com/microsoft-ceo-satya-nadella-on-culture-2015-10

Esto nos conduce a la siguiente pregunta: ¿cómo desarrollas unos indicadores de vanguardia de un punto de inflexión potencial en la fase temprana, de preidentificación?

La relación inversa entre los grados de libertad y la fuerza de la señal

Una empresa de asesoría –que en un tiempo se conoció con el nombre de Futures Group y que ahora se llama Futures Strategy Group– creo un modelo útil para pensar en la obtención de indicadores de vanguardia. El modelo empieza valorando la «fuerza de la señal» de una cierta información sobre el futuro. Tal y como puedes ver en la figura 1, en las primeras fases las señales son débiles. La relación entre la señal y el ruido es bastante alta, y supondría un error hacer cualquier gran movimiento estratégico en este momento, ya que todavía hay un enorme grado de incertidumbre.

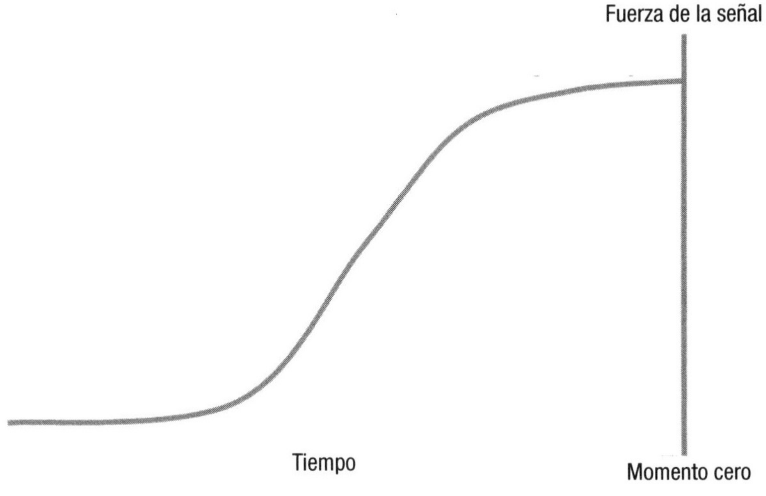

Figura 1. Fuerza creciente de una señal con el tiempo

Sin embargo, la información tiene una manera de acumular fuerza de forma no lineal. Así pues, recordando mi anterior ejemplo sobre Internet, en la época de 1995-2000, las señales de que Internet iba a tener un gran impacto sobre la venta al por menor (o sobre cualquier otra cosa) eran muy ruidosas. Algunas personas se creyeron este bombo publicitario y otras lo desdeñaron, pero la realidad del impacto de Internet en ese período fue que las compañías todavía seguían luchando con las deficiencias en el ecosistema (unos módems de marcación lentos y caros, un ancho de banda limitado, pocos modelos de negocio lucrativos, etc.). Para cuando llegó el período 2000-2005, los supervivientes del fiasco inicial de las empresas «puntocom» habían averiguado esto en gran medida.

El correo electrónico se había convertido en algo común y corriente. La banda ancha y las conexiones siempre encendidas se habían adoptado ampliamente. En un lapso de tiempo relativamente corto, lo que antes era una cuestión sobre la que gente razonable podía disentir razonablemente, las señales de que Internet iba a generar un cambio espectacular en el mundo eran indiscutibles. Piensa en el rápido incremento en la fuerza de la señal que tuvo lugar en ese período de 2000-2005. Después de eso, la gente pudo ver fácilmente que las tecnologías digitales iban a tener un importante impacto en el consumo de cualquier tipo de producto que se pudiese transmitir digitalmente. Una vez que se alcanzase el período etiquetado como «Momento cero» en la figura 1, la digitalización de libros, música y otros productos sería la cultura dominante.

El dilema para el estratega consiste en que mientras nos gustaría estar tomando decisiones con el tipo de información concreta y clara que estará disponible en el momento cero, eso es demasiado tarde. Para ese entonces, la inflexión es obvia para todos, y la posibilidad de responder pronto se ha perdido. Puedes pensar en esto en términos del modelo de la figura 2.

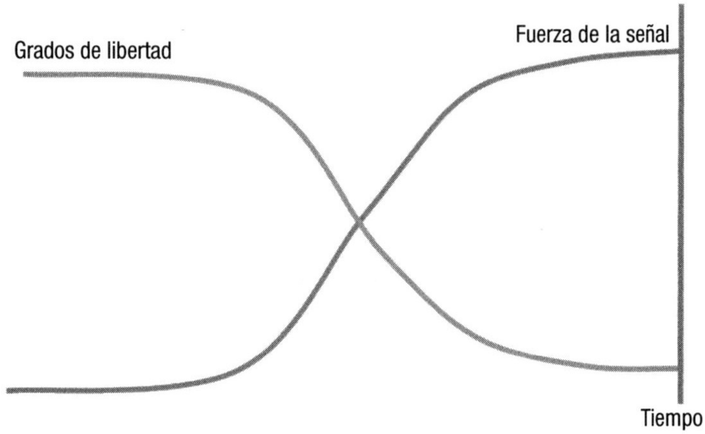

Figura 2. Relación inversa entre los grados de libertad y la fuerza de la señal

Tal y como muestra esta figura, la relación entre los grados estratégicos de libertad y la fuerza de la señal es prácticamente inversa. En la forma injusta en la que funciona la vida, el momento en el que dispongas de la información más completa y fiable será, frecuentemente, el momento en el que tengas menos poder para cambiar el relato narrado por esa información.

Eso nos conduce a la idea crucial de desarrollar un sistema de inteligencia para detectar las advertencias tempranas. Como ya hemos visto, no querrás hacer grandes movimientos estratégicos cuando la relación entre la señal y el ruido sea muy alta ni demasiado pronto. Además, tampoco querrás esperar hasta que los hechos sean claramente obvios para todos. En lugar de eso, necesitas una forma de obtener información con respecto a lo que a veces se llama el *período* óptimo *de advertencia,* situado alrededor de la parte central de la gráfica, tal y como se muestra en la figura 3.

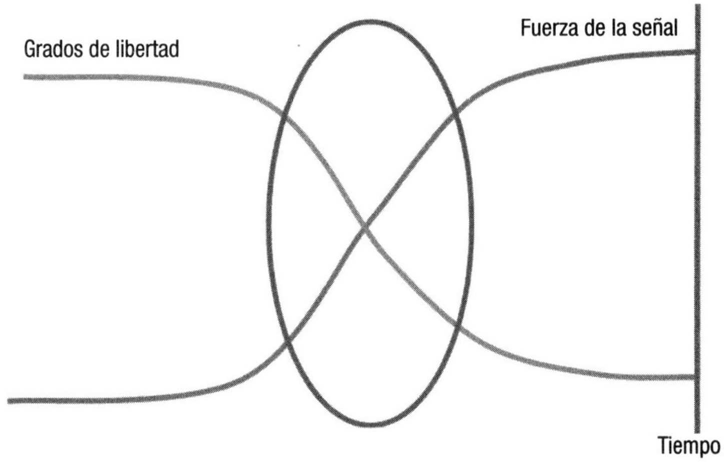

Figura 3. Período óptimo de advertencia

Esto nos conduce al papel de construir escenarios para identificar eventos potenciales del momento cero.

Expandir los futuros que tienes en cuenta: desencadenar la imaginación

Como los puntos de inflexión socavan las mismísimas suposiciones en las que se basa una empresa y que han acabado por considerarse «realidades» por parte de la mayoría de la gente que toma decisiones, frecuentemente es difícil para los líderes imaginar un mundo distinto. Es este fracaso de la imaginación lo que tan frecuentemente conduce a la sorpresa estratégica.

Piensa, por ejemplo, en el cambio en el sector de la restauración en EE. UU. hacia la comida para llevar que se consume fuera del local. En la actualidad, alrededor del 63 % de todas las comidas que se adquieren en un restaurante no se consumen en ese restaurante. Esto supuso una sorpresa para muchos restauradores, que se embarcaron en su negocio no sólo para preparar comida, sino también para ofrecer a sus clientes la experiencia de la hospitalidad. Tal y como ha expuesto el propietario de un restaurante: «Es un negocio completamente distinto», añadiendo, un tanto melancólicamente: «No hice esto para meter comida en cajas».[10]

Lo que resultaría útil, por tanto, son algunas formas directas de ampliar las posibilidades que estás preparado para tener en cuenta. Algunas organizaciones recurren a la planificación de escenarios para esto.

Hay muchas publicaciones sobre técnicas muy avanzadas para la planificación de escenarios y algunas ideas excelentes sobre cómo puedes imaginar el futuro.[11] Para nuestros fines, que consisten en identificar potenciales eventos importantes en el momento cero, los ejercicios complicados sobre escenarios no son necesarios. En lugar de ello, lo que recomiendo es emplear sencillas matrices de dos por dos para delinear posibilidades futuras. Estas matrices deberían ser lo suficientemente distintas como para apuntar a distintos resultados en el momento cero.

Dos elementos clave a evitar al hacer este trabajo son: (1) imaginar un futuro en el cual una cosa cambie, pero todo lo demás permanezca igual, y (2) pensar sólo en términos de un cambio lineal. Uno de mis ejemplos favoritos de esto es el programa de televisión clásico *Los Supersónicos,* una serie de dibujos animados en

10. Harnett, S. (2018): «How delivery apps are changing the restaurant industry», Marketplace, 19 de noviembre de 2018, www.marketplace.org/2018/11/19/business/how-delivery-apps-are- changing-restaurant-industry

11. Schoemaker, P. y van der Heijden, C. A. J. M. (1992): «Integrating scenarios into strategic planning at Royal Dutch/Shell», *Planning Review,* mayo/junio, 1992.

la que aparecían sirvientes que eran robots y coches voladores, pero retrataba roles de género y una organización del trabajo firmemente anclados en 1962.

La exposición de Andy Grove de 1997 relativa a los indicadores señalando que el cambio puede estar en marcha es un punto de partida razonable. Sugiere pensar en tres escenarios futuros;[12]

1. **Tu competidor clave está a punto de cambiar. Si sólo dispusieses de una bala de plata, ¿a quién apuntarías con ella?**
2. **Tu empresa complementaria principal está a punto de cambiar. El ecosistema será distinto.**
3. **La capacidad de la dirección para encontrarle sentido a lo que está pasando «ahí fuera» ha disminuido de alguna forma significativa.**

Permíteme ponerte un ejemplo. Para una compañía tradicional de distribución de energía para la que estaba trabajando en 2017, dos fuentes importantes de incertidumbre eran la demanda futura y la configuración venidera de las capacidades.

En primer lugar, quedé sorprendida al saber que, debido a distintas razones, el consumo de energía ha estado en modo crecimiento lento en gran parte del mundo desde hace algún tiempo. Esto fue un punto de inflexión que muchos (incluso la aclamada General Electric) interpretaron muy mal, Para General Electric, el resultado fue una enorme inversión excesiva, pérdidas y despidos en su negocio energético, deserción de directivos y su caída desde su puesto como una de las compañías mejor gestionadas de EE. UU.

Además, el modelo de distribución de energía que el sector había empleado durante años (que consistía en grandes plantas generadoras y en líneas eléctricas distribuidas) estaba avanzando hacia las redes distribuidas llamadas recursos energéticos distribuidos o RED. En ese modelo, la energía no sólo procede de la tradicional planta generadora, sino también de fuentes renovables, como las energías eólica y solar, haciendo así que el tradicional enfoque unidireccional quedara obsoleto. Otra amenaza para la red eléctrica centralizada vino presentada por los

12. Grove, A. S. (1997): «Surviving a 10X force», *Strategy & Leadership*, vol. 25, núm. 1, pp. 35-37.

avances en la tecnología de las baterías. En muchas partes del mundo, una red eléctrica resulta o prohibitiva o dará como resultado una infraestructura que será tan vulnerable al robo y a las actividades ilícitas que no será fiable. Incluso con la tecnología de las baterías actual (alimentada por placas solares), algo de electricidad durante parte del día es mejor que nada de electricidad en absoluto, haciendo que la red eléctrica resulte menos deseable para esas ubicaciones.

Usando estas dos incertidumbres tuvimos en cuenta los siguientes escenarios:

	La red eléctrica centralizada domina	**Redes descentralizadas que también usan energía solar y eólica**
Demanda muy aumentada	Manteniendo el rumbo: La inversión en equipos generadores y de distribución a gran escala está justificada.	El futuro de la red eléctrica inteligente: Es muy probable que la tecnología y los canales dominen.
Demanda lenta, plana o en descenso	Victoria para los eficientes: La inversión en sistemas de menor escala y más eficientes está justificada.	Oleada de disrupción: Necesidad de repensar completamente la economía de la industria.

Entonces, para cada escenario, elaboramos algunas consideraciones del momento cero. Un evento del momento cero debería consistir en una articulación nítida de un resultado concreto en el futuro que podría representar el punto de inflexión en el momento en el que se produzca. En el ejemplo que utilizamos de la compañía energética, los eventos del momento cero tenían un aspecto parecido al siguiente:

	La red eléctrica centralizada domina	**Redes descentralizadas que también usan energía solar y eólica**
Demanda muy aumentada	Momento cero: 80 % de la capacidad proporcionada por maquinaria cara y de calidad superior.	Momento cero: Dos terceras partes de toda la inversión hechas en energía en tecnología solar y eólica.
Demanda lenta, plana o en descenso	Momento cero: Más del 50 % de la energía proporcionada por maquinaria de menor escala o reciclada.	Momento cero: El 50 % de todas las redes eléctricas se convierte en mercados en los que la energía viene y va basándose en la oferta y la demanda

Puedes hacerlo con tantas incertidumbres como pienses que merecen una consideración seria, pero intenta que no se te ocurran demasiadas. Probablemente sea suficiente con procesar entre tres y cinco.

Eventos del momento cero

Es importante disponer de diversos escenarios en los que pensar, lo que ampliará el abanico de futuros potenciales que prevés. El siguiente paso consiste en empezar a situar algunas advertencias tempranas alrededor de esos futuros potenciales. Generalmente formulamos la pregunta: ¿qué tendría que suceder a los seis, doce o dieciocho meses antes de que se produjese ese escenario? Entonces generamos indicadores en los que este resultado se volviese más o menos probable.

Basándonos en el ejemplo anterior, tomemos como caso el evento en el momento cero de que dos terceras partes de toda la inversión en energía se harán en tecnología solar y eólica.

Ejemplo en el momento cero: Dos terceras partes de la inversión en energía se hacen en tecnología solar y eólica

Seis meses antes:

- Los precios de las baterías hacen que las soluciones para la red eléctrica basadas en las energías renovables sean tan rentables como el suministro convencional de energía.
- El canal de pedidos de equipos nuevos es congruente con este evento.

Doce meses antes:

- Las distribuciones importantes de presupuesto desplazan las peticiones de recursos desde la tecnología convencional a la renovable.
- Los nuevos potenciales de almacenamiento de energía hacen que sea posible almacenar, de forma rentable, energía generada por fuentes renovables en proporción a la necesidad, eliminando la necesidad de plantas convencionales para satisfacer los picos de demanda (que sólo se ponen en funcionamiento cuando hay una demanda elevada).

- Las energías renovables están a la par con otras fuentes de energía (la llamada paridad de la red eléctrica).
- Las estrategias legales que disponen quién se beneficia y quién paga con respecto a los RED empiezan a implementarse.

Dieciocho meses antes:

- Se producen importantes transiciones gubernamentales desde el suministro convencional al de energías renovables en mercados emergentes.
- Los cambios en los incentivos (como los créditos tributarios por inversión y los créditos tributarios por producción) favorecen a las energías renovables.
- Muchos recién llegados, ya se trate de empresas emergentes o de empresas ya establecidas, entran en este sector.
- Se dan retiradas importantes de la capacidad suministrada por energías no renovables, como por ejemplo el carbón.

Ahora:

- Las predicciones de un crecimiento de las inversiones en energía solar y eólica conducen a que las dos terceras partes de todas las inversiones en energía sean en renovables durante los siguientes años.
- Predicciones de una demanda rápidamente creciente.
- Predicciones de una eficiencia en rápido aumento, por lo que la demanda podría satisfacerse sin un aumento en la inversión.
- Hay una enorme cantidad de altercados legales con respecto a quién paga y quién se beneficia de los RED.

Habiendo generado una serie de indicadores, les siguen dos acciones clave. La primera consiste en hacer que sea el trabajo de alguien permanecer en la cumbre de ese evento emergente del momento cero y permitir que todos los que tengan el potencial de toparse con información relevante sepan quién es esa persona. La razón para esto es que, frecuentemente, me encuentro, en las empresas que se ven sorprendidas por una inflexión, que el conocimiento sobre lo que estaba sucediendo era, de hecho, abundante en la organización (en algún punto), pero nadie tenía una imagen lo suficientemente completa para encontrarle sentido.

Disponer de una persona que esté vigilando explícitamente un evento futuro concreto hace aumentar la probabilidad de que cualquier conocimiento que se encuentre en la empresa tenga algún lugar al que ir y que se tenga en cuenta de forma integral. Y recuerda incorporar la retroalimentación (*feedback*) de la gente que quizás no ocupe las oficinas ejecutivas. Regresa a la periferia para obtener información y conocimientos sobre estos eventos.

La segunda acción clave consiste en dedicar una cantidad de tiempo fijada en la agenda de reuniones de la gerencia para refrescar los conocimientos de tu equipo sobre esas advertencias tempranas. Los indicadores deberían rastrearse y actualizarse regularmente. En las sesiones de revisión regulares también puedes ajustar los escenarios y los eventos del momento cero a medida que dispongas de nueva información. Un beneficio adicional de hacerlo es que genera un registro de aprendizaje que puede ayudar a la gente a recordar por qué se tomaron decisiones concretas en ciertos momentos dados. Esto puede ser de utilidad para revisar suposiciones sobre cosas que puede que hayan cambiado.

En estas reuniones es crucial que los datos que desafíen a las ortodoxias integradas se presenten junto con información que respalde el punto de vista común. De otro modo, este esfuerzo supondrá una pérdida de tiempo, ya que la gente seguirá haciendo negocios en la sala insonorizada de sus propias suposiciones.

Se acabó la escuela... ¿o no?

Tomemos otro ejemplo de un sector que promete verse afectado de alguna forma por la revolución digital.

Se supone que la educación tendría que haberse visto alterada exhaustivamente a estas alturas. ¿Por qué está mostrando ser tan resistente? Porque sigue siendo muy difícil demostrar a los demás lo que sabes. Debido a ello, no puedes vencer a una credencial de una institución educativa respetada.

¿Pero qué sucedería si pudiésemos tener credenciales *sin* una carrera? Piensa en el negocio de la música. Cuando la música empezó a venderse (o robarse) por la canción y no por el álbum, la disociación resultante, junto con la creciente popularidad de los servicios de *streaming* y los espectáculos en vivo, generaron un importante punto de inflexión para la industria consolidada. ¿Te imaginas que sucediera algo parecido en la educación superior, con los títulos o credenciales ofreciéndose por el nivel de una habilidad en lugar de por estudiar una carrera?

La educación superior: ¿advertencias tempranas de un punto de inflexión tan esperado?

La predicción de la disrupción de la educación tiene una larga historia, con los expertos pronosticando que las películas, y luego la radio, la televisión y, por supuesto, los ordenadores e Internet, le darían la vuelta al modelo educativo existente.[13] Algunos fueron tan lejos como para decir que las películas ocuparían, completamente, el lugar de la educación.

Muchas personas que toman decisiones consideraron la llegada de Internet como una amenaza creíble para el modelo de la educación superior. En 2000, una plataforma educativa *online*, la infortunada Fathom, intentó ser uno de los primeros pioneros en Internet.[14]

Ahora disponemos de cursos en línea masivos y abiertos (CELMA; o MOOC, en inglés), con millones de estudiantes que acuden en masa a plataformas como Udacity, Coursera y edX. Hay incluso más gente que obtiene regularmente sus conocimientos en YouTube, y las «clases» con cuatrocientos mil alumnos no son raras en absoluto.[15]

Pese a su popularidad, los CELMA y otros cursos similares todavía no han provocado un punto de inflexión que pudiera perturbar a la educación superior. Se esfuerzan por cómo hacer que la experiencia sea relevante a nivel personal, por ganar dinero y, lo que resulta más importante para mí, por el tipo de credencial que debería recibir el alumno.

---

13. Muller, D. A. (2014): «This will revolutionize education», YouTube, 1 de diciembre de 2014, www.youtube.com/watch?v=GEmuEWjHr5c

14. Hane, P. J. (2000): «Fathom this: Academic and cultural institutions partner to create interactive knowledge company», Information Today, 10 de abril de 2000, http://newsbreaks.infotoday.com/nbreader.asp?ArticleID=17822

15. Hua, K. (2015): «Education as entertainment: YouTube sensations teaching the future», *Forbes,* 23 de junio de 2015, www.forbes.com/sites/karenhua/2015/06/23/education-as-entertainment-youtube-sensations-teaching-the-future/#73ea596247c2

La demanda creciente de una mayor titulación académica

Puede que el título universitario sea la última barrera que se encuentre entre los modelos tradicionales de educación y una disrupción importante. Una razón es la pura pereza. Los títulos universitarios son un atajo práctico. ¿Quieres reducir el número de currículums que tienes en tu bandeja de entrada? Es fácil: haz que algún tipo de credencial o título, como una licenciatura, sea un requisito. ¡Ya está! Con un solo golpe esa lista de candidatos se reducirá enormemente. De hecho, de acuerdo con la Oficina de Estadísticas Laborales de EE. UU., el 21 % de los puestos básicos de trabajo actuales requiere de una licenciatura de cuatro años.[16]

Pese a que esto hace que la vida resulte más fácil para los departamentos de recursos humanos, el requisito de un título universitario tiene un gran número de consecuencias negativas no previstas y de efectos colaterales accidentales. Deja fuera a una cantidad tan elevada como al 83 % de los potenciales candidatos de origen latinoamericano y al 80 % de los candidatos afroamericanos. Eso es mucho talento como para pasarlo por alto.

Joseph Fuller y Manjari Raman, de la Universidad de Harvard, han puesto números a lo que llaman «la demanda creciente de una mayor titulación académica». En un análisis exhaustivo de veintiséis ofertas de empleo encontraron que:

> **La brecha en las titulaciones (la discrepancia entre la demanda de un título universitario en las ofertas de trabajo y los empleados que ocupan actualmente ese puesto y que tienen un título universitario) es importante. En 2015, por ejemplo, el 67 % de los jefes de producción empleados tenían un título. Nuestro análisis indica que más de 6 millones de empleos corren peligro debido a la demanda creciente de una mayor titulación académica.**[17]

---

16. US Department of Labor, Bureau of Labor Statistics: «37 percent of May 2016 employment in occupations typically requiring postsecondary education», 28 de junio de 2017, www.bls.gov/opub/ted/2017/ 37-percent-of-may-2016-employment-in-occupations-typically-requiring-postsecondary-education.htm?view_full

17. Fuller, J. B. y Raman, M. (2017): «Dismissed by degrees: How degree inflation is undermining U.S. competitiveness and hurting America's middle class» (informe, Accenture, Grads of Life y la Escuela de Negocios de Harvard), octubre de 2017, www.hbs.edu/managing-the-future-of-work/Documents/dismissed-by-degrees.pdf

Además, al obtener un título universitario tras cuatro años de estudios,[18] la barrera para conseguir un buen empleo genera un círculo vicioso. Los alumnos se encuentran asumiendo unos préstamos para estudios que resultan muy debilitantes. Eso, a su vez, hace que su contratación por parte de los empleadores resulte más cara.

Por el precio que los empleadores están dispuestos a pagar, los aspectos económicos del reembolso de las deudas generadas por los préstamos para la educación implican que hay menos candidatos dispuestos a aceptar lo que Fuller y Raman llaman empleos «de cualificación intermedia» (supervisores, especialistas del servicio de soporte técnico, representantes de ventas, inspectores y probadores, dependientes y secretarios y empleados administrativos). Esto hace que sea difícil contratarlos para estos puestos de trabajo, dejando a las compañías sin los empleados que necesitan para crecer y a la gente sin el acceso a las oportunidades que podrían hacer que iniciaran una vida de clase media. Tal y como señalan Fuller y Raman, los empleadores están excluyendo de las oportunidades laborales a dos tercios de los estadounidenses que no tienen un título de cuatro años.

Y no es por falta de esfuerzo que la gente carezca de títulos universitarios. El 44 % de los nuevos graduados en los institutos se matriculan directamente en una carrera universitaria de cuatro años, según *The New York Times,* pero menos de la mitad obtendrán su título al cabo de cuatro años; y los precios de las universidades no se están abaratando. Un estudio averiguó que los precios de la enseñanza subieron un 498 % entre 1985 y 2011: casi cuatro veces el índice de precios al consumo.[19] En 2017, los estadounidenses debían 1,3 billones en deudas por préstamos para la educación: más de dos veces y media de lo que se debía una década antes.[20]

¿La universidad o un callejón sin salida?

La dificultad de emparejar a candidatos cualificados sin un título universitario con trabajos que podrían desempeñar y que no requieren tener una carrera está llevando

---

18. Selingo, J. J. (2017): «Wanted: Factory workers, degree required», *The New York Times,* 30 de enero de 2017.

19. McMahon, T. (2012): «College tuition and fees vs overall inflation», InflationData.com, 14 de junio de 2012, https://inflationdata.com/articles/charts/college-tuition-fees-inflation

20. Cilluffo, A. (2017): «5 facts about student loans», Pew Research Center, 24 de agosto de 2017, www.pewresearch.org/fact-tank/2017/08/24/5-facts-about-student-loans

a los estadounidenses a buscar alternativas como la formación profesional. En Suiza, por ejemplo, el 70 % de los alumnos que han superado el noveno curso (equivalente a tercero de la ESO en España), deciden seguir el camino de la formación profesional. Tal y como informó *The New York Times* en 2017: «Empezando en el décimo curso (cuarto de la ESO), los alumnos rotan entre los empleadores, las organizaciones empresariales y la escuela durante entre tres y cuatro años de formación y tutelaje. El aprendizaje es práctico y se les paga por ello. La tasa de desempleo juvenil en Suiza es la más baja de Europa y de alrededor de la cuarta parte de la de EE. UU.». Por contra, en Estados Unidos «a la mayoría de los estudiantes se les ofrece la opción entre la universidad o un callejón sin salida».[21]

En el sistema suizo, la formación profesional se considera tan valiosa como la educación universitaria para tener una buena vida, y la universidad está pensada para aquéllos con carreras profesionales (como el derecho, la medicina o la contabilidad) que requieren, verdaderamente, de una formación avanzada en aulas.

Muchos de los participantes en el sistema estadounidense no están siendo bien atendidos. Muchos estudiantes están asumiendo unas deudas que les costará reembolsar. Los empleadores no pueden encontrar los tipos de empleados que necesitan. Las oportunidades están cerradas para millones de personas que podrían desempeñar un papel laboral concreto muy adecuadamente; y todo porque seguimos usando un título universitario como representación de otras cosas que nos importan realmente: las habilidades sociales, la capacidad de escribir persuasivamente, la capacidad de interaccionar con la tecnología, etc.

Así pues, ¿por qué estoy revisando problemas actuales de la educación?

Siempre que un sistema tiene un número suficiente de miembros mal atendidos, un punto de inflexión dispone de terreno fértil para echar raíces. Creo que los sistemas alternativos de acreditación,[22] en los que algún tipo de organismo de acre-

21. Selingo, J. J. (2017): «Wanted: Factory workers».

22. Schawbel, D. (2017): «10 workplace trends you'll see in 2018», *Forbes,* 1 de noviembre de 2017, www.forbes.com/sites/danschawbel/2017/11/01/10-workplace-trends-youll-see-in-2018/#68a0ecc4bf22

ditación reconocido certifique habilidades basadas en el *nivel de la habilidad,* en lugar del *grado universitario,* están empezando a ganar verdadero terreno.

Hay una demanda clara. La presencia de tantos recursos *online* y de otras herramientas que la gente puede usar para aprender está generando un deseo de sistemas de certificación alternativos. Se ha llevado a cabo una experimentación considerable con los estudiantes empleando insignias en la red y certificados verificados para complementar sus expedientes académicos tradicionales. Aunque estas cosas llevan algún tiempo en funcionamiento, la idea de que podrían reemplazar un título universitario convencional se ha topado con un escepticismo permanente.[23]

Esto está cambiando. Las pruebas aportadas por una encuesta hecha a miembros de LinkedIn que eran especialistas eruditos en educación y desarrollo muestran un descenso del modelo tradicional. El 60 % de los encuestados creía que los empleadores están bastante encaminados hacia la contratación basada en las habilidades: en otras palabras «en elegir a candidatos basándose en lo que pueden hacer, más que en sus títulos o en su árbol genealógico». El 57 % de los encuestados dijo que creía que los empleadores empezarán a asignar más valor a las credenciales no tradicionales, y hubo un encuestado que llegó tan lejos como para decir que las certificaciones tradicionales son «aburridas».[24]

Estamos empezando a ver aparecer modelos de negocio que respaldan las credenciales alternativas. Pearson, una empresa líder proveedora de materiales para la educación superior, tiene toda una línea de negocio dedicada a ayudar a las instituciones educativas a generar alternativas a los grados universitarios tradicionales. Esto está ganando terreno a medida que las instituciones educativas se están percatando de la necesidad y están incorporando alternativas en sus planes de estudios. La plataforma Acclaim de Pearson se asocia con empresas para proporcionar credenciales de aptitud reconocidas para sus trabajadores.[25]

---

23. Sandeen, C. (2013): «The emerging world of alternative credentials», *Higher Education Today* (blog), American Council on Education, 1 de octubre de 2013, www.higheredtoday.org/2013/10/01/the-emerging-world-of-alternative-credentials/

24. Golding, M. (2017): «What's next in L&D: Experts reveal predictions for 2017», *The Learning Blog,* LinkedIn, 19 de enero de 2017, https://learning.linkedin.com/blog/learning-thought-leadership/what_s-next-in-l -d--experts-reveal-predictions-for-2017

25. Harris, A. (2015): «Say hello to the University of Microsoft», *Fast Company,* 17 de junio de 2015, www.fastcompany.com/3046941/say-hello-to-the-university-of-microsoft

Las empresas emergentes (*startups*) como Degreed también están erigiendo un negocio con la certificación de las habilidades que posee la gente. Con competencias que van desde la gestión de cambios, hasta hablar en público o la programación HTML, el proceso de Degreed proporciona un certificado que verifica que un candidato ha pasado por un riguroso proceso de evaluación por parte de expertos en ese campo concreto de conocimiento. También certifica el nivel de dominio de un candidato de los conocimientos o habilidades evaluados en ese proceso.

Otra innovación que podría resultar disruptiva para el modelo educativo tradicional fue introducida por la Universidad de Purdue en 2016. Se llama acuerdo de compartición de ingresos (ACI), por el cual las facultades ofrecen una educación gratuita o muy subvencionada a cambio de una parte de los futuros ingresos del alumno. Aunque estos programas no están exentos de controversia, el hecho de que estén captando un interés creciente es otra señal de que el modelo existente no está funcionando bien para un buen porcentaje de las partes interesadas.

¿Qué sucede con las universidades?

La situación actual de las instituciones de educación superior me recuerda a la de las plantas siderúrgicas integradas que sufrieron un gran trastorno a manos de las miniplantas acereras, especialmente cuando pienso en las grandes universidades dedicadas a la investigación.[26] Clayton Christensen lleva hablando sobre este asunto durante algún tiempo y ha publicado sus ideas en el libro *Disrupting class.*[27]

Al igual que en el caso de las plantas siderúrgicas integradas, la economía de la educación superior existe porque hay pocas alternativas. Los estudiantes estadounidenses creen que no tienen más alternativa que estudiar en una facultad para poder acceder a oportunidades, al igual que los clientes de las acerías tenían pocas alternativas distintas a la compra de acero en las plantas siderúrgicas integradas. Los estudiantes deben cursar toda una serie de asignaturas, algunas de las cuales son necesarias, independientemente de si están interesados en su temática o no.

26. Holusha, J. (1995): «Steel mini-mills could bring boon or blood bath», *The New York Times,* 30 de mayo de 1995.

27. Disrupting class: Christensen, C.; Horn, M. B. y Johnson, C.: *Disrupting class: How disruptive innovation will change the way the world learns,* exp. ed. McGraw-Hill Education, Nueva York, 2016.

Los profesores no son recompensados por ser conservadores acertados del proceso social del aprendizaje, sino más bien por sus logros en la investigación. Enseñar en muchas de nuestras instituciones educativas es considerado en cierto modo por muchos profesores como una molestia. Por ejemplo, con respecto a la investigación en las escuelas de negocios, Michael Harmon, de la Universidad de Georgetown, escribió un artículo con el encantador título de «Business research and Chinese patriotic poetry: How competition for status distorts the priority between research and teaching in U.S. business schools» («La investigación empresarial y la poesía patriótica china: Cómo la competencia por el estatus distorsiona la prioridad entre la investigación y la enseñanza en las escuela de negocios de EE. UU.»). En este escrito critica duramente el negocio de generar investigaciones académicas en las escuelas de negocios, lo que ha «destruido cualquier conexión evidente entre la productividad en la investigación y el fomento de cualquier valor social, práctico o intelectual[28] digno de elogio». Más recientemente, mi colega Steve Denning reprendió a las escuelas de negocios por ofrecer lecciones obsoletas a sus alumnos.[29]

Normalmente, cuando un sistema no genera resultados para sus componentes, quiebra. Sin embargo, el sistema universitario está protegido por su control dominante sobre esa importantísima credencial: el título universitario.

Al igual que las miniplantas acereras empezaron en el «nivel inferior» del mercado siderúrgico produciendo, básicamente, el acero de peor calidad para los clientes menos atractivos y los que necesitaban economizar, las credenciales alternativas están empezando en el «extremo inferior» del mercado de la educación, con cursillos, programas *online* y eventos breves de formación. Sin embargo, y al igual que sucedió con las miniplantas acereras, podemos prever que su calidad, alcance y acceso mejorarán y que el efecto sobre las instituciones educativas consolidadas será mayor con el tiempo.

A medida que este cambio empiece a tener un impacto en más universidades, habrá varios resultados probables. El primero es la reducción del modelo basado en la investigación que busca la utilización del profesorado universitario y los incentivos, y el cambio hacia lo que podríamos considerar el modelo de la celebridad.

---

28. Harmon, M. M. (2006): «Business research and Chinese patriotic poetry: How competition for status distorts the priority between research and teaching in U.S. business schools», *Academy of Management Learning & Education*, vol. 5, núm. 2, pp. 234-243.

29. Denning, S. (2018): «Why business schools teach yesterday's expertise», *Forbes,* 27 de mayo de 2018.

Las facultades ya están confiando más en el profesorado adjunto en sus aulas a un ritmo creciente.[30] Como resultado de ello, es más probable que haya más demanda por los profesores populares que por aquellos que se centran en las becas de investigación.

Otro efecto, que Christensen predijo, es que las «marcas» de las universidades podrían muy bien volverse menos importantes que las «marcas» de profesores superestrellas concretos. En el futuro podría muy bien importar más que dispongas de una credencial que atestigüe que has completado el curso de Christensen sobre la disrupción o el curso de Lynda Gratton sobre el diseño organizacional que tener una licenciatura de Harvard o de la Escuela de Negocios de Londres.

De forma parecida, podríamos muy bien ver cómo las clasificaciones y los títulos descienden hasta el nivel de módulos de cursos o programas individuales. Por lo tanto, más que hacer una clasificación de las «mejores escuelas de negocios», los periodistas y los observadores podrían, en lugar de eso, clasificar programas educativos individuales. La clasificación bienal Thinkers50 de líderes de pensamiento en dirección y administración de empresas ya ha mostrado una versión de esto. Este grupo identifica y clasifica a los pensadores del campo de la dirección y administración de empresas cuyas ideas han tenido un importante impacto en la comprensión de esta área, y otorga galardones por logros destacados en categorías concretas. En particular, Thinkers50 homenajea a las personas, y no a las instituciones de las que proceden.

Encontrarles sentido a las señales débiles

Esta breve reseña de la situación actual en el ámbito de las credenciales en la educación superior ilustra varios de los temas principales de este libro. El primero es que puede que a los puntos de inflexión pendientes les lleve mucho tiempo tener un impacto. El segundo es que, aunque los observadores suelen prever un cambio tan importante, puede llevar un tiempo que se asiente un ecosistema completo que altere totalmente el estado de las cosas de una forma significativa. Y el tercero es

30. Jaschik, S. (2017): «When colleges rely on adjuncts, where does the money go?», Inside Higher Ed, 5 de enero de 2017, www.insidehighered.com/news/2017/01/05/study-looks-impact-adjunct-hiring-college-spending-patterns

que hacer un movimiento demasiado pronto, como le pasó a la infortunada Fathom, resulta tentador, pero suele acabar mal.

Lo que no cambiará

Con el alucinante ritmo de los cambios que parecen darse a todo nuestro alrededor, también vale la pena tener en cuenta lo que es muy *improbable* que cambie mientras piensas en tu estrategia.

Por volver a la educación superior un momento, es muy improbable (y, de hecho, no es deseable) que el sistema universitario, tal y como lo conocemos, desaparezca. Sigue habiendo un papel para las humanidades y la experiencia de «la mayoría de edad» en la que tanta gente que ha recibido formación universitaria se refleja con gran cariño. Lo que es más probable que suceda es que surjan alternativas de confianza a los grados universitarios, inicialmente para habilidades fáciles de valorar como la programación, pero finalmente para habilidades más creativas y de comunicación. A la optimista que hay en mí le gustaría pensar que esto facilitaría oportunidades para personas que están perfectamente preparadas para hacer una contribución, pero para las que un compromiso de cuatro años es inasumible o no deseable.

Por citar a Jeff Bezos, de Amazon: «Es imposible[31] imaginar un futuro a diez años vista en el que surja un cliente que diga: "Jeff, me encanta Amazon. Sólo desearía que los precios fuesen un poco más altos" [o] "Me encanta Amazon. Sólo desearía que tardaseis más en entregar los productos". Eso es imposible». Su observación es que, si sabes que algo va a ser verdad a largo plazo, puedes dedicar tus esfuerzos a mantener esa verdad.

Regresaremos, en detalle, a esta forma de pensar más adelante en este libro. Por presagiar brevemente, las cosas que no cambiarán son lo que llamamos «el trabajo que debe llevarse a cabo» para el cliente. En otras palabras, las necesidades y las preferencias humanas son destacablemente estables, incluso aunque las tecnologías para satisfacer esas necesidades cambien. Desde las señales de humo, hasta la carta escrita a mano, el correo rápido repartido por relevos de jinetes y caballos (Pony

---

31. «*Imposible*»: D'Onfro, J. (2015): «Jeff Bezos' brilliant advice for anyone running a business», Business Insider, 31 de enero de 2015, www.businessinsider.com/jeff-bezos-brilliant-advice-for-anyone-running-a-business-2015-1

Express), el telégrafo, el teléfono fijo y el *smartphone* actual, la «tarea» de transmitir información a lo largo de grandes distancias apenas ha cambiado, a pesar de que nuestras posibilidades para llevar a cabo ese trabajo se han transformado completamente.

Ésta es una idea potente que es fundamental para atravesar un punto de inflexión y salir al otro lado incluso más fuerte.

Moralejas clave

Un punto de inflexión se da cuando un cambio 10X altera las suposiciones básicas sobre las que se construye un negocio. Como estas suposiciones se dan por hechas, a los ejecutivos que trabajan en el aquí y el ahora suele resultarles difícil ver las implicaciones del cambio.

En las primeras fases de un punto de inflexión, es difícil ver el impacto potencial porque las posibles soluciones son invariablemente incompletas: el cambio afecta sólo a ciertas partes del sistema. El gran error consiste en hacer una gran inversión en este momento.

Hay tres tipos de indicadores en cualquier negocio. Los indicadores pasados proporcionan información sobre lo que ya ha sucedido y no puede cambiarse. Los indicadores actuales aportan información sobre lo que está sucediendo, basándose en asunciones sobre cómo funciona la empresa en este momento (lo que puede generar puntos ciegos). Los indicadores de vanguardia son los más cruciales para detectar puntos de inflexión inminentes, pero son a los que es más difícil encontrarles sentido: suelen ser cualitativos y emergentes.

La calidad de la información con la que tienes que trabajar es inversamente proporcional a tu capacidad para hacer algo para cambiar el relato. Una forma de incrementar tu confianza en la toma de decisiones consiste en crear un evento en el momento cero que represente algo importante que puede que suceda en el futuro. Entonces podrás retroceder en el tiempo para ver qué podría prever este tipo de evento.

Mediante el uso de una sencilla yuxtaposición de las incertidumbres clave puedes articular eventos del momento cero muy distintos, que pueden convertirse en objeto de consulta entre tu equipo directivo. Dedicar el tiempo necesario para llevar a cabo esta tarea es crucial, aunque suele pasarse por alto, lo que puede dar lugar a puntos estratégicos ciegos.

3

A la búsqueda de pequeñas señales: Definir tu escenario

«[Una compañía sufre parones] porque las cosas en las que creyeron durante más tiempo o las cosas en las que creen con más firmeza ya no son válidas. Básicamente, lo que saben ya no es verdad».[1]

Matthew Olson, Derek van Bever y Seth Verry

Esta cita, procedente de un estudio de puntos de inflexión negativos que Olson, Van Bever y Verry llamaron «parones en el crecimiento», identifica la razón más importante por la cual empresas que habían sido exitosas sufren colapsos súbitos en sus ingresos. En otras palabras, algo en el entorno ha modificado las suposiciones que los líderes de la compañía están haciendo sobre los elementos clave de su estrategia (sus clientes, la satisfacción de las necesidades, el grupo de competencia), y pese a ello la organización no ha respondido.

Suposiciones sobre el éxito que se dan por sentadas y que pueden ser peligrosas

La creciente disparidad entre lo que en un tiempo hizo que una organización fuese exitosa y el entorno en el que se encuentra en la actualidad conduce a que tenga un desempeño enormemente inferior, por no decir a su desaparición. Además, Olson,

1. Olson, M. S.; van Bever, D. y Verry S. (2008): «When growth stalls», *Harvard Business Review*, marzo de 2008.

Van Bever y Verry se encontraron con que las caídas en los ingresos no eran graduales. Tal y como la teoría que estamos estudiando aquí sugiere, un punto de inflexión negativo puede conducir a descensos repentinos y desafortunados en su rendimiento.

En mi libro *The end of competitive advantage,* sugiero varios signos tempranos de alarma o advertencia de que es probable que una ventaja se encuentre en declive. ¿Con cuántos de los siguientes puntos crees que es probable que estuviesen de acuerdo los líderes de tu organización?

- No compro los productos o servicios de mi compañía.
- Estamos invirtiendo a los mismos niveles, o incluso más, pero no estamos obteniendo márgenes o crecimiento como producto de ello.
- Los clientes están encontrando soluciones más baratas o sencillas que son «lo suficientemente buenas».
- La competencia está surgiendo de lugares que no nos esperábamos.
- Los clientes ya no están emocionados con lo que tenemos que ofrecerles.
- La gente a la que nos interesaría contratar no nos considera uno de los mejores lugares en los que trabajar.
- Algunos de nuestros mejores empleados nos están abandonando.
- Nuestras acciones bursátiles siempre están infravaloradas.
- Nuestros técnicos (científicos e ingenieros, por ejemplo) están prediciendo que una nueva tecnología hará cambiar nuestro sector.
- No somos el objetivo de cazadores de talentos.
- Nuestra trayectoria de crecimiento se ha ralentizado o invertido.
- Muy pocas innovaciones han logrado abrirse camino hasta llegar al mercado en los dos últimos años.
- La empresa está reduciendo sus beneficios o sometiendo a los empleados a un mayor riesgo.
- La dirección está negando la importancia de malas noticias potenciales.[2]

---

2. Gunther McGrath, R.: *The end of competitive advantage: How to keep your strategy moving as fast as your business.* Harvard Business Review Press, Boston, 2013.

Por último, llegamos a las aptitudes desplegadas por las organizaciones para distribuir los atributos presentes en cada eslabón. Piensa en las aptitudes transformándose en atributos que pueden ser considerados relevantes por distintos participantes en la situación. Se puede pensar en estas aptitudes en términos de ideas tradicionales como la cadena de valor o el «conjunto de actividades que una empresa que trabaja en un sector concreto lleva a cabo para distribuir un producto o servicios valiosos para el mercado».[3] Las diferentes cadenas de valor pueden dar lugar a atributos muy distintos, y muchas ideas estratégicas tradicionales proceden de ese conocimiento.

	Básica: Todos los participantes dan el atributo por sentado	**Diferenciadora: El atributo distingue entre soluciones**	**Vigorizante: El atributo tiene un efecto emocional poderoso sobre la parte interesada**
La parte interesada la considera positiva	No negociable: La parte interesada lo espera todo de los proveedores (una cama limpia en una habitación de hotel).	Distintiva: La parte interesada ve diferencias entre los proveedores (música de moda en un hotel de la cadena W en contraposición con un hotel de la cadena Marriott).	Emocionante: La parte interesada muestra una reacción abrumadoramente positiva (la fórmula original de la marca de hoteles Courtyard, de la cadena Marriott, para viajantes).
La parte interesada la considera negativa	Tolerable: La parte interesada tolerará algo para conseguir los beneficios (precio).	Insatisfactoria: La parte interesada preferiría prescindir de ello, y hay diferencias entre los implicados (el proceso de registro de salida del hotel lleva bastante tiempo).	Irritante: La parte interesada preferiría no tener que hacer negocios con esta entidad nunca más (falta de wifi gratuito).
La parte interesada se muestra neutra	Neutra: No a todas las partes interesadas les preocupa esto (tener televisión en la habitación).	Paralela: La parte interesada puede ver algo en la experiencia además del servicio propiamente dicho (programa de tarjeta de fidelidad).	No existe

3. Porter, M. E.: *Competitive advantage: Creating and sustaining superior performance*. Free Press, Nueva York, 1985. (Trad. cast.: *Ventaja competitiva: creación y sostenibilidad de un crecimiento superior*. Pirámide, D. L.: Madrid, 2010).

El objetivo de ocuparse de estos elementos consiste en abrirte los ojos a las posibilidades que podrían tener un efecto potencialmente importante sobre tu negocio, incluso aunque se encuentren simplemente fuera de la vista. También recomiendo que sigas el ejemplo del manual de pensamiento creativo mientas piensas en tu estrategia. Tim Brown y Roger Martin proporcionan una descripción realmente buena sobre cómo podrías hacerlo en su artículo «Design for action»[4] («Diseño para la acción»). En concreto, la idea de desechar múltiples estrategias posibles y de debatirlas conscientemente en lugar de trabajar paulatinamente a partir de estrategias que ya están implementadas es excelente.

El mapa del escenario

	Las suposiciones actuales	**Cambios potenciales**	**Posibilidades futuras**
Conjunto de recursos			
Participantes			
Las partes interesadas y las tareas más importantes que tienen que llevar a cabo			
Las cadenas de consumo que generan estas tareas			
Los atributos que experimentan las partes interesadas			
Posibilidades y activos de la organización			

El proceso está pensado para usarlo reiterativamente junto con tu proceso de desarrollo de la estrategia.

4. Brown, T. y Martin, R. L. (2015): «Design for action», *Harvard Business Review,* septiembre de 2015.

Los cambios que potencialmente dan lugar a un punto de inflexión pueden describirse como se expone a continuación:

1. Pueden hacer cambiar el conjunto de recursos que están en disputa.
2. Pueden hacer cambiar a las partes que están intentando hacerse con ese conjunto de recursos.
3. Pueden hacer variar la situación en la que tiene lugar esa disputa.
4. Pueden hacer que un empleo desplace a otro del conjunto de consideraciones de un participante o reducir los recursos disponibles para llevar a cabo ese trabajo.
5. Pueden modificar de forma importante la experiencia de consumo.
6. Pueden hacer que algunos atributos se vuelvan más o menos valorados que otros.
7. Pueden modificar el tipo de posibilidades relevantes incluidas en una cadena de valor.
8. Pueden modificar cada elemento del escenario.

El menguante sector del afeitado: una inflexión negativa

Echemos un rápido vistazo a un ejemplo del estado de vanguardia actual en lo referente al comportamiento de los hombres con respecto a afeitarse redactado desde la perspectiva de la marca Gillette, del grupo empresarial Procter & Gamble (P&G).

La historia básica en el negocio del afeitado es que, durante años, la marca Gillette, del grupo empresarial P&G, había ostentado una posición dominante en el mercado. La compañía dedicó recursos a su departamento de investigación y desarrollo (I+D) para elaborar productos mejores y de precio elevado. Normalmente vendían maquinillas de afeitar con múltiples cuchillas, afirmando que esto proporcionaba un mejor afeitado. Como las maquinillas son caras (yo digo que son un imán para los que hurtan en las tiendas), muchos negocios minoristas las guardan bajo llave, lo que significa que los consumidores deben buscar a un empleado de la tienda para que les abra la caja (lo que yo llamo el fortín de las maquinillas de afeitar). Además, es fácil olvidarse de comprar las maquinillas.

En el período 2010-2011, un auge de una nueva competencia, influenciada por las posibilidades digitales (YouTube, Facebook, Amazon Web Services) y una actitud cambiante con respecto a la necesidad de ir afeitado por parte de una nueva generación de clientes, supuso una conmoción para el modelo de negocio de Gillette. Empresas advenedizas como Dollar Shave Club y Harry's exploraron un modelo de servicio directo al consumidor con cuchillas más económicas que se ofrecían por una suscripción. La cuota de mercado de Gillette pasó de aproximadamente un 70 % del mercado del afeitado de los hombres a alrededor de un 54 %. Sorprendentemente, toda la categoría parece destinada a menguar a medida que las actitudes con respecto al afeitado y su importancia se reducen.[5]

¿Qué aspecto podría tener un análisis de este escenario empleando el marco descrito en la anterior sección? Intentémoslo.

Gillette ha respondido, en parte, al mundo postinflexión poniéndose a la defensiva y, en parte, avanzando hacia el desarrollo de relaciones directas con otros usuarios finales con su plataforma Gillette On Demand (Gillette por encargo o a la carta). Actuando a la defensiva, ha reducido el precio de sus maquinillas para ser más competitivo frente a las empresas advenedizas. Ofensivamente, ha introducido el proyecto Razor Maker, que permite a los usuarios personalizar sus maquinillas de afeitar con mangos impresos en 3D. La compañía también está explorando formas de hacer que la cadena de consumo del afeitado resulte menor irritante. Ahora, por ejemplo, puedes hacer un pedido de maquinillas enviando un mensaje de texto, y la compañía te las entregará directamente en tu hogar. Pese a todo esto, no parece probable que las buenas épocas del dominio de Gillette en el negocio del afeitado tengan visos de volver.

5. Tiffany, K. (2918): «The absurd quest to make the "best" razor», Vox, 11 de diciembre de 2018, www.vox.com/the-goods/2018/12/11/18134456/best-razor-gillette-harrys-dollar-shave-club

	Suposiciones actuales	Cambios potenciales	Posibilidades futuras
Conjunto de recursos	El gasto de los hombres en cuidados personales, en particular en el afeitado.	Cambios sociales para hacer que el afeitado diario sea menos esencial para la generación más joven; voluntad de dejarse crecer la barba. Mayor sensibilidad al precio.	Puede que los recursos dedicados a toda esta categoría estén en declive.
Participantes	Gillette: 70 % de cuota de mercado. Schick: 20 % de cuota de mercado. Otras marcas: cuota de mercado muy pequeña.	Lo digital permite la creación de un mercado directo al consumidor.	Explosión de competencia incluso en un mercado menguante.
Las partes interesadas y las tareas más importantes que tiene que llevar a cabo	Tres tipos de hombres que se afeitan: Ritualistas (cumplir con la tarea con una calidad elevada). Reacios (cumplir con la tarea y de forma económica). Estéticos (se centran en el aspecto y la emoción).	Afeitarse está perdiendo relevancia para muchos hombres en favor de un aspecto distinto: esta tarea está perdiendo importancia.	Piensa en dirigir una empresa más pequeña más eficientemente. Da con formas de abrir el mercado a una mayor demanda.
Las cadenas de consumo que distribuyen estos empleos (conocimiento, búsqueda, selección, contratación, pagos, etc.)	Ventas a través de canales minoristas.	Las plataformas habilitadas para trabajar digitalmente hacen que otros canales sean posibles.	El modelo de servicio directo al consumidor se vuelve popular.
Las características que experimentan las partes interesadas	+ Un afeitado decente – «El fortín de las maquinillas» – Gasto ? Diferenciación ? Más cuchillas = mejor	Las fuentes de diferenciación se han erosionado para Gillette. Los hombres se están encontrando con que otras maquinillas son lo suficientemente buenas. La demanda global es producida por unos pocos fabricantes.	Añadir más cuchillas no va a ser un factor diferenciador. Puede que sea necesaria una estrategia realmente disruptiva.
Posibilidades y activos de la organización	Enormes gastos en I+D y en *marketing*. Relaciones mediadas por canales de ventas al por menor.	Probablemente se tenga que cambiar la combinación.	Ser un participante con los costes controlados.

Cuando una tarea en un escenario desplaza a otra: el caso de la ropa

Pobre del proveedor de ropa para adolescentes en esta época hipersocial e hiperconectada. Este grupo de población en concreto es tan aficionado a conectar digitalmente los unos con los otros que prácticamente nada más tiene una atracción similar. De hecho, los psicólogos, los observadores y las personas que trabajan en *marketing* interesados han dicho que la devoción por los dispositivos digitales es «adictiva».[6]

En este caso, el conjunto de recursos en disputa es el gasto doméstico discrecional entre los adolescentes en Estados Unidos. Generalmente, la situación implica a aquellos que están al cargo del presupuesto del hogar (una combinación entre los adolescentes y sus progenitores) decidiendo en qué gastar el dinero a lo largo de un período. La tarea a llevar a cabo es cualquier cosa que dé pie a una visita al centro comercial o a una página web (la necesidad de ropa para el trabajo o para jugar, la necesidad de actualizar el armario, la necesidad de un atuendo para una ocasión especial o lo que sea). Las cadenas de consumo congregadas para satisfacer estas necesidades consisten en vendedores en la red y fuera de ella que suministran ropa a sus clientes en diversos escenarios. Las características de las que se preocupan la mayoría de las partes interesadas están relacionadas con los productos, representadas en los estilos y tendencias, y no en la experiencia completa de los clientes. Además, las aptitudes necesarias para participar en este mercado son aquellas que han sido reunidas por los minoristas a lo largo de varias décadas, frecuentemente basadas en restricciones tradicionales (como por ejemplo cuánto tiempo lleva rediseñar un estilo o suministrar género a una tienda).

Por ahora todo bien. Bueno, ahí llega la revolución de los teléfonos móviles de 2007 (con la introducción del iPhone y la comercialización de Android), y el orden de las tareas a llevar a cabo por las personas que manejan el presupuesto en los hogares cambia drásticamente. Para entonces, las redes sociales estaban firmemente asentadas y el deseo por estar conectado se encontraba bien arraigado, dando a los adolescentes no sólo una razón para querer conectarse, sino también la tecnología con la que hacerlo. La tarea de estar conectado ha desplazado (en cierto grado) a la tarea de comprar ropa. No es que no se siga comprando ropa, pero si tu-

6. Alter, A.: *Irresistible: The rise of addictive technology and the business of keeping us hooked.* Penguin Press, Nueva York, 2017. (Trad. cast.: *Irresistible: ¿quién nos ha convertido en yonquis tecnológicos?* Paidós: Barcelona de 2018.

vieras que pensar en los empleos a desempeñar en una jerarquía, la tarea de la conexión ha aumentado significativamente en importancia.

Desde que ha pasado esto, los recursos que se habrían destinado a la compra de ropa quizás ahora se están desviando. Eso significa, a su vez, que una cadena de consumo completamente distinta se ha vuelto más relevante para los compradores, que entonces ha modificado los atributos que los consumidores están ansiosos por obtener, lo que implica que el potencial congregado para suministrar las tradicionales ofertas al por menor son también menos relevantes. El punto de inflexión está propagándose por el escenario.

Previendo el cambio en el escenario

Todo esto está muy bien en retrospectiva, pero la pregunta es: ¿cómo podríamos haber previsto el punto de inflexión que estaba llegando?

Tal y como he dicho, un escenario está preparado para una inflexión cuando se da algún tipo de cambio que modifique una de las estadísticas clave que son importantes para un negocio asentado o que genere una nueva categoría con unas estadísticas clave completamente distintas.

Pensemos en el caso de los adolescentes estadounidenses. En 2007, el año en el que el iPhone salió al mercado, los investigadores de mercado vieron que los adolescentes tenían un poder adquisitivo que sumaba unos 80 000 millones de dólares, y que sus padres añadían otros 110 000 millones de dólares para otros artículos, que incluían la comida, el ocio, la ropa y los cuidados personales. Si ése es el recurso crucial del que depende tu organización, probablemente te gustaría empezar a comprender hacía dónde es posible que se desplace ese gasto.

Entre las estadísticas clave con las que se obsesionaban tradicionalmente los minoristas con respecto a esta población estaba la importantísima temporada de «la vuelta al cole». Tal y como apuntó un observador: «El modelo de negocio sobre el que se construyeron las tiendas (y del que dependen, en gran medida, los negocios minoristas), estaban profundamente basados en esos períodos de desempeño rentable».[7]

---

7. Agratchev, A. (2016): «New metrics for a new retail industry», The Robin Report, 2 de mayo de 2016, www.therobinreport.com/new-metrics-for-a-new-retail-industry

Y las suposiciones que muchos minoristas hacían estaban muy basadas en las estadísticas tradicionales, como por ejemplo las ventas por metro cuadrado y las ventas de una misma tienda comparadas a lo largo de períodos de tiempo. La mayoría de los minoristas, apegados a las estadísticas tradicionales como éstas, no habrían visto las amenazas inminentes que surgían de Internet.

Sin embargo, si hubieran prestado atención, allá en 2007 los investigadores ya estaban comentando que Internet (y más en concreto las redes sociales) estaban afectando enormemente la forma en la que los adolescentes pasaban su tiempo. Vieron que los quinceañeros estaban transfiriendo los tipos de conductas propias de la amistad en las que ese grupo de edad se había implicado desde siempre (hablar por teléfono, salir y pasar el rato) a las redes sociales e Internet.[8] Una historia publicada en *The Washington Post* sobre los hábitos de compra de los adolescentes averiguó que, incluso entonces, e incluso cuando los quinceañeros estaban comprando en tiendas tradicionales, los teléfonos móviles solían usarse para ponerse en contacto con sus amigos o buscar su aprobación para hacer una compra.[9] Una de las adolescentes del reportaje de *The Washington Post* describió la labor que desempeñaba la ropa para ella en aquel entonces para presentarla a la gente de su entorno. «Quiero que sepan algo sobre quién soy –dijo–. Y estoy orgullosa de ello». Inquietantemente, la labor que se suponía que tenía que hacer la ropa se ve sustituida actualmente por la tecnología.

Hacia 2014, las débiles señales de que la relación de los adolescentes con la ropa y su experiencia con la compra de ropa estaba sufriendo unos cambios enormes que ya no eran débiles.

De hecho, llegado el momento del análisis de *The Wall Street Journal*, fue muy obvio que había llegado una importante inflexión.[10] Un artículo de 2014 publicado en *The New York Times* titulado «More plugged-in than preppy» («Más conectado que pijo») describe actitudes que infundirían miedo a cualquier minorista orientado a los adolescentes.

---

8. «The teens market in the U.S.», Packaged Facts, 1 de junio de 2007, www.packagedfacts.com/Teens-1493744/

9. Mui, Y. Q. (2007): «As the kids go buy», *The Washington Post,* 4 de junio de 2007.

10. Knutson, R. y Francis, T.: «Basic costs squeeze families», *The Wall Street Journal*, 1 de diciembre de 2014.

«La ropa no es tan importante para mí», dijo Olivia D'Amico, una chica de dieciséis años de Nueva York, mientras compraba en Hollister con su hermana y una amiga. «La mitad de las veces no compro realmente ninguna marca. Sólo me he comprado unas Doc Martens de imitación porque en realidad no me importa». Probablemente gaste más en tecnología porque le gusta «estar conectada»,[11] dijo.

Un analista del comercio minorista descontento explicó que estaba intentando mantener una conversación con su público adolescente sobre las tendencias de moda venideras. «Intentas que hablen de cuál va a ser el próximo estilo, qué les emociona comprar en lo tocante a la ropa, y la conversación siempre regresa al iPhone 6. Logras que hablen de blusas cortas y consigues un pequeño y agradable debate sobre los pantalones de talle alto, pero la conversación siempre vuelve al lugar de origen».

Una sorpresa para los investigadores que estaban intentando comprender los patrones de gastos de los adolescentes fue un aumento en la cantidad de dinero que los quinceañeros gastan en comida, una vez más en relación a la ropa. Resulta que los adolescentes simplemente adquieren la comida (por ejemplo, en un McDonald's) para así poder acceder a los sistemas wifi gratuitos de los restaurantes (una vez más, a través de sus teléfonos).

Lo que puede que sea más importante desde el punto de vista de un minorista que vende a adolescentes es en qué consiste toda esa comunicación. Resulta que las plataformas como Instagram, Facebook e incluso Twitter y similares es donde los adolescentes publican fotos. ¿Que te vean llevando la misma ropa fotografía tras fotografía? Bueno, eso es realmente patético.

Esta tendencia incluso está teniendo un efecto en eventos de la moda como la semana de la moda y los desfiles de moda tradicionales. Con los estilos que aparecen en la pasarela siendo transmitidos a un público mundial, los compradores potenciales encuentran esos *looks* «anticuados» para cuando las piezas de ropa están disponibles en las tiendas. ¿El nombre de esto?: «Fatiga del producto». Éste es el aspecto que tiene:

11. Harris, E. A. y Abrams, R. (2014): «More plugged-in than preppy», *The New York Times,* 28 de agosto de 2014.

Ken Downing, el director de moda de Neiman Marcus, dijo recientemente que estaba mostrando a una clienta una chaqueta bordada recién salida del horno que costaba once mil dólares para encontrarse con que ella hacía un gesto de desaprobación y decía: «¿Pero no tienes nada nuevo?». «Llegó hace un par de días», le comentó. Pero resultaba que había estado *online* desde el pasado octubre.[12]

Por lo tanto, comprendamos el impacto de estos acontecimientos interrelacionados sobre estadísticas clave para los minoristas que venden productos para adolescentes. En primer lugar, tenemos un ecosistema del comercio electrónico crecientemente maduro en el que los clientes potenciales esperan poder comprar prácticamente cualquier cosa que quieran no sólo *online*, sino con sus teléfonos. También esperan una experiencia constante con las marcas, ya sea *online* o en persona. En segundo lugar, disponemos de recursos lo suficientemente generalizados, de modo que la mayoría de los clientes del público objetivo tiene acceso a ellos. En tercer lugar, con el ascenso de las redes sociales, hay un mayor énfasis en cultivar la presencia en Internet, lo que hace que demasiados atuendos repetidos resulten menos deseables de lo que quizás fueran antes. En resumen, el punto de inflexión tiene aspecto de suponer malas noticias para los minoristas tradicionales.

Medrando a la luz de un punto de inflexión

Al igual que sucede con todos los puntos de inflexión, aquellos que estén bien posicionados para superar la inflexión en el campo de la ropa para adolescentes podría disfrutar de unos beneficios importantes. Inditex, la empresa matriz de Zara y de otras marcas, inventó, en esencia, la moda rápida. Su modelo de negocio presenta unos retos enormes para las suposiciones convencionales en la venta de ropa al por menor. En lugar de diseñar ropa para cada temporada, Zara intenta hacer que la creación y la distribución de diseños sea un proceso regular y continuo muy bien informado por los *inputs* de los clientes. En lugar de gastar mucho dinero en publicidad, Inditex invierte en bienes inmuebles (buscando ocupar ubicaciones en las mismas manzanas que las marcas líderes en diseño mucho más caras). Y

12. Friedman, V. (2016): «Stepping off the runway», *The New York Times,* 11 de febrero de 2016.

en lugar de contratar a diseñadores caros, Zara les copia, más o menos elegantemente, usando sus fuertes conexiones con sus clientes para que les sugieran modificaciones.

Ya en 2015, los analistas señalaron que los proveedores de moda rápida estaban disfrutando de un crecimiento fabuloso, a pesar del estancamiento del sector convencional de la vestimenta.[13]

Compañías como Inditex, H&M y más recientemente Forever 21, medraron al desaparecer las tradicionales temporadas de compra, las prácticas habituales de predicción y aprovisionamiento de existencias dieron un vuelco y los clientes se convirtieron en consumidores omnicanal de todo tipo de productos. En relación con esto, la empresa de venta de zapatos Zappos disfrutó de un crecimiento destacable a lo largo de la primera década de este siglo, alcanzado unos ingresos de 1 000 millones de dólares y siendo adquirida por Amazon en 2009 por 1 200 millones de dólares. Durante los dos primeros trimestres de 2017, el crecimiento de Amazon en ventas de zapatos superó al crecimiento total en EE. UU. en 2016.[14]

Es probable que nuevas estadísticas clave, como los dólares de compra por cliente, sean importantes en este entorno distinto.

Y en otra novedad que seguro que proporcionaría un parón hasta a Zara, empresas emergentes como ASOS, Boohoo y Missguided están haciendo que la moda sea incluso más rápida. Se conectan con los clientes a través de las redes sociales para captar nuevas tendencias y se abastecen localmente para hacer que las prendas estén disponibles al cabo de días o incluso horas.

Una gran compañía del sector energético se dedica a una nueva área

Los análisis basados en el escenario también pueden aplicar a negocios no dedicados al consumo. Statoil, la compañía petrolera y gasística noruega cuyo principal propietario es el Gobierno, se ha implicado en una importante transformación

13. Loeb, W. (2015): «Zara leads in fast fashion», *Forbes,* 30 de marzo de 2015, www.forbes.com/sites/walterloeb/2015/03/30/zara-leads-in-fast-fashion/#6b316b759447

14. Thomas, L. (2017): «Amazon's shoe business sees double-digit growth, and the year is only halfway over», CNBC, 3 de agosto de 2017, www.cnbc.com/2017/08/03/amazons-shoe-business-sees-double-digit-growth-and-the-year-is-only-halfway-over.html

para convertirse en algo completamente distinto mientras también mantiene su presencia en el sector energético. El punto de inflexión que está atravesando incluye el movimiento hacia un futuro con unos bajos niveles de carbono (caracterizado por unos sistemas de energía más repartidos y un interés general por las fuentes más ecológicas), mientras sigue reconociendo que es probable que la población humana necesite más, y no menos, energía a medida que progrese. La transformación es tan radical que la compañía incluso cambió su nombre (ahora se llama Equinor), despojándose por completo del vocablo «petróleo» (*oil* en inglés), que se había convertido en una carga.

Según un artículo periodístico: «La compañía petrolífera y gasística ha dicho que el cambio de nombre suponía un paso natural después de que decidiera, el año pasado, convertirse en una compañía con una gran diversificación en cuanto a sus fuentes de energía que dedica hasta un 15-20 % de sus inversiones de capital en "nuevas soluciones energéticas" para el año 2030, principalmente en energía eólica marina».[15]

El artículo apunta que en 2013, la compañía se clasificó como uno de los lugares más deseables en los que trabajar para los estudiantes noruegos, basado esto en una encuesta llevado a cabo por la empresa noruega Evidente empleando el portal web KarriereStart.no. En 2018 cayó al decimoquinto lugar, lo que señalaba la inquietud entre la gente joven por la contribución de la compañía al cambio climático y a un deseo de abandonar por completo los combustibles fósiles.

Moralejas clave

Piensa en si las suposiciones que te estás haciendo acerca de tu negocio podrían necesitar una nueva perspectiva. Revisa las señales de advertencia de una ventaja menguante.

Empieza a definir tu escenario preguntándote de qué conjunto de recursos (generalmente ingresos) depende actualmente tu empresa. ¿Qué otros participantes podrían estar intentando apoderarse de esos mismos recursos, incluso aunque no produzcan ni ofrezcan productos o servicios similares a los tuyos?

¿Cuáles son las tareas clave que tus clientes están intentando llevar a cabo y que influirían en sus decisiones de gastos?

---

15. Adomaitis, N. (2018): «Statoil to become Equinor, dropping "oil" to attract young talent», Reuters, 15 de mayo de 2018, www.reuters.com/article/us-statoil-agm-equinor/statoil-to-become-equinor-dropping-oil-to-attract-young-talent-idUSKCN1IG0MN

¿Cuál es la cadena de consumo por la que pasan tus clientes para llevar a cabo una tarea? ¿Implica gastar su dinero en algo que tú podrías venderles? ¿Hay algún punto en el que la cadena se rompa?

¿Qué parte de hacer negocios contigo consideran positiva tus clientes (comprarían más o serían más fieles debido a esas características)? ¿Qué consideran negativo?

Por último, ¿cómo podría la configuración de estas cosas modificar ciertos cambios en el entorno y nuevas posibilidades? ¿Hay problemas para los que debas empezar a prepararte ahora?

4

Clientes, no rehenes

«En Wyoming, con diez inversores en un rancho/retiro, pienso que quizás necesitaría un catador de alimentos. Difícilmente podría culparles».[1]

REED HASTINGS, director ejecutivo de *Netflix*, 2011

Reed Hastings, el fundador de Netflix, se retrasó con la devolución de una cinta de vídeo de la película *Apolo 13* a su videoclub Blockbuster local, y se enfureció porque le cobraron una multa importante por el retraso. Buscó una mejor forma de conseguir películas que ver en casa.

Ésta es, ciertamente, una historia genial sobre cómo empezó Netflix. Independientemente de si es cierta o no, el punto de inflexión que generó la oportunidad para la compañía que se convirtió en Netflix fue la comercialización original del DVD. Los DVD no sólo era digitales, sino más baratos de producir que las cintas de vídeo, y como resultado, lo estudios cinematográficos los ponían a la venta (en lugar de alquilarlos) como producto al por menor.

Las cintas de vídeo (videocasetes) era grandes y pesadas. Los DVD eran lo suficientemente livianos para enviarlos por correo en un sobre para una tarjeta de felicitación, lo que supuso la primera prueba de viabilidad de la idea que Hastings y su cofundador, Marc Randolph, llevaron a cabo. Con la ambición de convertirse en el «Amazon de algo», tal y como apuntó un observador, inauguraron la compa-

1. Woo, S. (2011): «Under fire, Netflix rewinds DVD plan», *The Wall Street Journal,* 11 de octubre de 2011.

ñía en 1997 e iniciaron una revolución en cuanto a cómo la gente de todo el mundo consumiría contenidos.[2]

Vale la pena mencionar en este momento que Hastings, al igual que muchos que han visto cómo se avecinaban puntos de inflexión pendientes, tenía experiencia en el campo tecnológico/científico. Con una licenciatura en Informática por la Universidad de Stanford y la fundación de su primera empresa (Pure Software) en 1991, era plenamente consciente de lo que eran capaces las tecnologías digitales y hacia dónde se estaban encaminando. En agosto de 1996, Pure Software se fusionó con Atria para formar Pure Atria. Un año después, en agosto de 1997, Rational Software adquirió Pure Atria, dejando a Hastings libre para lanzar Netflix.

Hastings previó pronto la llegada del modelo del *streaming*. Lo que no esperaba era el tiempo les llevaría a los consumidores adoptarlo. Tal y como lo expuso, «En 1997, decíamos que el 50 % de los negocios surgirían a partir del *streaming* en 2002. Fueron cero. En 2002 que el 50 % de los negocios surgirían a partir del *streaming* en 2007. Fueron cero [...]. Ahora, el *streaming* se ha disparado [...]. Esperamos todos esos años. Entonces nos encontramos en el lugar adecuado en el momento adecuado».[3]

La travesía hacia el *streaming*

La idea sobre lo que acabaría convirtiéndose en el *streaming* digital, o vídeo bajo demanda o a la carta, tuvo sus raíces en el humilde VHS (o *Vídeo Home System*), desarrollado por la Victor Company de Japón y comercializado a finales de la década de 1970. Fue introducido en Estados Unidos en 1977 (acabando con las expectativas de una anterior tecnología de videocasete inventada por Philips), e inició, de inmediato, un tira y afloja entre los proveedores de contenidos y sus espectadores. Los proveedores de contenidos querían que los clientes fueran rehenes de su forma favorita de hacer las cosas. Los espectadores querían estar libres de esas restricciones.

2. Rodríguez, A. (2017): «Netflix was founded 20 years ago today because Reed Hastings was late returning a vídeo», Quartz, 29 de agosto de 2017, https://qz.com/1062888/netflix-was-founded-20-years-ago-today-because-reed-hastings-was-late-a-returning-vídeo/

3. Gaudet, C.: «6 strategies Netflix can teach us for dominating our market», Predictable Profits, sin datos, https://predictableprofits.com/6-strategies-netflix-can-teach-us-dominating-market/

Los suministradores de contenidos querían controlar férreamente cuándo se emitían ciertos programas, la publicidad durante su emisión y gestionar el coste del contenido. Los espectadores, por otro lado, preferían asumir el control sobre cuándo podían ver los programas y saltarse los molestos anuncios. «Ve lo que sea cuando quieras» fue el grito de guerra de uno de los primeros modelos de Sony.[4]

A la gente del sector de la televisión no le hizo gracia. En un caso judicial de 1976 que acabó llegando al Tribunal Supremo de EE. UU., perdieron el debate de que como los aparatos grabadores en formato VHS podían dar lugar a la violación de los derechos de autor (*copyright*) deberían ser ilegales. El tribunal, en una resolución que parece casi pintoresca de acuerdo con los estándares actuales, discrepó. Decidió que mientras que un producto tuviese usos legítimos importantes por los que pudiese venderse, podía venderse legalmente, incluso aunque algunos usuarios cometiesen delitos mientras lo usaban. Para entonces, la idea de que la gente podía ejercer un control sobre cuándo veía contenidos estaba firmemente arraigada.

Sin embargo, las cintas de casete, como depósitos de contenidos, tenían muchos inconvenientes. Tenías que rebobinarlas para volver a reproducirlas. Volver a un cierto momento (por ejemplo, si querías localizar una sección concreta de una cinta de ejercicios) requería de monitorizar cuidadosamente el contador del aparato reproductor de la cinta. Esto espoleó a los inventores para ver si podía haber otro formato que fuera más práctico. Uno de los primeros intentos fue el LaserDisc, un medio de almacenamiento caro del tamaño de un vinilo que, además, requería de un reproductor caro que, encima, no podía grabar: sólo podía reproducir contenido pregrabado. Era tosco e incompleto (tenías que darle la vuelta a media película para poder ver todo el filme), y nunca despegó en Estados Unidos (aunque mis padres, que eran usuarios tecnológicos pioneros, quedaron consternados cuando este formato dio sus últimos suspiros).

Llegó un avance con la digitalización de los contenidos. Los DVD digitales tal y como los conocemos fueron introducidos en 1997, proporcionando inspiración a Hastings. La infortunada red Napster de intercambio de archivos de usuario a usuario mostró, todavía más, el poder de ser capaz de compartir contenidos digi-

4. Kieler, A. (2014): «On this day in 1984, the Supreme Court saved the VCR from certain death», Consumerist, 17 de enero de 2014, https://consumerist.com/2014/01/17/on-this-day-in-1984-the-supreme-court-saved-the-vcr-from-certain-death/ (no se puede acceder a este artículo desde ciertos países).

tales (aunque fuera ilegalmente, como acabó resultando) en 1999, proporcionando pruebas tanto de la capacidad de la tecnología para permitir esta posibilidad como la demanda de contenidos digitales por parte de los usuarios. Además, los piratas empezaron a compartir contenidos de vídeo de forma ilegal, forzando a los productores de contenidos, que quizás hubiesen preferido quedarse con el sistema antiguo, a emprender acciones antes de lo que hubiesen deseado. Se convirtió en un saber popular que reproducir por Internet *(streaming)* contenidos de vídeo (en otras palabras, vídeo bajo demanda o a la carta) probablemente se convertiría en un medio popular.

Ciertamente, un caso práctico de la Escuela de Negocios de Harvard sobre Netflix en 2000 incluía este pasaje que los alumnos debían valorar:

> Con la adopción generalizada de Internet, los analistas creen que el vídeo doméstico se acabará suministrando directamente a los consumidores mediante unas conexiones a Internet de alta velocidad. La posterior llegada del vídeo bajo demanda implicó que los minoristas del sector del vídeo disponían de un período de tiempo limitado para posicionarse para este nuevo entorno. Aunque en general se coincidía en que este cambio se produciría, no había mucho acuerdo en cuanto al tiempo que llevaría.[5]

Blockbuster lo echa todo a perder con el *streaming*

En un clásico ejemplo de dar el paso demasiado pronto con respecto a un punto de inflexión, Blockbuster se tomó esta idea del *streaming* en serio y, en el año 2000 se asoció con Enron (sí, con *esa* Enron) para explorar el potencial del *streaming* de vídeos. Enron Broadband Services (EBS) fue una organización joven particularmente innovadora. Un observador apuntó que EBS «no fue el inventor de conceptos como la computación en la nube, los servicios incorporados en la red y las aplicaciones bajo demanda».

Sin embargo, para cuando EBS empezó a hablar con Blockbuster en 1999, EBS ya disponía de versiones operativas de esas tecnologías que estaban siendo usadas

5. Mayfield, E. S. (2000): «Netflix (2000)» (caso práctico, Escuela de Negocios de Harvard, septiembre de 2000; revisado en enero de 2016).

por sus clientes mucho antes de que estas tecnologías ahora dominantes fueran de amplio uso comercial por otras empresas».[6]

Aunque EBS fue notablemente exitosa en la construcción de una plataforma de vídeo bajo demanda, la empresa se ahogó mientras se dieron negociaciones complejas sobre los contenidos con los estudios cinematográficos. En esa época no había acuerdos sobre cómo debían dividirse los ingresos por los servicios de *streaming* (un dilema que todavía no se ha resuelto).

La gente de Blockbuster, que debería haber tenido más influencia sobre los estudios cinematográficos, no estaba realmente entusiasmada con la idea del *streaming*, y las estrategias de precios necesarias para cerrar los acuerdos implicaron que las películas disponibles fueran caras. Además, dado el estado de la banda ancha en esa época, las descargas llevaban un tiempo, y no podías ver esas películas en un televisor sin comprar un adaptador especial. El negocio fracasó, las partes se culparon entre sí y ambas empresas acabaron en bancarrota, aunque por razones muy distintas.

Por lo tanto, en 2000 había un acuerdo generalizado sobre la posterior transición al *streaming* de vídeos bajo demanda. Y pese a ello, llevó la mayor parte de la siguiente década que compañías como Netflix convirtiesen esto en una realidad. Esto ilustra, una vez más, el principio de «gradualmente y, luego, de repente» de los puntos de inflexión.

Tal y como ha apuntado Jeff Bezos, generalmente no es tan difícil identificar las tendencias clave. Lo difícil es saber cuándo dar el paso y arrastrar a la organización contigo cuando decidas actuar.[7]

Sin embargo, antes de entrar en las guerras del *streaming*, echemos un vistazo a cómo Netflix asentó su poderosa posición en los hogares de la gente invirtiendo en un modelo de negocio distinto al que había propuesto Blockbuster.

---

6. Rumble Press: «If only Blockbuster had listened to Enron...: How Blockbuster blew a chance to dominate video-on-demand», Medium, sin datos, https://medium.com/@rumblepress/if-only-blockbuster-had-listened-to-enron-4166752a78de

7. Ray, J. D. (2017): «This is the Jeff Bezos playbook for preventing Amazon's demise», Recode, 12 de abril de 2017, www.recode.net/2017/4/12/15274220/jeff-bezos-amazon-shareholders-letter-day-2-disagree-and-commit

Aprovechar las características negativas de la oferta de un proveedor tradicional que domina el mercado

Cuando se hizo el lanzamiento de Netflix, su competidor, Blockbuster, ocupaba un lugar importante en la vida cotidiana de los consumidores. Tenía millones de clientes y miles de locales, un increíble reconocimiento de su marca y, en su cima, en 2004, unos ingresos de más de 6000 millones de dólares.[8] Pero el pequeño e inconfesable secreto del modelo de negocio de Blockbuster era que las multas por devolver una película tarde y que tanto irritaban a sus clientes suponían un porcentaje significativo de sus beneficios. Según una fuente, en el año 2000 la compañía ganó 800 millones de dólares con estas multas, equivalentes a un 16% de sus ingresos.[9]

En otras palabras, el factor más importante que contribuía al éxito de la compañía eran las penalizaciones que imponía a sus clientes. Eso es lo que yo llamaría un atributo «tolerable»,[10] un concepto que hemos introducido en el capítulo anterior. Ésta es una característica básica que los clientes valoran negativamente. Tal y como implica esta palabra, los clientes tolerarán características negativas siempre que no crean que hay alternativas viables. En cuanto llegue algo que les permita obtener los beneficios que buscan, pero que elimine la característica «tolerable», ese atributo se convertirá en «insatisfactorio» y acabará por ser «irritante». Netflix se aprovechó de este punto de inflexión del DVD para introducir un modelo completamente distinto para sus clientes que eliminaba el factor irritante de unas cuotas excesivas.

Pues bien, los tipos de Blockbuster no se mostraron indiferentes a eso. Los observadores informan de que el director ejecutivo John Antioco empezó a emprender acciones ante la amenaza que Netflix (y otros servicios de *streaming* nacientes) representaba alrededor de 2004. (Recuerda que ese año Blockbuster alcanzó su cima en términos de ingresos). Dirigió un movimiento para terminar con las multas por los retrasos a la hora de devolver las películas y lanzó un servicio de suscripción. Además

8. «Blockbuster: Its failure and lessons to digital transformers», presentación, Digital Initiative, Escuela de Negocios de Harvard, 2 de febrero de 2017, https://digit.hbs.org/submission/blockbuster-its-failure-and-lessons-to-digital-transformers/

9. Liedtke, M. y Anderson, M. (2010): «Blockbuster tries to rewrite script in bankruptcy», Boston.com, 23 de septiembre de 2010, http://archive.boston.com/business/articles/2010/09/23/blockbuster_tries_to_rewrite_script_in_bankruptcy/

10. MacMillan, I. y Gunther McGrath, R. (1996): «Discover your products' hidden potential», *Harvard Business Review,* junio de 1996.

de eso, tuvo la idea de aprovechar la importante presencia física de Blockbuster para ofrecer algo que Netflix no podía ofrecer en esa época: gratificación inmediata. ¿Has acabado de ver tu película? ¿Quieres obtener otra ya mismo? Ningún problema: acércate a tu Blockbuster local, devuelve la que has acabado de ver y coge una nueva al instante. La nueva iniciativa recibió el nombre de Acceso Total.

En esa época fue muy aclamada como un logro estratégico. Un observador emocionado apuntó: «De repente, todos esos bienes inmuebles y la infraestructura ya no son un lastre para Blockbuster: es una ventaja enorme que Netflix simplemente no puede igualar».[11]

Sin embargo, las iniciativas de Antioco iban a costarle mucho dinero a la compañía, y también hicieron que la rentabilidad a corto plazo se desplomara, como suele suceder cuando un negocio debe atravesar un punto estratégico de inflexión. Carl Icahn, un inversor activista, entró en la refriega, colocando a miembros de su preferencia en la junta y acabando por echar a Antioco.[12] Bajo el mando de Jim Keyes, el sucesor de Antioco, se revirtieron los cambios y Blockbuster intentó, obstinadamente, frenar el punto de inflexión. La compañía quebró en 2010.[13]

La historia de Blockbuster contra Netflix ilustra por qué los puntos de inflexión pueden abrir áreas de verdaderas oportunidades. Muchos proveedores tradicionales que dominan el mercado de todo tipo de servicios acumulan negativas ante sus ofertas a lo largo del tiempo, como le pasó a Blockbuster con sus multas por retrasarse en la devolución de una película. Cuando un punto de inflexión abre la posibilidad de huir de lo negativo, los clientes suelen marcharse, transfiriendo sus recursos y su relación a un suministrador más complaciente. En otras palabras, los clientes «huyen» del proveedor tradicional que domina el mercado y empiezan a hacer negocios con el nuevo proveedor. Para un proveedor tradicional que domina el mercado supone un trabajo duro aplicarse ese tipo de reinvención. Ésa es la razón por la cual la historia sobre cómo Netflix transformó su modelo de negocio es tan interesante.

---

11. Owen, W. S. (2007): «Why Netflix can't match Blockbuster's competitive advantage», Seeking Alpha, 27 de marzo de 2007, https://seekingalpha.com/article/30771-why-netflix-cant-match-blockbusters-competitive-advantage

12. Antioco, J. (2011): «Blockbuster's former CEO on sparring with an activist shareholder», *Harvard Business Review,* abril de 2011.

13. Satell, G. (2014): «A look back at why Blockbuster really failed and why it didn't have to», *Forbes,* 5 de septiembre de 2014, www.forbes.com/sites/gregsatell/2014/09/05/ a-look-back-at-why-blockbuster-really-failed-and-why-it-didnt-have-to/#6f0d31ac1d64b

Ver venir un punto de inflexión, pero avanzar más rápido de lo que los clientes podrían aceptar

Piensa en un raro tropiezo por parte de Netflix. Su éxito original surgió del trabajo de proporcionar a sus clientes alquileres de películas de forma práctica y a un precio asequible. En su modelo original, los clientes pagaban una cuota de suscripción mensual para recibir DVD de películas encargados por correo. Podían generar una «cola» de películas que querían ver. Cuando devolvían un DVD a Netflix, se les enviaba la siguiente película de la cola.

Tal y como se ha mencionado antes, las predicciones de que el vídeo bajo demanda o a la carta pasaría a un formato de *streaming* se habían formulado desde finales de la década de 1990. El verdadero reto para los líderes consiste en identificar el momento en el que tiene sentido emprender acciones con respecto a un punto de inflexión pendiente. Con la difusión de la disponibilidad de las conexiones de alta velocidad a Internet, Reed Hastings y su equipo en Netflix iniciaron un modesto experimento para ver si el momento podía ser el adecuado para que por lo menos parte de sus usuarios probaran el nuevo formato. Dado lo que era posible en esa época, la calidad de las películas ofrecidas por *streaming* iba a ser inferior a las que se veían con un reproductor de DVD o de discos Blu-Ray, pero las películas estarían disponibles de inmediato.

Netflix lanzó su servicio Watch Now (Ve Ahora) en enero de 2007. Ofrecía unos mil títulos en ese formato, e iban desde clásicos como *Casablanca* a películas de culto, filmes extranjeros y miniseries. El objetivo en ese momento era el de ofrecer parte de los archivos de Netflix para cualquier espectador. En esa época, los usuarios pagaban 5,99 dólares mensuales por el plan, lo que les permitía obtener seis horas de *streaming* por mes. Al lanzar al mercado el servicio Watch Now, Hastings dijo: «Le pusimos a nuestra compañía el nombre de Netflix en 1998 porque creíamos que el alquiler de películas por Internet representaba el futuro, primero como un medio para mejorar el servicio y la selección, y luego como un medio de distribución de películas. Aunque los consumidores todavía tardarán algunos en ver mayoritariamente las películas *online* debido a obstáculos con los contenidos y tecnológicos, el momento es el adecuado para que Netflix dé el primer paso».[14]

---

14. «Netflix offers subscribers the option of instantly watching movies on their PCs», Netflix, nota de prensa, 16 de enero de 2007, www.animenewsnetwork.com/press-release/2007-01-16/netflix-offers-subscribers-the-option-of-instantly-watching-movies-on-their-pcs

El negocio del *streaming* era económicamente atractivo para la compañía, y se eliminaba la necesidad de las engorrosas actividades implicadas con el envío de DVD por correo. Netflix tenía tanta confianza en el crecimiento esperado del servicio de *streaming* que hicieron circular una gráfica que fue muy vista en 2010 que proyectaba que el sector de los DVD alcanzaría su pico en 2013 y que el *streaming* prácticamente reemplazaría a los DVD en los siguientes años. Tal y como dijeron en esa época en una presentación a los inversores: «El objetivo es disponer de un contenido tan amplio, interesante y asequible que todos se abonen a Netflix».[15]

El marco presentado en el capítulo anterior puede usarse para evaluar la aparición del *streaming* económicamente viable. Como siempre, es buena idea comenzar por los recursos limitados por los que una organización está compitiendo. En este caso, esos recursos son el gasto de un hogar en ocio. En virtud de esto, la situación (quién, qué, dónde) podría muy bien evolucionar de vivir predominantemente en la sala de estar de tu hogar a hacerlo en cualquier otro lugar en el que a la gente le gustaría consumir contenidos, especialmente a la luz de la llegada de una mayor movilidad y un servicio de telefonía móvil más rápido.

Asimismo, la tarea a llevar a cabo podría ir más allá de ver una película una noche entre semana y pasar a la popular distracción de darse atracones viendo series enteras. La cadena de consumo cambiaría drásticamente: de las colas, los buzones y el icónico sobre rojo con un DVD en su interior a, simplemente y de forma práctica, clicar en una aplicación en un dispositivo inteligente y ver contenido a la carta.

Y las posibilidades también cambiarían: de un negocio con unas grandes dimensiones físicas que produce, almacena y envía DVD por correo a uno que ofrece una experiencia completamente digital. Todas las estadísticas empleadas para gestionar el negocio de los DVD cambiarían si el *streaming* se convertía en la plataforma de elección.

Hastings pensó que sería insensato mantener los dos negocios juntos. Aparte de la marca Netflix y de su bien desarrollada relación con los proveedores de contenidos, había pocas en común, ya que las estadísticas, las inversiones y las claves del éxito serían, todas ellas, distintas. Incluso las características usadas para ver contenidos en una plataforma de *streaming* serían diferentes. Netflix imaginó una expe-

---

15. Lawler, R. (2010): «Netflix: The future is streaming», Gigaom, 27 de mayo de 2010, https://gigaom.com/2010/05/27/netflix-the-future-is-streaming/

riencia de consumo puramente digital *sin* los aspectos negativos relacionados con los DVD (necesitar un reproductor, tener que insertar físicamente el DVD, disponer de un número limitado de lugares físicos en los que podían verse).

Con esto en mente, Hastings decidió optar por una elección profética en julio de 2011. Como creía firmemente que el futuro iba a ser el *streaming* y que el negocio del DVD iba a decaer, decidió separar el negocio del *streaming* del negocio de los DVD enviados por correo tradicional. El negocio de los DVD se transferiría a una filial llamada Qwikster. Los clientes pagarían por separado por el servicio de DVD y por el de *streaming*. El precio cambiaría entre una suscripción que lo incluía todo por 9,99 dólares mensuales por el envío de DVD por correo y el *streaming*, y 7,99 dólares por mes por o el servicio de *streaming* instantáneo o el de DVD por correo. En efecto, los clientes que desearan conservar *ambos* servicios tendrían que pagar ahora 15,98 por mes.

Los clientes se amotinaron. Percibieron que el cambio de precio no era una oferta para proporcionarles una mayor variedad, sino más bien una subida enorme de precio por un servicio que habían estado recibiendo por 9,99 dólares mensuales. Además, el contenido disponible vía *streaming* era más limitado que el disponible con los DVD, dando lugar a que muchos clientes afirmaran que abandonarían la parte del *streaming* de sus suscripciones. Lo que resultó incluso más irritante para los consumidores que se suscribieron a ambos servicios es que tendrían que hacer dos colas por los dos servicios. Los efectos colaterales fueron tan intensos que en octubre de ese año empezaron a aparecer[16] reportajes con titulares como «Netflix facing a fight against obsolescence» («Netflix se enfrenta a una lucha contra la obsolescencia»). Unos ochenta mil clientes se dieron de baja del servicio.[17]

La idea de Qwikster se descartó rápidamente y Netflix regresó a un precio por todo el paquete de servicios.

Puedes considerarlo como un caso de avanzar demasiado rápido en previsión de un punto de inflexión. Sí, el *streaming* era probable que fuera una forma importan-

---

16. Crum, R. (2011): «Netflix facing a fight against obsolescence», MarketWatch, 25 de octubre de 2011, www.marketwatch.com/story/netflix-facing-a-fight-against-obsolescence-2011-10-25

17. Wingfield, N. y Stelter, B. (2011): «How Netflix lost 800,000 members, and good will», *The New York Times,* 24 de octubre de 2011, www.nytimes.com/2011/10/25/technology/netflix-lost-800000-members-with-price-rise-and-split-plan.html

te y esencial en la que la tarea de acceder al entretenimiento y a contenidos a la carta se satisficieran en el futuro; pero intentar obligar a los clientes a renunciar a la comodidad, flexibilidad y a un precio asequible para conseguirlo no generó nada más que irritación por su parte.

¿Qué hacer con respecto a la inflexión inminente?

Esto, sin embargo, dejó a Hastings y a su equipo con un problema no resuelto: el futuro podría muy bien ser el *streaming*, pero los beneficios en esa época los proporcionaban los DVD. La solución consistió en implementar tranquilamente lo que la división original pretendía conseguir: generar un negocio aparte con su propio URL (DVD.com), su propia estructura de negocio y sus propias operaciones. El URL fue adquirido en marzo de 2012, y en esa época Netflix dijo que era debido a razones «defensivas».[18]

La parte del *streaming* del negocio se centraría en hacer crecer su base de clientes por todo el mundo, mientras que la sección de DVD se centraría en incrementar la eficiencia y conservar los beneficios, incluso aunque el número de suscriptores menguara. Los dos grupos tienen distintos equipos directivos, están ubicados en oficinas generales que se encuentran a una cierta distancia entre sí, emplean distintos baremos numéricos y estadísticos e incentivan a su gente de forma distinta. Hacia 2018, el negocio del *streaming* generó 118 millones de suscriptores a nivel mundial. La división de DVD reportó 3,4 millones de suscriptores (un descenso de unos 20 millones comparado con su máximo en 2010). Hank Breeggemann, un antiguo líder de Netflix, fue puesto al mando del negocio de los DVD, lo que liberó a Hastings, que así pudo concentrarse en el siguiente punto de inflexión en el mundo del ocio: la creación de contenido original.[19]

El movimiento hacia el contenido original reflejó un cambio por parte de propietarios de contenidos tradicionales que dominaban el mercado. Aunque durante años habían estado satisfechos autorizando a Netflix a reproducir reposiciones y

---

18. Greenfield, R. (2012): «Netflix snaps up DVD.com domain», *The Atlantic,* 30 de marzo de 2012.

19. Molla, R. (2018): «Netflix now has nearly 118 million streaming subscribers globally», Recode, 22 de enero de 2018, www.recode.net/2018/1/22/16920150/netflix-q4-2017-earnings-subscribers

antiguos espectáculos, frecuentemente por considerables cantidades de dinero, una vez que la compañía empezó a mostrar a los consumidores lo agradable que podía resultar un entorno en forma de *streaming* y libre de publicidad, y por un precio muy razonable, la fidelidad al famoso amasijo de cables empezó a decaer. Para conservar el *statu quo,* los propietarios de contenidos empezaron a dar marcha atrás en cuanto a permitir a Netflix emitir sus programas. Esto probablemente fue muy poco y muy tarde para los propietarios de contenidos tradicionales que dominaban el mercado porque, tal y como apuntó un periodista: «Cada minuto otras seis personas cortarán el cordón umbilical».[20]

Netflix no fue el primero en aventurarse en la producción de contenido original, pero en relación con otros, dispuso de una enorme ventaja: quince años de datos increíblemente abundantes sobre aquello que los clientes disfrutaban viendo. Con la decisión de entrar en el mundo de la creación de contenido, Netflix logró llevar a cabo una gran hazaña: contenido tan deseable que, según consta, el 75 % de todos los hogares estadounidenses están ahora abonados a este servicio de *streaming.*[21] En la actualidad, la misión de la compañía es la siguiente:

> **Nos esforzamos por conseguir más «momentos de la verdad» de nuestros clientes. Esos momentos de toma de decisiones son, por ejemplo, a las 19:15 h, cuando un miembro quiere relajarse, disfrutar de una experiencia compartida con sus amigos y su familia, o está aburrido. El miembro podría escoger Netflix o muchas otras opciones.**[22]

---

20. Smith, G. (2018): «Who killed the great American cable bundle?», Bloomberg, 8 de agosto de 2018, www.bloomberg.com/news/features/2018-08-08/who-killed-the-great-american-cable-tv-bundle

21. Perez, S. (2017): «Netflix reaches 75% of US streaming service viewers, but YouTube is catching up», Tech-Crunch, 10 de abril de 2017, https://techcrunch.com/2017/04/10/netflix-reaches-75-of-u-s-streaming-service-viewers-but-youtube-is-catching-up/

22. Sherman, A. (2018): «Reed Hastings won by studying Amazon – Then running in the opposite direction», CNBC, 16 de junio de 2018, www.cnbc.com/2018/06/13/netflix-reed-hastings-inspiration-amazon.html

Cómo aliviar la frustración de los clientes puede modificar un escenario

En el capítulo anterior hemos revisado algunas hipótesis sobre cómo un punto de inflexión puede hacer cambiar un negocio y generar, potencialmente, nuevas oportunidades. Hemos examinado cómo un cambio en la toma de decisiones relativas a los gastos de los adolescentes (los recursos disponibles en el contexto del escenario) generó un punto de inflexión, ya que los gastos en comunicaciones e Internet excluían los gastos en ropa. Tal y como hemos visto, este cambio afectó negativamente a muchos minoristas tradicionales, pero benefició a otros que estaban preparados (ya fuera por suerte o por estrategia) para responder a la llegada de la moda rápida.

Hasta ahora, en este capítulo hemos estudiado cómo Netflix aprovechó una oportunidad para llevar a cabo la tarea de proporcionar entretenimiento de alquiler mejor que Blockbuster, que había cargado a esta tarea con un gran aspecto negativo (las multas por devolver tarde una película). También hemos examinado lo desafiante que fue para Netflix atravesar la siguiente transición, la del DVD al *streaming*, y a partir de ahí hasta convertirse en un creador de contenidos originales centrado en el streaming, mientras conservaba su negocio central ya existente de forma rentable.

En este ejemplo se cruzan tres perspectivas analíticas. La primera es la cadena de consumo, que refleja el camino que recorren los clientes para interactuar con una organización. Es bien sabido que Reed Hastings ignoró el consejo de un amigo que le decía que no querría gestionar dos colas para conseguir contenidos de ocio, sin comprender que ésta era una experiencia menos deseable para los clientes que la que ya tenían.[23] La segunda perspectiva es el mapa de atributos, que destaca cómo reaccionan los clientes a las características de una oferta en varios puntos de la cadena. En este caso, los clientes estaban irritados por lo que percibían que era una subida de precio por un servicio de calidad inferior. La tercera es el trabajo que debe llevarse a cabo, o lo que los clientes están intentando conseguir, que es lo que motiva su comportamiento en cualquier punto de la cadena.

Cuando identificas una barrera para conseguir llevar a cabo una tarea que debe hacerse, has identificado un punto vital en el que una inflexión podría modificar ese escenario. Tienes que comprender las barreras, obstáculos y fricciones que se

23. Wingfield y Stelter: «How Netflix lost 800,000 members».

interponen en el camino de los clientes y de otras partes interesadas clave para conseguir lo que desean de una situación dada; y no puedes depender de preguntárselo. Incluso cuando una situación pueda estar mal diseñada o pueda frustrarles, quizás no puedan ser conscientes de esto. Puede que los veas implicándose, inconscientemente, en soluciones alternativas; simplemente soportando el inconveniente o, en el peor de los casos, arreglándoselas sin una oferta en absoluto porque no hace el trabajo bien.

¿La siguiente inflexión para netflix?

A pesar de su éxito, está claro que la próxima ronda de la competición para Netflix será distinta a la última. En lugar de ser, simplemente, un conducto de contenidos, ahora va a entrar directamente en competencia con proveedores de contenidos originales creando sus propios programas; y tampoco van a ser sólo programas de bajo presupuesto, baratos y alegres.

En 2018 Netflix estrenó tres películas originales directamente en cines *antes* de ofrecerlas en su plataforma de *streaming*. La compañía decidió hacerlo para que las películas pudieran optar a los Premios de la Academia (Oscar) por su trabajo tanto delante como detrás de las cámaras. El equipo de Netflix piensa, claramente, que los contenidos originales son esenciales para mantener la fidelidad de los suscriptores y que el máximo talento en la pantalla es clave para la calidad de esos contenidos.

Esto llega como consecuencia de algunos proveedores de contenidos, que quizás quedaron sorprendidos por la eficacia con la que Netflix ha hecho crecer su base de suscriptores (y ha reducido el atractivo de la programación por cable), lo que hizo que separan sus caminos. Disney Studios ha anunciado que tiene la intención de retirar sus contenidos de Netflix y presentar Disney+, un servicio competidor de *streaming*. AT&T, que ahora es la propietaria de Warner Media, otro importante productor de contenidos, también es posible que rompa con Netflix y que lance su propio servicio de *streaming*. Muchas de las grandes compañías de servicios por cable, como Comcast, ya ofrecen *streaming* por cable incluido en sus tarifas de servicios por cable, y películas y programación a la carta y *pay-per-view*, por los que sí cobran.

Cabe señalar que Hastings y su equipo parecen preparados para las reacciones de sus competidores. Esto quizás se deba a que están pensando en términos de *escenarios*, y no en términos de la industria de la televisión tradicional o estándar.

Netflix no ha definido, de forma muy deliberada, su escenario en términos de televisión tradicional. En lugar de ello, ha planteado su reto en términos de incrementar el porcentaje de tiempo de ocio que sus miembros pasan disfrutando de su servicio. Tal y como dice el envío de mensajes a sus inversores:

> **Competimos con todas las actividades que los consumidores tienen a su disposición durante su tiempo de ocio. Esto incluye ver contenidos en otros servicios de *streaming,* televisión lineal, DVD o vídeo bajo demanda transaccional (TVoD), pero también leer un libro, navegar por YouTube, jugar a videojuegos, socializar en Facebook, salir a cenar con amigos o disfrutar de una copa de vino con su pareja, por decir algunos. Podemos ganarnos una pequeña fracción del tiempo y el dinero de los consumidores y tener una gran oportunidad de ganar más cuota de tiempo de ocio si podemos seguir mejorando.**[24]

Imagina una red lo suficientemente grande como para retar a la de Facebook, por la que los suscriptores paguen, sin la recopilación de datos que podría entrar en conflicto con los reguladores y los propios miembros. Esto podría muy bien representar el siguiente punto de inflexión para el sector del entretenimiento por *streaming.*

Por qué los teléfonos móviles pueden dar mejores resultados que las cámaras tradicionales

Recuerda que una forma útil de pensar en clientes potenciales consiste en tener en cuenta las tareas que están intentando llevar a cabo en su propia vida y cómo un cambio en las limitaciones puede tener un efecto en cómo ejecutan esas tareas. Una poderosa fuente de inspiración con respecto al próximo punto de inflexión consiste en considerar qué es lo que se interpone en el camino para que los clientes alcancen sus objetivos. Esto significa que la clave es prestar atención a las situacio-

24. Ball, M. (2018): «Netflix isn't being reckless, it's just playing a game no one else dares (Netflix misunderstandings, Pt. 3)», Redef, 8 de julio de 2018, www.matthewball.vc/all/netflixobjectives

nes en las que se encuentran los clientes potenciales, qué es lo que están intentando lograr y qué resultados buscan.

Un increíble ejemplo de un dispositivo que ayuda a los clientes a llevar a cabo tareas más fácilmente es el *smartphone* moderno. Ha sustituido a múltiples dispositivos que sólo llevaban a cabo una función: desde una linterna a una grabadora digital, una videocámara, una plataforma de correo electrónico... y podría seguir mucho rato. El *smartphone* ha sido genial para ayudarnos a ejecutar más y más tareas, y todo ello sin tener que llevar encima utensilios especializados. En la actualidad, la digitalización significa que creamos e interactuamos con más contenido que nunca, mientras usamos cada vez menos herramientas tradicionales.

Piensa, por ejemplo, en ver a Tiger Woods jugando al golf. En un tuit que desde entonces se ha vuelto viral, Jamie Kennedy, director de contenidos de la Ryder Cup Europa y del Tour Europeo comparó el aspecto que tenía el público que veía a Woods en 2002 frente a 2018. El público de 2002 estaba, bueno... simplemente, viendo a Woods jugar, pero en 2018 Woods estaba jugando entre un verdadero mar de teléfonos móviles que estaban intentando hacer fotos y vídeos el famoso jugador. En otras palabras, durante su gira de regreso en 2018, el público no estaba tanto viéndole, sino grabándole, abrumadoramente, con teléfonos móviles.[25] Al igual que los adolescentes del capítulo anterior, el mero hecho de estar en un evento no es suficiente. Tienes que tener fotos y metraje que *demuestren* que has estado ahí.

Para poner esta situación en el contexto de las tareas a llevar a cabo, podríamos describirla de la siguiente manera:

Cuando...	**Quiero...**	**Para...**
Situación	**Motivación**	**Resultado**
Estoy viendo un evento en vivo de gran interés para otras personas que me importan.	Captarlo de alguna forma.	Compartir el vídeo y las imágenes con otros que no han podido estar ahí conmigo.

25. Leswing, K. (2018): «Two photos of Tiger Woods taken 16 years apart show how much smartphones have changed the world», *Business Insider*, 11 de agosto de 2018, www.businessinsider.com/tiger-woods-photos-show-how-smartphones-changed-the-world-2018-8

Cuando piensas en ello de esta forma, está claro que los teléfonos móviles son mucho mejores para lograr este objetivo que las cámaras convencionales. Incluso hoy día, las cámaras exclusivamente de vídeo son voluminosas. Sólo llevan a cabo una tarea. Se quedan sin batería rápidamente. Ocupan mucho espacio en los medios de almacenamiento. Además, para compartir el vídeo que has grabado con otras personas suele haber un proceso complicado consistente en extraer el contenido de algún tipo de medio de almacenamiento y transformarlo en un formato que los demás también puedan ver. Con un *smartphone,* simplemente enciendes la aplicación de la cámara, la pones en función «vídeo» y ya está.

Éste es un ejemplo de cómo las cambiantes limitaciones (todo desde la sustitución de las voluminosas cintas de vídeo a los finos DVD y hasta la capacidad de grabar vídeos con un dispositivo que, probablemente, lleves en el bolsillo de todas formas), puede ayudar a una compañía a identificar oportunidades para cambiar el viaje del cliente. Para empezar a prever los efectos de un cambio en las limitaciones es importante experimentar el viaje del cliente y sus frustraciones por no poder llevar sus tareas a cabo. Esto nos lleva a pensar detenidamente en cuáles pueden ser los puntos críticos en los distintos eslabones de la cadena de consumo.

Pensemos en cómo parecieron surgir de la nada las compañías de alquiler de vehículos con conductor como Uber y Lyft para alterar el servicio tradicional de taxi, especialmente en lugares como la ciudad de Nueva York. Es un ejemplo clásico de cómo las suposiciones en un sector existente pueden cegar a sus líderes con respecto a llevar a cabo los cambios que las resolverán.

Tomaré la ciudad de Nueva York a modo de ejemplo. Durante la Gran Depresión, mucha gente desempleada recurrió a conducir taxis en un esfuerzo desesperado por ganarse la vida. Las consecuencias fueron que hubo demasiados pocos clientes para demasiados conductores, grandes atascos de tráfico y condiciones inseguras, entre las que se incluían vehículos destartalados y una conducción temeraria. Esta situación acabó convenciendo a los líderes de la ciudad de Nueva York de que el sector del taxi podía beneficiarse de una regulación que garantizara a los pasajeros un viaje seguro, menos conductores y alguna garantía de calidad.[26] En 1937, la Ley Haas instauró el «sistema de licencias» para los taxis que la gente podía parar en la calle. Las licencias debían comprarse a la ciudad y, subsecuentemen-

26. Van Gelder, L. (1996): «Medallion limits stem from the 30's», *The New York Times,* 11 de mayo de 1996, www.nytimes.com/1996/05/11/nyregion/medallion-limits-stem-from-the-30-s.html

te, apareció un mercado para ellas. El número de licencias estaba estrictamente limitado (13 587 en 2013), lo que dio lugar a que el precio de una licencia se disparara hasta alcanzar los 1,3 millones de dólares en 2013.[27]

El monopolio en la oferta que generaron las restricciones con las licencias, pese a garantizar a los taxistas y a los propietarios de flotas un trabajo constante, dio lugar, inadvertidamente, a un gran número de inconvenientes para los clientes. Tal y como explicó Megan McArdle, periodista de *The Atlantic,* en un artículo de 2012 titulado «Why you can't get a taxi» («Por qué no puedes conseguir un taxi»), el servicio ofrecido distaba mucho de ser ideal desde el punto de vista del cliente.[28]

> Al igual que la mayoría de los urbanitas, he pasado mucho tiempo expresando las quejas habituales sobre los taxis: están sucios, son incómodos y nunca los encuentras cuando los necesitas. La mitad de las veces no aparecen cuando es para hacer una carrera al aeropuerto a las seis de la mañana. Todos parecen desaparecer cuando más los necesitas (en Nochevieja o durante una hora punta lluviosa). La mayoría de los taxistas conducen como adictos a la fenciclidina. Las mujeres se quejan de taxistas que les dan miedo. Los hombres afroamericanos se quejan de que los taxistas no se paran para recogerlos.

En su artículo, McArdle se mostraba entusiasmada por el nuevo servicio ofrecido por una compañía llamada Uber. En esa época, el modelo de negocio de Uber consistía, básicamente, en emparejar a potenciales pasajeros con compañías de limusinas ya existentes. El modelo en el que la gente corriente podía convertirse en conductora de Uber todavía no había surgido. Las compañías de taxis se opusieron a Uber e intentaron emplear regulaciones que evitaran que esta compañía se expandiera, pero la realidad de que era a los clientes, y no a los reguladores, a los que iban a necesitar convencer todavía no era evidente para ellas.

La situación estaba lista para la disrupción.

---

27. Walker, A. (2018): «In NYC, 139 prized yellow taxi medallions will hit the auction block», Curbed New York, 11 de junio de 2018, https://ny.curbed.com/2018/6/11/17450366/nyc-taxi-medallions-bankruptcy-auction

28. McArdle, M. (2012): «Why you can't get a taxi», *Atlantic,* 2012.

Cuando...	Quiero...	Para...
Situación	**Motivación**	**Resultado**
Necesito llegar a un lugar que está demasiado lejos como para ir andando y no dispongo de coche.	Gestionar un viaje con éxito.	Llegar del punto A al punto B por un precio, engorro y complejidad mínimos.

Es entonces cuando las compañías de alquiler de vehículos con conductor salieron a la palestra para cambiar la tarea de llegar del punto A al punto B.

Eslabón de la cadena de consumo	Prácticas convencionales del taxi	Características negativas/ Puntos críticos para los clientes
Reservar un viaje	Llamar a la centralita. Parar a un taxi en una esquina. Contratar los servicios de una limusina de antemano. Ir a una parada de taxis.	Poco fiable. No disponible en el lugar en el que me encuentro. Largos tiempos de espera. Los taxistas discriminan.
Hacer un viaje en taxi	Experiencia irregular. Coches sucios. El taxista habla por teléfono móvil. Vehículos viejos. No hay control de temperatura. Conducción temeraria.	Entorno desagradable en general.
Pagar por el trayecto	Usar metálico. Usar una tarjeta de crédito en un taxi. Pedir un recibo.	El conductor no acepta tarjetas de crédito. El taxista no tiene cambio. Larga espera para obtener una factura para incluirla en la cuenta de gastos.

Este análisis aporta algunos puntos críticos para los clientes: es decir, factores que interfieren con que los clientes lleven su tarea a cabo con la máxima comodidad y asequibilidad. El siguiente paso consiste en preguntarse por qué los puntos críticos son como son.

Características negativas/ Puntos críticos para los clientes	¿Por qué es así?	¿Cómo podría cambiarse?
Poco fiable. No disponible en el lugar en el que me encuentro. Largos tiempos de espera. Los taxistas discriminan.	Economías de comunicación central: No resulta económico tener una flota de vehículos con una amplia distribución.	Aplicación para conectar a los conductores y los pasajeros que estén geográficamente dispersos.
Entorno desagradable en general.	No hay sanciones por una experiencia desagradable: Condiciones de monopolio.	Sistema de valoraciones en la que los pasajeros puntúan sus trayectos y a los conductores.
El conductor no acepta tarjetas de crédito. El taxista no tiene cambio. Larga espera para obtener una factura para incluirla en la cuenta de gastos.	No hay inversiones en tecnología nueva: Condiciones de monopolio.	La tarjeta de crédito está prerregistrada. No es necesario usar la tarjeta al final del trayecto. Las facturas se registran automáticamente y están disponibles *online.*

La solución de las compañías de alquiler de vehículos con conductor ha demostrado ser un punto de inflexión importante para el sector del taxi en lugares como la ciudad de Nueva York. A los legisladores y los funcionarios públicos les pilló por sorpresa el punto de inflexión que representaba el ascenso de estos servicios. En 2017, Uber estaba haciendo más trayectos que los taxis amarillos de la ciudad de Nueva York.[29]

Esto es lo que sucede frecuentemente: a las instituciones les lleva un tiempo ponerse al día en cuanto a los cambios desencadenados por los puntos de inflexión. Una respuesta institucional a los servicios de alquiler de vehículos con conductor ha consistido en que la ciudad de Nueva York exija que la compañía pague a los conductores un sueldo mínimo. Con estudios que sugieren que la única forma en la que estas empresas ganan dinero es embolsándose primas de los que sus conduc-

29. Hu, W. (2017): «Uber, surging outside Manhattan, tops taxis in New York City», *The New York Times,* 12 de octubre de 2017, www.nytimes.com/2017/10/12/nyregion/uber-taxis-new-york-city.html?module=inline

tores son desconocedores, el cambio representado por la revolución del alquiler de vehículos con conductor quizás ya se encuentre en su siguiente fase.[30]

Y, por supuesto, también están surgiendo otras alternativas a la carta al transporte público. Recientemente, la competencia en el mercado de las motocicletas bajo demanda se ha vuelto feroz. La compañía de escúteres eléctricas Bird fue valorada en más de 2000 millones de dólares[31] en 2018. Hay incluso rumores de que las compañías de alquiler de vehículos con conductor están interesadas en entrar a participar en los programas de alquiler de bicicletas por horas explotados por Motivate, que gestiona ofertas tales como la de Citi Bike en Nueva York. Aunque Uber está decidida a ofrecer un acceso global a las soluciones de movilidad urbana, todavía no está claro cuáles sobrevivirán al inevitable colapso.

Regresemos a nuestro enfoque analítico. El asunto en el que debes concentrarte en tu análisis de los escenarios es si un cambio en las limitaciones cotidianas bajo las que funciona tu empresa podría permitir a un competidor abordar los puntos críticos para los clientes de forma distinta o mejor a como lo haces tú.

Piensa en eso.

Si ésa es una posibilidad real, entonces es momento de prestar atención.

Redibujar un escenario: el embrollo que supone la atención sanitaria en estados unidos

Warren Buffett, director ejecutivo de Berkshire Hathaway, siempre es brillante en su forma de hablar. Al describir la atención sanitaria en Estados Unidos, dice que es una «tenia hambrienta» que afecta a la economía.[32] Los costes de la asistencia médica no sólo son más elevados en Estados Unidos que en el resto del mundo,

30. Ghosh, S. (2018): «Underpaying drivers is "essential" to Uber's business model, according to a new study on low wages», Business Insider, 7 de marzo de 2018, www.businessinsider.in/Underpaying-drivers-is-essential-to-Ubers-business-model-according-to-a-new-stud-on-low-wages/articleshow/63202511.cms

31. Primack, D. (2018): «Scooter Startup Bird Is Seeking a $2 Billion Valuation», Axios, 12 de junio de 2018, www.axios.com/scooter-startup-bird-is-seeking-a-2-billion-valuation-1528813078-11187061-2a49-440c-a2e6-65e74faad5ec.html

32. Associated Press (2018): «Amazon, Buffett, JPMorgan Chase tackle US health care tapeworm», Marketplace, 30 de enero de 2018, www.marketplace.org/2018/01/30/health-care/amazon-buffett-jpmorgan-chase-tackle-us-health-care-tapeworm

sino que además han estado aumentando más rápidamente que en ningún otro lugar. Según la revista *Consumer Reports,* si detallaras los gastos en cuidados sanitarios en EE. UU. y los convirtieras en un país, sería la quinta mayor economía del mundo.[33]

Las consecuencias negativas de que un sector succione una parte tan importante de la economía son realmente nefastas. Los fondos que se dedican a la asistencia médica no están disponibles para otras cosas (cosas como, por ejemplo, la mejora de los sueldos de los trabajadores, lo que contribuye a unos salarios sin cambios y a un poder adquisitivo limitado para muchas personas). El acuerdo firmado en 2018 entre Jeff Bezos, Warren Buffett y Jamie Dimon (director ejecutivo de JPMorgan Chase) para involucrarse en una empresa conjunta, todavía sin nombre, dedicada a la asistencia sanitaria, señala que la frustración con el empuje aparentemente intratable del aumento de los costes ha alcanzado algún tipo de momento crítico. En otras palabras, van a intentar desencadenar un punto de inflexión modificando prácticamente todos los elementos del escenario de los cuidados médicos.

El suministro fragmentado de la mayoría de los servicios de asistencia sanitaria en los que se pagan honorarios por los servicios prestados en Estados Unidos genera incentivos para hacer más, y no menos, incluso aunque la actividad no sea estrictamente necesaria. Al contrario que otros sectores, en los que una mayor eficacia hace que una organización sea más competitiva, la eficiencia en la asistencia sanitaria frecuentemente implica menos ingresos. Innovar para que sólo sea necesaria una tomografía computarizada en lugar de tres, por ejemplo, significa que un proveedor sólo cobrará una vez, y no tres.

Para nivelar mejor los incentivos y las recompensas, muchos participantes en este ecosistema han concluido que un sistema de pago basado en el *valor* (en los resultados obtenidos por el paciente, por ejemplo) en lugar de en las actividades tiene más sentido. Si un grupo ganara menos dinero (y no más) por trabajar de forma ineficiente, el incentivo por hacer eso disminuiría. La consecuencia involuntaria es que con los incentivos encaminándose ahora en la dirección opuesta, puede muy bien que haya recompensas por retirar tratamientos necesarios o caros a los pacientes, o por racionar los cuidados, cosa que ya es práctica común en los países con sistemas financiados por los impuestos. Estados Unidos difiere de la mayoría

33. «Why is health care so expensive?», *Consumer Reports,* septiembre de 2014.

del resto de los países en los que los cálculos de la eficiencia se usan para determinar quién tiene acceso a los cuidados. El resultado en muchos lugares es el racionamiento. Por supuesto, la triste realidad es que Estados Unidos no es distinto a ningún otro lugar del planeta en el sentido de que sólo se puede gastar una cierta cantidad en los cuidados médicos y que, por lo tanto, es inevitable que haya algún tipo de racionamiento.

Aunque ocuparse de todo el sistema de asistencia sanitaria de EE. UU. sería merecedor de un libro entero, nos centraremos, a efectos prácticos, en las oportunidades potenciales reflejadas por un cambio en, simplemente, cómo se gestionan los beneficios de farmacia. Esto representa un punto de inflexión potencialmente significativo para un sector que se ha vuelto tan complejo y opaco que su funcionamiento interno es extremadamente difícil de dilucidar.

Administradoras de los beneficios de farmacia: ¿Intermediarios sin escrúpulos?

Las administradoras de los beneficios de farmacia (ABF) son organizaciones que actúan como intermediarias entre distintos actores del sistema de cuidados sanitarios. Fueron creadas originalmente para «reducir los costes administrativos para las aseguradoras, validar la elegibilidad de los pacientes, administrar los beneficios de los planes y negociar los costes entre las farmacias y los planes de salud».[34]

En los años desde que este servicio relativamente sencillo fue creado, las ABF han crecido enormemente y se han implicado en prácticamente todos los aspectos del sector de los fármacos con receta. Los críticos argumentan que su deslumbrante rentabilidad llega mientras ganan dinero con todos los elementos de la cadena de suministro farmacéutico. En efecto, *The Wall Street Journal* averiguó que las «administradoras de los beneficios de farmacia son excepcionalmente rentables: un 85 % de sus beneficios brutos transformados en ganancias antes de intereses, impuestos, depreciación y amortización (GAIIDA) a lo largo de los dos últimos años».[35]

---

34. «Pharmacy benefit managers (PBMs) 101», National Community Pharmacists Association, sin datos, www.ncpa.co/pdf/leg/nov12/pbm_one_pager.pdf

35. Grant, C. (2018): «Hidden profits in the prescription drug supply chain», *The Wall Street Journal,* 24 de febrero de 2018.

Las empresas como Express Scripts, OptumRx (una unidad de la aseguradora UnitedHealth Group) y CVS Health procesaron el 72 % de las recetas en EE. UU. en 2017, de acuerdo con la consultora Pembroke Consulting.[36] Un análisis de 2017 mostró que quince dólares de cada cien gastados en fármacos de marca van a parar a los intermediarios, en comparación con los cuatro dólares que se embolsan en otros países.[37]

En una clara indicación de que las practicas estándar de las ABF no se llevan a cabo con vistas al máximo beneficio para sus clientes, el sector ha resistido firmemente el verse sometido a una norma fiduciaria (con la que deberían tener presentes los intereses de sus clientes mientras hacen recomendaciones). Tal y como reportó Bloomberg en 2018, «Algunos de los mayores actores del sector han advertido que una norma fiduciaria sería extremadamente perjudicial para su negocio. Express Scripts Holding Co., que acordó ser adquirida por la aseguradora de salud Cigna Corp. este año, dijo en un expediente de 2015 que una norma fiduciaria "podría tener un efecto material adverso sobre nuestro estado financiero, resultados de operaciones y flujos de caja"».[38]

Como un signo de lo que preveo que se convertirá en un punto de inflexión para estas tres empresas, está aumentando el estrépito creciente de la crítica por las prácticas de este sector.

Fijación de precios contradictoria y opaca

Algunos consumidores se han encontrado con que pueden comprar medicamentos por menos dinero si los pagan directamente en lugar de usando su seguro. Se ha echado las culpas a las tácticas de negociación de las ABF, al igual que al sector,

---

36. Fein, A. J. (2018): «The outlook for pharmacy benefit management: Evolution or disruption?» (folleto de 2018, National Conference of the Pharmacy Benefit Management Institute, Palm Springs [California], 5 de marzo de 2018), http://drugchannelsinstitute.com/files/PBMI-PBM_Outlook-Drug_Channels-Fein-Mar2018-Handouts.pdf

37. Weinberg, N. y Langreth, R. (2017): «Drug costs too high? Fire the middleman», Bloomberg, 3 de marzo de 2017, www.bloomberg.com/news/articles/2017-03-03/drug-costs-too-high-fire-the-middleman

38. Hopkins, J. S. (2018): «Drug-price plan echoes a regulatory remnant of financial crisis», Bloomberg, 17 de mayo de 2018, www.bloomberg.com/news/articles/2018-05-17/drug-price-plan-echoes-a-regulatory-remnant-of-financial-crisis

por hacer que la fijación de los precios de los medicamentos sea tan compleja que nadie sea capaz de entenderla.

Esta situación llevó a la fundación de GoodRx, una empresa emergente que ofrece a los clientes una aplicación que busca distintos precios para un mismo fármaco en su zona. Una búsqueda para una receta de treinta píldoras de Lipitor (atorvastatina, un medicamento para el colesterol) en mi zona dio con precios que oscilaban entre los 9 dólares (en metálico, en el supermercado Walmart) y los 27,62 dólares (con un cupón, en la cadena de farmacias Duane Reade).

Reembolso: Listas de precios de venta al público que no lo son

Las ABF negocian descuentos con respecto a las listas de precios de venta al público con los fabricantes de medicamentos. Sin embargo, eso no ayuda a los clientes en lo tocante a los reembolsos. Tal y como apuntó un observador en un reportaje para la cadena de televisión ABC News: «La lista de precios de venta al público sí importa cuando se trata de copagos, seguros compartidos y otros gastos por cuenta propia. Estos pagos suelen basarse en el precio de la lista de venta al público de un medicamento, y no en el precio con descuento.[39] Por lo tanto, si estás pagando un 20 % de seguro compartido por un vial de 200 dólares de insulina al mes, pero tu aseguradora está pagando un precio con descuento de 75 dólares, tú pagarás el 20 % del precio de la lista de venta al público (o 40 dólares), en lugar de los 15 que pagarías si el seguro compartido fuese el 20 % del precio con descuento». El paciente no obtiene el ahorro.

De acuerdo con el mismo reportaje: «Los reembolsos permiten a las farmacias quedarse con todo el montante del copago del cliente, incluso aunque la cifra sea mayor que la del reembolso. Si, por ejemplo, el copago de un paciente es de 10 dólares y la ABF reembolsa a la farmacia el coste del fármaco genérico más una tasa por dispensarlo de aproximadamente 6 dólares, la ABF se embolsa los 4 dólares extra pagados por el paciente».

Hay incluso casos en los que el copago por una receta supera su coste real, y la diferencia de precio regresa a los bolsillos de la ABF. Se han presentado demandas

---

39. Montalvo, B. (2018): «Many overpay for prescriptions when co-pays are higher than drug prices: Study», ABC News, 15 de marzo de 2018, https://abcnews.go.com/Health/overpay-prescriptions-pays-higher-drug-prices-study/story?id=53767651

con respecto a esta práctica, y la irritación pública es tan intensa que varias asambleas legislativas estatales de EE. UU. han empezado a valorar prohibirla.[40] En un giro especialmente desagradable al respecto, algunos farmacéuticos han informado de que sus empleadores les habían dicho que no se les permitía hacer saber a los pacientes que el fármaco que necesitaban podría estar disponible a un precio inferior. Un tribunal falló en contra de Cigna por esta práctica en un caso de 2018, y este asunto está siendo objeto de mucha más atención por parte de los abogados y los legisladores.[41]

La turbia práctica de los reembolsos

Las ABF y los fabricantes negocian los llamados reembolsos de varios fármacos. La compañía farmacéutica cobra a la ABF el precio de la lista de venta al público de un medicamento y luego abona un reembolso a la ABF. Eso permite que esa importantísima lista de precios de venta al público contenga unas cifras más abultadas que el precio real que de verdad se paga por el medicamento. En una creciente batalla intersectorial por los beneficios del sector de la asistencia sanitaria, las empresas farmacéuticas han estado intentando llamar la atención sobre las acciones de las ABF (en lugar de sobre sus propios incrementos de precios) como la razón de unos mayores costes para los consumidores.

¿Cuál es la conclusión? Todas estas prácticas están filtrándose ahora a la opinión pública, generando una verdadera confusión y una desconfianza general sobre todo este sector. Para ver cómo se está desarrollando eso, echemos un vistazo a cómo una importante corporación ha aceptado el reto de reducir los costes de los fármacos con receta para sus empleados.

Caterpillar: ¿parte del futuro que todavía no está distribuido homogéneamente?

---

40. Hiltzik, M. (2017): «The "clawback": Another hidden scam driving up your prescription prices», *Los Angeles Times,* 9 de agosto de 2017, www.latimes.com/business/hiltzik/la-fi-hiltzik-clawback-drugs-20170809-story.html

41. Wille, J. (2018): «Prescription drug clawbacks under fire from lawmakers, lawyers», Bloomberg, 23 de marzo de 2018, www.bna.com/prescription-drug-clawbacks-n57982090234/

Tal y como se ha mencionado en el capítulo 1, el escritor de ciencia ficción y artista William Ford Gibson suele ser citado como la primera persona que dijo: «El futuro ya está aquí: lo que pasa es que no está distribuido muy homogéneamente». Ése es un punto de vista extremadamente útil en términos de anticipar puntos de inflexión. El objetivo consiste en encontrar situaciones en las que entidades proactivas hayan superado algunas de las limitaciones de las formas en las que se hacen las cosas hoy en día y estén innovando para dar con una mejor solución. Con esa perspectiva, veamos cómo Caterpillar ha sorteado las restricciones del sector de las ABF tal y como está diseñado actualmente.

En 2004, hartos de los gastos en medicamentos con receta, que aumentaron de precio un 14 % anualmente entre 1996 y 2004, los ejecutivos de Caterpillar prometieron que instaurarían un nuevo procedimiento porque el enfoque vigente les hacía sentir que «no teníamos influencia y que estábamos a merced de un sistema confuso. Queríamos desafiar al sistema». De acuerdo con sus estimaciones, el sistema implicaba entre un 10 y un 25 % de despilfarro.[42]

Empleando el marco analítico aplicado anteriormente en este capítulo, podemos ver cómo las formas en las que había evolucionado el sector de las ABF representaban una oportunidad para que Caterpillar pasara a la acción. La siguiente tabla resume lo que Caterpillar hizo para liberarse y dejar de ser un «rehén» de la organización existente de las ABF.

Punto de la cadena de consumo	**Características negativas / Puntos críticos para el cliente**	**¿Cómo los abordó Caterpillar?**
Seleccionar a una administradora de beneficios.	Conflictos de interés.	Encontró una ABF comprometida con la transparencia en la fijación de precios.
Comprender los costes.	Falta de transparencia.	Negoció directamente con las principales farmacias.
Decidir qué medicamentos estarán en el formulario.	Poca transparencia, precios hinchados.	Llevó la decisión al seno de su organización.
La fijación de precios implica reembolsos.	Precios más elevados.	Buscó una fijación transparente de precios con los proveedores.

42. Bisping, T. N. (2010): «Caterpillar breaks new ground managing the prescription drug supply chain», *American Journal of Pharmacy Benefits*, vol. 2, núm. 2, pp. 103-105.

Los resultados de las acciones de Caterpillar han sido impresionantes. Aunque no se han reportado ahorros reales en los precios, los expertos estiman que podrían ser de alrededor de los 37,5 millones de dólares anuales, y la compañía está de acuerdo en que los costes de 2015 fueron, de hecho, inferiores a los de 2004.[43]

Todd Bisping, el administrador de beneficios de asistencia sanitaria de Caterpillar, que llevó el timón en lo relativo a los esfuerzos de la compañía, también está implicado en la Health Transformation Alliance (Alianza para la Transformación de la Salud), una coalición de múltiples empleadores con el objetivo de ayudar a otras organizaciones a controlar sus costes médicos constantemente crecientes, empezando con algo de lo que Caterpillar aprendió. Aunque los resultados de esta iniciativa y de otras han sido en gran medida progresivos, el compromiso por parte de directores ejecutivos como Bezos, Buffett y Dimon de acelerar el papel de las empresas en modificar la forma en la que se proporcionan los cuidados médicos parece estar en el buen camino para marcar un punto de inflexión para ese sector de la economía.[44]

Por supuesto, la propia empresa Amazon de Bezos parece preparada para entrar en el sector de la asistencia sanitaria, lo que podría dar lugar al mismo tipo de cambios generales que ha desencadenado en otras partes de la economía.

Moralejas clave

Las prácticas que desagradan e incluso irritan a los clientes pueden generar una brecha para que un actor disruptivo entre en tus mercados y haga que los clientes te abandonen.

Incluso cuando veas un punto de inflexión en el horizonte, puede que llegar le lleve mucho más tiempo del que crees.

Los clientes sólo permanecerán como rehenes durante algún tiempo. Al final, el modelo que les tiene cautivos está destinado a colapsar.

---

43. Staff Report (2009): «Bulldozing pharmacy benefit managers, Caterpillar engineers drug cost savings», *Workforce,* 1 de diciembre de 2009, www.workforce.com/2009/12/01/bulldozing-pharmacy-benefit-managers-caterpillar-engineers-drug-cost-savings/

44. «Amazon is likely to succeed at healthcare and have lasting, disruptive impact: Five scenarios show how it will enter and prevail», Cision PR Newswire, 26 de marzo de 2018, www.prnewswire.com/news-releases/amazon-is-likely-to-succeed-at-healthcare-and-have-lasting-disruptive-impact-five-scenarios-show-how-it-will-enter-and-prevail-300619075.html

Puede que tenga sentido separar las funciones operativas de una empresa en crecimiento de aquéllas de las empresas en declive. Las dos requieren de estadísticas, de consideraciones operativas y de puntos de valor distintos para los clientes.

Comprender en profundidad las situaciones en las que se encuentran los clientes, las tareas que están intentando llevar a cabo en esas situaciones y los resultados que están buscando es vital para prever cómo podrían cambiar esas situaciones.

Comprender en profundidad la estructura de un sistema (como la forma en la que se venden los medicamentos con receta) puede permitirte desencadenar un punto de inflexión, ocupándote de un punto crítico de cada vez.

5

¿Qué debe ser verdad? Crear un plan para aprender rápido

«De la gente que tiene razón, mucha trabaja muy duro para hacer esa cosa tan antinatural de intentar desmentir sus creencias».[1]

JEFF BEZOS

La discusión sobre ver lo que se avecina nos ha llevado primero a los bordes (a aquellos lugares en los que el potencial para que se den puntos de inflexión empieza a anunciarse). Hemos generado algunas estrategias para establecer advertencias tempranas (imaginando escenarios futuros muy distintos y trabajando hacia atrás para ver dónde podrían encontrarse en su estado evolutivo). Hemos explorado la idea de un escenario, en lugar de un sector, como nivel crucial de análisis. Hemos visto cómo los factores que irritan y los que bloquean que se encuentran en los caminos de las partes interesadas clave pueden abrir la puerta a una inflexión generada por una organización que elimine esas características. Ahora nos encontramos en el umbral de considerar qué acciones deberían emprenderse a continuación.

Pero primero algunas advertencias. Las técnicas descritas aquí no consisten en hacer predicciones y tener la razón. Tienen que ver con generar posibilidades y abrir tu mente a lo que *podría* suceder, de modo que a medida que las pruebas se vayan haciendo más sólidas estés preparado para emprender acciones. Para cualquier estado futuro existen muchas variables que pueden conducir a un resultado u otro. Lo que resulta valioso en los sistemas complejos es ser capaz de mantener

1. «Jeff Bezos: People who are right a lot listen a lot», Conversation Agent, sin datos, www.conversationagent.com/2016/11/jpeople-who-are-right-a-lot-listen-a-lot.html

presentes múltiples futuros posibles, de modo que si se despliegan y en el momento en el que lo hagan, el paisaje sea más reconocible.

Intel, por ejemplo, ha utilizado a escritores de ciencia ficción, futuristas y estudiantes para producir obras creativas sobre aspectos del futuro con el objetivo no de hacer predicciones, sino de abrir la mente de la gente a las posibilidades emergentes. Ver lo que se avecina tiene que ver con ampliar el abanico de posibilidades a las que sopesas prestar atención. Tu capacidad de ver el futuro sólo estará tan bien desarrollada como el conjunto de posibilidades que estés preparado para contemplar.

El punto de inflexión se vuelve simplemente un poquito más claro

Habiendo visto cómo se acerca un punto de inflexión, ahora te encuentras en el momento de decidir qué hacer exactamente al respecto. El verdadero dilema al que se enfrenta en ese momento una persona que tiene que tomar una decisión es que la incertidumbre sigue siendo extremadamente alta. En otras palabras, el índice de suposiciones que deben hacerse en relación con el conocimiento puro que uno posee es extremadamente elevado. Tal y como he escrito ampliamente en otros lugares,[2] el proceso de pensamiento que requieren estas situaciones tan precarias es completamente distinto del proceso de pensamiento que uno sigue cuando se conoce la dirección.

Para serte sincera, superar este complicado proceso empieza con confusión, experimentación y unas gotas de caos, seguido de una determinación decidida para progresar frente a un objetivo global. Debes ser capaz de defender apasionadamente la visión de impulsar el resultado mientras, al mismo tiempo, estás preparado para cambiar los medios. Este enfoque es congruente con la recomendación futurista de Paul Saffo de generar tantas predicciones y tan rápidamente como sea posible (y luego demostrar que son erróneas lo más rápidamente posible), además de «mantener las opiniones firmes de forma débil».[3]

---

2. Gunther McGrath, R. y MacMillan, I. C.: *Discovery-driven growth: A breakthrough process to reduce risk and seize opportunity*. Harvard Business Review Press, Boston, 2009.
3. Saffo, P. (2007): «Six rules for effective forecasting», *Harvard Business Review*, julio-agosto de 2007.

La planificación basada en los descubrimientos está ganando terreno a medida que una nueva generación de ejecutivos reconoce que el desafío crítico consiste en planificar para aprender. Y quizás puede que sea porque cada vez somos más los que hemos sido empujados hacia circunstancias cada vez más inciertas. En pocas palabras, la planificación motivada por el descubrimiento te solicita que fijes algunos parámetros para un estado futuro, y luego trabajar hacia atrás para averiguar qué debe ser cierto para hacer que ese estado futuro sea real. De forma parecida al ejercicio de las señales débiles comentado por vez primera en el capítulo 2, este proceso difiere de la naturaleza reacia al riesgo y que evita el fracaso de muchos procesos de planificación de las corporaciones.

La idea no consiste en planificar en gran detalle lo que debería hacerse. En lugar de ello, con un punto de inflexión en mente, la idea es hacer lo que Peter Sims ha llamado «pequeñas apuestas»[4] y que yo llamo «planificar para aprender». En otras palabras: antes de asumir un gran compromiso empieza desglosando el plan monolítico en segmentos menores. Estas piezas son, cada una de ellas, puntuadas por lo que llamo un *punto de control.*

Un punto de control es, simplemente, un momento en el tiempo en el que aprenderás algo. En cada punto de control, querrás hacer dos preguntas. La primera es si lo que estás aprendiendo vale el coste (o el riesgo, o el tiempo) necesario para conseguirlo. En otros lugares me he referido al «apetito» de una organización, que es la determinación, por adelantado, de lo que creemos que aprenderemos y qué valor tiene ese aprendizaje para nosotros.[5] La segunda es si, dado lo que estás aprendiendo, sigue teniendo sentido seguir con el plan o si estaría justificado un cambio de algún tipo.

La trampa que quieres evitar es quedar enredado en la necesidad de tener razón cuando, en realidad, no dispones de todos los datos. Se han malgastado ingentes cantidades de esfuerzo humano en reuniones en las que la gente discute por doquier sobre tener razón. En lugar de ello, piensa en una forma barata y creativa de determinar cómo podrías averiguar cuál es realmente la respuesta correcta. En ese caso, incluso aunque tus suposiciones no se confirmen, habrás aprendido algo. De

---

4. Sims, P.: *Little bets: How breakthrough ideas emerge from small discoveries,* repr. ed. Simon & Schuster, Nueva York, 2013. (Trad. cast.: *Pequeñas apuestas: Descubre por qué las ideas más innovadoras surgen de pequeños descubrimientos.* Gestión 2000: Barcelona, 2012).

5. Gunther McGrath, R. y MacMillan, I. C.: *Discovery-driven growth: A breakthrough process to reduce risk and seize opportunity.*

hecho, incluso aunque hayas aprendido que te encuentras en un callejón sin salida, eso supone un progreso, porque siempre puedes variar el rumbo o «pivotar».

Una mentalidad emprendedora aquí es de increíble utilidad. La clave consiste en estar *motivado por los descubrimientos*. Deja de pretender que conoces todas las respuestas. En un entorno muy incierto y fluido, ni tú ni nadie tiene las respuestas. Discutir sobre tener «la razón» o disponer de un plan detallado que se extienda a lo largo de dieciocho meses es malgastar esfuerzos. En lugar de ello, expresa y señala claramente las principales incertidumbres y cómo podrías obtener algunos conocimientos de ellas.

Nassim Nicholas Taleb ofrece una valiosa perspectiva, en este período un tanto caótico, sobre el ver lo que se avecina en su libro *Antifrágil: Las cosas que se benefician del desorden*: «Cualquier cosa procedente de eventos aleatorios (o de ciertas sacudidas) que tenga más aspectos positivos que negativos es antifrágil. Las cosas opuestas son frágiles».[6] Lo que estás intentando hacer mientras formulas un enfoque motivado por los descubrimientos ante el siguiente punto de inflexión es invertir en los aspectos positivos de tu aprendizaje potencial mientras mantienes a raya el coste y los aspectos negativos. Este tipo de planificación refleja exactamente la idea de Taleb de que la mejor forma de enfocar el cambio consiste en fracasar barato, demostrar rápidamente que tus hipótesis son incorrectas y seguir viendo un gran aspecto positivo en todas las acciones.

Pero ¡todavía no está basado en hechos!

Tal y como he mencionado anteriormente, cuando un punto de inflexión aparece por primera vez en el horizonte, es extremadamente fácil que nos lancemos a la acción demasiado pronto e invirtamos abundantes recursos antes de que haya surgido una verdadera comprensión sobre lo que implica realmente ese punto. Muchas organizaciones han aprendido esta lección con enormes lamentos, especialmente con la aparición de lo que llamamos la revolución digital.

Llevar a cabo los movimientos incorrectos con respecto a las tecnologías digitales suele empezar con la malinterpretación de la enormidad del cambio que repre-

6. Taleb, N. N.: *Antifragile: Things that gain from disorder*. Random House, Nueva York, 2012. (Trad. cast.: *Antifrágil: Las cosas que se benefician del desorden*. Booket: Barcelona, 2016).

senta lo digital. Ya hemos hablado de los singulares efectos de lo digital en el capítulo 1 en términos de combinar fragmentos de información que solían permanecer separados de forma segura. Si piensas en el efecto de lo digital sobre la estrategia y el modelo operativo tradicionales de una organización, podrás ver por qué tantas compañías que, por lo demás, son de alto rendimiento, pueden hacer malas apuestas estratégicas porque han subestimado el impacto de lo digital en su futuro negocio, tal y como ha explicado tan claramente[7] mi colega Ryan McManus.

La nieve derretida de la digitalización

La *digitalización* significa, simplemente, reemplazar una actividad que solía realizarse de forma desconectada y analógica por una actividad conectada mediada por un estrato tecnológico. Por ejemplo, tiempo atrás, si querías saber lo bien que trataba una compañía a sus clientes, mirarías su clasificación en la Better Business Bureau (Organización para unos Mejores Negocios) o en la revista *Consumer Reports.*[8] En la actualidad, aunque esas fuentes de información siguen existiendo, los consumidores también pueden ver valoraciones hechas por otros consumidores diversas plataformas como Yelp y TripAdvisor. En lugar de fiarse de un vendedor para que te explique los beneficios o las diferencias entre productos en una tienda, los clientes potenciales pueden clicar ahora en valoraciones publicadas por otros usuarios que presumiblemente son como ellos.

Antes he usado la idea de que la nieve se derrite por los bordes para sugerir que, si quieres ser estratégico con respecto a un punto de inflexión potencial, debes estar expuesto a donde aparezca por primera vez: generalmente en los extremos de tu organización. El proceso de digitalización nos lleva más lejos con esta idea, ya que muestra no sólo las primeras señales de que algo está cambiando (la nieve se está derritiendo) sino cómo está progresando.

---

7. Leroy, P. y McManus, R. P. (2017): «Value creation and corporate survival in the digital revolution», Venture Lab, 12 de julio de 2016, http://theventurelab.blogspot.com/2016/07/value-creation-and-corporate-survival.html; McManus, R. P. (2017): «Understanding the past, present, and future of the digital revolution», *BoardTalk* (blog), NACD, 26 de septiembre de 2017, https://blog.nacdonline.org/posts/digital-past-present-future

8. Equivaldría a la revista de la Organización de Consumidores y Usuarios, u OCU, en España. *(N. del T.)*

Empezar con el marketing

La digitalización empezó, bastante furtivamente, en ámbitos que parecen distantes del núcleo estratégico de un negocio, como el *marketing.* Durante la primera avalancha de las empresas puntocom, eso significaba asegurarse el URL «.com», captando espacios digitales para anuncios en forma de banners, e intentando que la gente se suscribiera a blogs. Los efectos disruptivos en esta primera fase fueron sentidos inicialmente por organizaciones que estaban acostumbradas a proporcionar flujos unidireccionales de información a actores externos relativamente desamparados. La primera ola de nieve que se derretía modificó por completo las suposiciones que se daban por sentadas sobre cómo deberían presentarse al mundo las organizaciones; pero para muchos este cambio no pareció primordial para la supervivencia de las organizaciones, ya que sólo parecía estar afectando al *marketing.*

Ciertamente, uno de los efectos más interesantes de la primera ola de Internet fue aumentar la cantidad gastada en –agárrate– *marketing* analógico. Publicaciones como *Wired,* por parte de la nueva economía, e incluso *Fortune,* del lado más tradicional, estaban completamente llenas de páginas y más páginas de anuncios. Casi no cabían en los buzones. En el año 2000, la publicidad alcanzó un sorprendente 2,5 % del PIB en Estados Unidos, sólo para regresar a las cifras históricas normales de entre el 2,2 al 2,3 % con la revolución resultante representada por Internet.[9]

Esta primera fase podría muy bien haber llevado a aquellos que proporcionaban publicidad tradicional a experimentar una falsa sensación de seguridad. Y pese a ello, en el 2000 Google lanzó su producto de publicidad AdWords, que ofrecía a los anunciantes la posibilidad (con relativamente poco esfuerzo personal) de poner sus anuncios delante de la gente que buscaba palabras que podían indicar una predisposición a la compra. Hacia el final de su primer año, Google AdWords había alcanzado 70 millones de dólares de ingresos.[10] Con el uso de este producto, los anunciantes podían determinar cuánto estaban dispuestos a pagar para que sus anuncios apareciesen al lado del contenido de la búsqueda elegido. Cuando un

---

9. Galbi, D. (2008): «U.S. annual advertising spending since 1919», Galbi Think!, 14 de septiembrre de 2008, www.galbithink.org/ad-spending.htm

10. Bagshaw, T. (2015): «The evolution of Google AdWords – A $38 billion advertising platform», *WordStream* (blog), 3 de abril de 2015, www.wordstream.com/blog/ws/2012/06/05/evolution-of-adwords

usuario efectuaba una búsqueda, los algoritmos de Google escaneaban la base de datos y generaban una clasificación basada en la voluntad para pagar. Si un usuario clicaba en el anuncio, Google cobraba al anunciante un «coste por clic» determinado por la voluntad del anunciante para pagar, lo que otros habían pujado para que se mostrara al lado de los mismos términos de búsqueda y un pequeño recargo.[11] Otros modelos de publicidad cobraban a los anunciantes un «coste por cada mil impresiones» basado en cuántos usuarios era posible que hubiesen visto el anuncio.[12]

Esto fue el inicio de la transición desde la publicidad que fluía a través de canales analógicos tradicionales hacia la publicidad que aparecía en los canales digitales: una transición que ha llevado a los periódicos, por ejemplo, a sufrir bajadas de dos cifras, desde un gasto por parte de los anunciantes cercanos a los 90 000 millones de dólares en 2005 hasta menos de 50 000 millones de dólares en 2017.[13] El cambio diezmó a los medios tradicionales, pero incluso mientras ese punto de inflexión se daba a conocer, muchos negocios tradicionales siguieron sin ver cómo les afectaría.

Entrando sigilosamente en las operaciones

La siguiente fase del punto de inflexión representado por la revolución digital fue la de cambiar la forma en la que las compañías llevaban a cabo las funciones básicas de su negocio. Empresas como CEMEX, el suministrador mexicano de cemento, se encontró con que lo digital les permitió servir a sus clientes de formas completamente nuevas y muy persuasivas. Por ejemplo, en su negocio de hormigón preparado, CEMEX se dio cuenta de que una solución consistente en un servicio «justo a tiempo» resultaría mucho más valiosa para los clientes de la construcción que una solución que se basara en ser capaz de proyectar las necesidades y el uso

11. Gabbert, E. (2018): «How does the AdWords auction work? [Infografía]», *WordStream* (blog), 27 de julio de 2018, www.wordstream.com/blog/ws/2011/11/16/how-adwords-works

12. Lincoln, J. E. (2019): «How does pay-per-click work?», Ignite Visibility, 2019, https://ignitevisibility.com/how-does-ppc-work/

13. Vranica, S. y Marshall, J. (2016): «Plummeting newspaper ad revenue sparks new wave of changes», *The Wall Street Journal,* 20 de octubre de 2016, https:/www.wsj.com/articles/plummeting-newspaper-ad-revenue-sparks-new-wave-of-changes-1476955801

por adelantado. Usando los conocimientos de compañías como Dell, CEMEX creó un modo de servicio telefónico de atención al cliente «justo a tiempo». Cuando los clientes necesitaban que se les suministrara cemento, hacían un pedido y, en un período relativamente corto, recibían una entrega.

Esta fase de la revolución digital hizo que se tambaleasen muchas de las suposiciones dadas por sentadas en el mundo de las operaciones. Las transacciones costosas y con muchas desavenencias fueron reemplazadas por transacciones relativamente económicas y con pocos desacuerdos, abriendo así grandes posibilidades.

Ahora pasemos a los productos y los servicios

A la luz de las nuevas posibilidades que permitía lo digital, sólo era cuestión de tiempo que los productos y los servicios digitales se convirtiesen en participantes importantes en muchos escenarios. El ocio y los medios de comunicación se vieron completamente cambiados a medida que las fotos, los libros, las películas, las revistas y otros contenidos «se volvieron digitales» y crearon no sólo productos diferentes, sino también experiencias de consumo distintas. En efecto, los productos llegaban a los consumidores: éstos ya no tenían que ir hacia los productos.

En esta fase, las características de productos y servicios incluso ordinarios también se vieron alterados con la adición de un componente digital. Los fabricantes de automóviles y sus proveedores, por ejemplo, empezaron a pensar en cómo la adición de tecnologías de la comunicación a los vehículos podía dar como resultado un cambio desde los coches que estaban, en esencia, enfocados al transporte hacia los coches que son nodos en una red conectada. Es probable que los beneficios también cambien, alejándose desde la venta de coches propiamente dichos a ofrecer todo tipo de servicios, incluyendo las reparaciones, el diagnóstico y los seguros. Además, todos los datos que generan los coches tendrán un valor propio en aplicaciones que todavía tienen que inventarse.

Y luego a los modelos de negocio

Lo digital es disruptivo en extremo cuando cambia los parámetros que han mantenido en su lugar a los modelos de negocio tradicionales. Tal y como se ha mencionado antes en este libro, es extraordinariamente difícil para las personas encargadas de tomar las decisiones y que dominan el mercado «ver» que las normas tradicionales bajo las que operan han cambiado, con frecuencia porque, sencillamente, no están mirando.

Ten cuidado. Las tecnologías digitales tienen el potencial de cambiar por completo la forma en la que se gestionan los distintos componentes de la cadena de valor tradicional.

Además, los modelos de negocio digital pueden distribuirse de forma bastante menos costosa que los modelos tradicionales, generando una enorme presión en cuanto a los precios para las operadoras tradicionales que dominan el mercado.

1. **Distribución:** El corredor de seguros tradicional que le «vende» pólizas a un cliente desaparece para ser reemplazado por una experiencia interactiva a la carta, probablemente a través de un dispositivo móvil. Como esto es ahora factible y asequible, se pueden proporcionar más y más ofertas de seguros «a la carta» basadas en el uso, que se ajusten mejor a la provisión de servicios de seguros con respecto la actividad real que se está asegurando. Los contratos inteligentes facilitados por la tecnología de cadena de bloques de transacciones *(blockchain)* podría incluso volverse autoejecutable, eliminando montones de papel y de tediosa conservación de registros.
2. **Suscripción de seguros y fijación de precios:** La ventaja competitiva fundamental de muchas grandes aseguradoras tradicionales era que disponían de acceso a enormes bases de datos de las que carecían otras compañías y con las que podían tomar mejores decisiones relativas a la fijación de precios. Pero con la aparición de las bases de datos masivas, conectadas y en cierto grado disponibles en gran medida, además de la inteligencia artificial, la necesidad de la suscripción de seguros de forma manual y la gran experiencia relacionada con ese proceso han desaparecido en todos los casos menos en los más inusuales. Y los factores para una asegurabilidad favorable (como por ejemplo tener estudios de posgrado o trabajar en una cierta profesión) también han desaparecido a medida que las decisiones se basan cada vez más en datos reales y no en aproximaciones.

3. **Reclamaciones:** Aunque las compañías como Progressive han estado acercándose poco a poco al procesado de reclamaciones y de acuerdos en tiempo real desde hace años, la tecnología generalizada y asequible acelerará esta tendencia. Los sensores, los drones y los *smartphones* potentes modificarán enormemente lo que las aseguradoras llaman «primer aviso de siniestro». Los algoritmos inteligentes podrán entonces averiguar qué debería pagar la aseguradora, y las transacciones del asegurado progresarán sin interrupciones a partir de ese momento.

Claramente, si te encuentras en el sector de los seguros, querrás empezar a emprender acciones para preparar a tu organización para los enormes cambios en el modelo de negocio que están por venir; y aquí es donde empiezan los problemas. Durante los primeros tiempos de una inflexión, incluso aunque las señales de que las cosas están a punto de cambiar sean enormemente intensas, es fácil que una organización (a veces con la ayuda de consultores bastante caros) concluya que sabe lo suficiente para proceder, y que entonces empiece a verter dinero y recursos en un esfuerzo de digitalización «que avance a toda máquina contra viento y marea».

Lamentablemente, esto casi siempre supone un error. Incluso con unas señales muy fuertes, sigue existiendo una cantidad importante de incertidumbre sobre la naturaleza y la magnitud de los cambios que están por venir. La tarea consiste, ciertamente, en pasar a la acción y planificar, pero *planificar para aprender* empleando un enfoque impulsado por el descubrimiento.

La certeza ilusoria y los fracasos digitales

Las iniciativas digitales grandes y ambiciosas se parecen mucho a los proyectos grandes y ambiciosos de otros tipos. Están caracterizadas porque aquellos que toman decisiones tienen que hacer asunciones sin el beneficio de disponer de datos con los que trabajar. Supuestamente, deben tomarse decisiones (urgentemente), pero el contexto es tan incierto que sería casi imposible garantizar que sean correctas. En lugar de ello, en este contexto enormemente incierto, las decisiones consisten, en gran medida, en suposiciones. En un sistema organizacional basado en la toma de decisiones en circunstancias muy predecibles, esto puede conducir a una espiral viciosa descendente.

Los que toman decisiones establecen proyecciones basadas en suposiciones. A medida que se empieza a regresar la información sobre las consecuencias de esas decisiones, a veces se comprueba que dichas decisiones han sido incorrectas; y pese a ello, habiendo invertido capital personal y frecuentemente también de la organización para promocionar un cierto punto de vista, los que toman las decisiones intensifican su compromiso, volviéndose incluso más comprometidos con las mismas ideas. Este completo desastre prosigue hasta que es obvio que el proyecto nunca va a funcionar y, finalmente, alguien tiene la valentía de finiquitarlo.[14]

Lamentablemente, para aquéllos de nosotros que buscamos aprender de estos experimentos fallidos, en la mayoría de los casos el asunto se vuelve algo sobre lo que no se puede discutir, los actores implicados en ello desaparecen y todos los que quedan hacen ver que nunca sucedió. Esto es, por supuesto, bastante frustrante para los autores de libros sobre los negocios, a los que les gustaría poder extraer algunas lecciones de esos fracasos. Sin embargo, hay algunos suficientemente públicos, de modo que la documentación sobre ellos sobrevive. Pensemos en uno de ellos, como el de la Iniciativa de Medios Digitales de la BBC, que acabó costándole a esta organización unos 98 millones de libras esterlinas[15] sin obtener ningún resultado de ese gasto.[16]

La iniciativa de medios digitales de la bbc

Ya hemos hablado del claro espectro de las noticias y el entretenimiento a la carta a finales de la década de 1990 en el contexto de Netflix. Ciertamente, allá en el año 2000, fue obvio incluso para los escritores de casos de la Escuela de Negocios de Harvard que era probable que las tecnologías como el vídeo bajo demanda cambiaran la forma en la que se consumían medios de comunicación.

---

14. Staw, B. M. (1976): «Knee-deep in the big muddy – A study of escalating commitment to a chosen course of action», *Organizational Behavior and Human Performance* vol. 16, núm.1, pp. 27.

15. La cotización de la libra esterlina era de 1,12 euros a mediados de enero de 2021. *(N. del T.)*

16. «BBC was "complacent" over failed £100m IT project», BBC News, 10 de abril de 2014, www.bbc.com/news/entertainment-arts-26963723

En la BBC, el deseo por hacer algo respecto de este punto de inflexión inminente cristalizó en forma de un proyecto llamado la Iniciativa de Medios Digitales (IMD) en 2008. El ímpetu inicial para el proyecto procedió de un deseo de generar flujos de trabajo de producción «completamente libres de cintas».[17] El director de tecnología de la BBC, Ashley Highfield, fue el rostro público de la iniciativa, que fue aprobada por el organismo de toma de decisiones (el BBC Trust) y que recibió unos fondos de alrededor de 18 millones de libras esterlinas. Siemens, el tradicional suministrador de tecnología de la BBC, fue elegido como el contratista para trabajar en el proyecto, con el apoyo en temas de consultoría de Deloitte. La propuesta original proyectaba un beneficio total gracias al programa de 99,6 millones de libras esterlinas.[18] Tal y como lo describió un socio tecnológico en esa época: «La IMD es un proyecto global de la BBC diseñado para preparar a la cadena para un entorno digital multiplataforma a la carta y proporcionar una base reutilizable para el suministro rentable de servicios nuevos y emergentes».[19]

El fracaso a la hora de darse cuenta de la importancia para la organización de una inflexión digital

Una de las primeras suposiciones no probadas que es muy clara en retrospectiva fue que este programa se enfocó como si se tratase de un proyecto operativo y orientado hacia la eficiencia relativamente claro. Sin embargo, y en realidad, un cambio tan espectacular en los flujos de trabajo del proceso en realidad requería una verdadera reforma del modelo de negocio que, para tener éxito, debería entrar en profundidad en los flujos de trabajo fundamentales de la organización. Esto implicaría, pues, un importante cambio en el componente de la gestión, además

17. Brightwell, P. (2007): «Standardising media delivery in a file-based world» (informe técnico de investigación, núm. WHP 158, BBC, diciembre de 2007), www.bbc.co.uk/rd/publications/whitepaper158

18. Charette, R. N. (2013): «BBC blows £98 million on Digital Media Initiative», *IEEE Spectrum,* 30 de mayo de 2013, https://spectrum.ieee.org/riskfactor/computing/it/bbc-blows-984m-on-digital-media-initiative-project

19. «Siemens selects Cinegy for BBC's digital media initiative», TV Technology, 23 de abril de 2008, www.tvtechnology.com/opinions/siemens-selects-cinegy-for-bbcs-digital-media-initiative

de cualquier cambio que la tecnología exigiese, siendo probables unos considerables enfrentamientos políticos.

El contrato de Siemens se adjudicó por un precio fijo basándose unos productos finales fijos. La asunción de los contratos con una fijación de precios así es que está completamente claro qué trabajo debe llevarse a cabo y cuál debería ser un resultado exitoso. Desde la perspectiva de un usuario, este marco tuvo el efecto de provocar que la BBC no cuestionara (demasiado) aquello en lo que Siemens estaba trabajando, ya que creían que, quizás, interferir invalidaría la intención del precio fijado. Desde la perspectiva de Siemens, esto asentó el argumento tradicional de por qué los grandes proyectos de tecnologías de la información fracasan: el vendedor de tecnologías de la información no suministra lo que el usuario quiere, mientras que el vendedor acusa al usuario de cambiar de idea y de no especificar claramente cuáles son sus necesidades Esto es sintomático de asumir la certeza donde no la hay.

El enorme número de subproyectos incluidos en el informe inicial de la BBC fue imponente. Tenía que haber un nuevo «sistema de consumo de medios», que cambiaría la forma en la que los contenidos entraban en el ecosistema de la BBC. Esto se vería complementado por un nuevo sistema de gestión de activos de medios que sería la forma en la que los audios, vídeos, imágenes fijas y otros contenidos futuros se gestionarían. Los guiones gráficos se llevarían a cabo *online*, en lugar de a través de los procesos manuales preexistentes. Se podría acceder a todos estos otros sistemas a través de un sistema de compartición de metadatos y de almacenamiento. El equipo del proyecto de la BBC adjudicó el contrato para el trabajo sin requerir una licitación pública, y la relación con Siemens (el principal vendedor) y sus otros contratistas fue descrita, por un observador, como «distante».[20]

Asumiendo que todo el sistema debe desarrollarse para obtener algún valor

Esto nos lleva a un segundo conjunto de suposiciones no probadas: más concretamente, que llevar a cabo estos proyectos digitales todos a la vez era necesario y

20. House of Commons, Committee of Public Accounts: «The BBC's management of its digital media initiative», Twenty-ninth report of session 2010-2011. Stationery Office, Londres, 7 de abril de 2011, https://publications.parliament.uk/pa/cm201011/cmselect/cmpubacc/808/808.pdf

asumible por la BBC. Ésta fue una idea particularmente peligrosa. En una organización con unos niveles bajos de madurez digital, empezar con poco e ir incrementando la capacidad con el tiempo tiene mucho más sentido. Lanzarse de forma agresiva hacia un enfoque dando todos los fondos por adelantado es una receta para el desastre. Incluso aunque un proyecto funcione, es improbable que la organización haya desarrollado los nuevos flujos de trabajo y prácticas que permitirán que se beneficie. También ilustra la idea errónea de que una organización puede aplicar un modelo de desarrollo (generalmente llamado el «método de la cascada») desde una era anterior hacia un contexto de mercado completamente nuevo. Contratar a empresas externas que no distinguían la diferencia entre los modelos antiguos y los nuevos tampoco fue de gran ayuda para el proyecto de la BBC.

Un tercer conjunto de suposiciones tiene que ver con la evidente perspectiva de los principales líderes de que la BBC podía delegar, con seguridad, el diseño y la implementación de un sistema tan complejo a contratistas con relativamente poca supervisión.

En un enfoque impulsado por el descubrimiento, el proyecto tendría que haberse acometido de tal forma que proporcionase pruebas de su valor a lo largo de todo su recorrido. Esto habría implicado crear unos puntos rápidos de control en los cuales suposiciones concretas sobre la forma en la que el proyecto acabaría funcionando se comprobarían y se implementarían correcciones en el rumbo si se creyera que tenían sentido. En lugar de ello, el proyecto de la IMD no pareció tener un proceso eficaz de gobernanza incorporando a ejecutivos experimentados, además de a personal técnico, ni pareció requerir de revisiones regulares del proyecto que habrían aportado contribuciones a este proceso.

Aquellos que disponían de la información para hacer sonar la alarma no tenían voz

En contra del principio de que la gente con experiencia directa pueda hacer sonar la alarma y ser escuchada por los líderes principales, aquellos que estaban más cerca de la IMD disponían de pocos mecanismos para que los escucharan. Tal y como apuntó un observador: «Había una cultura que, aparentemente, no permitía que el personal implicado tuviera voz, por lo que, como no podía transmitir sus preocupaciones sobre los proyectos a los procesos de revisión, se vieron reducidos a expresarlas de forma privada».[21]

En septiembre de 2009, la BBC y Siemens finalizaron su colaboración en el proyecto, y la BBC decidió retomarlo bajo una gestión interna.

Las lecciones aprendidas de este proyecto fueron realmente amargas. Tal y como deja claro la revisión de un proyecto que acabó llegando al Parlamento británico, la suposición de conocimiento donde no existía podría haberse previsto desde el principio. Las personas encargadas de la revisión llegaron a la conclusión de que «el programa resultó ser mucho más desafiante de lo que Siemens creyó al principio, y que Siemens había carecido de información en profundidad de las operaciones de la BBC. La propia BBC disponía de conocimientos limitados del trabajo de diseño y de desarrollo[22] de Siemens».

El enfoque adecuado..., pero demasiado poco y demasiado tarde

Después de traer de vuelta el programa al seno de la institución, el personal de la BBC decidió seguir un enfoque distinto usando metodologías «ágiles» para generar algunos resultados positivos a corto plazo mediante colaboraciones entre los usuarios y los tecnólogos, tal y como recomendaría un enfoque impulsado por el descubrimiento. Esto resultó ser demasiado poco y demasiado tarde. Dominic Coles, el director de operaciones de la BBC, decidió pausar el proyecto en octubre de 2012 y de darlo completamente por acabado al año siguiente. Tal y como comentó con respecto al progreso del proyecto:

> El ritmo del cambio tecnológico y digital ha sido rápido; las necesidades de negocio y de producción cambiaron en la BBC, y la industria ha desarrollado herramientas digitales de producción disponibles que no existían hace cinco años. Desarrollar una solución tan

---

21. Daniel, E. y Ward J. (2013): «BBC's DMI project failure is a warning to all organisations», *Computer Weekly*, junio de 2013, www.computerweekly.com/opinion/BBCs-DMI-project-failure-is-a-warning-to-all-organisations

22. House of Commons, Committee of Public Accounts: «The BBC's management of its digital media initiative».

ambiciosa y técnicamente compleja que pudiera lidiar con las numerosísimas exigencias a las que los programas de la BBC la someterían debido a la variedad y complejidad de nuestros contenidos resultó ser bastante más desafiante de lo esperado, lo que dio lugar a retrasos [...]. Ahora se ha tomado la decisión de detener el proyecto, con un coste total para la BBC de 98,4 millones de libras esterlinas. El coste es tan elevado porque gran parte del *software* y el *hardware* que se ha desarrollado sólo tendría valor si el proyecto se hubiera completado, y no podemos seguir aprobando ningún gasto adicional en esta iniciativa.[23]

Con una mentalidad impulsada por el descubrimiento, el valor no se alcanza sólo al final, sino que se genera a lo largo de todo el ciclo de desarrollo. Al igual que con otros proyectos de innovación, la asunción de que todo el sistema debe desarrollarse para alcanzar el grado de valor que sea es extremadamente peligroso.

Contrastemos el caso de la BBC con un proyecto igualmente grande y ambicioso con una fundación digital potente: el esfuerzo de introducir los conocimientos digitales en el tratamiento del cáncer. Tal y como espero demostrar, el uso de un enfoque impulsado por el descubrimiento puede dar lugar a muchas más posibilidades de éxito en un contexto muy incierto.

Descubrir un modelo de negocio operativo en los datos médicos

Beau, el hijo de Joe Biden, antiguo vicepresidente de EE. UU., falleció en 2015 debido a un cáncer cerebral. Biden intentó comprender el sistema médico diseñado para tratar a su hijo. Quedó horrorizado. «Es amedrentador, es complicado, es precario y está descuidado», dijo en un discurso parra la American Association for the Advancement of Science (Asociación Estadounidense para el Avance de la Ciencia) en 2018.[24]

---

23. Coles, D. (2013): «The BBC announces the closure of the digital media initiative – DMI», *About the BBC* (blog), 24 de mayo de 2013, www.bbc.co.uk/blogs/aboutthebbc/entries/1b-3fa3ed-9775-32e7-a68c-9a8272d7c23c

24. Ham, B. (2018): «Scientists must adapt to "inflection point" in cancer research, says Biden», American Association for the Advancement of Science, 18 de febrero de 2018, www.aaas.org/news/scientists-must-adapt-inflection-point-cancer-research-says-biden

Había distintas partes del sistema que no estaban conectadas, datos que podrían mostrar ser transformadores estaban guardados bajo llave en cajones archivadores y en sistemas no conectados entre sí, y la información sobre lo que era de ayuda para algunos pacientes no estaba disponible para los médicos que estaban atendiendo a otros pacientes. A pesar de los sorprendentes logros contra la enfermedad, el sistema implementado para tratarla había crecido anárquicamente y tenía profundos defectos.

En 2016, el presidente Barack Obama le asignó a Biden la tarea de liderar el National Cancer Moonshot, con el ambicioso objetivo de acabar con el cáncer tal y como lo conocemos. Este objetivo tenía la deliberada intención de desencadenar un punto de inflexión. En concreto, el Cancer Moonshot tenía que ser el eje de actividades que se extendían a lo largo y ancho del gobierno federal y el sector privado, conectando a actores por todo el sistema que, quizás, en años anteriores, nunca habían hablado entre ellos.

Más o menos en esta época, el Congreso de EE. UU. aprobó la Ley de Tratamientos del siglo XXI (21st Century Cures Act), que ordenaba a la FDA permitir que los datos distintos de aquéllos de los ensayos clínicos se usaran para respaldar la aprobación de fármacos (lo que le granjeó críticas por parte de los escépticos de la industria farmacéutica).

Todo esto nos lleva al punto en el que nos encontramos en el recorrido de este libro. El anuncio del Cancer Moonshot, los nuevos reglamentos de la FDA y el deseo expreso de generar un punto de inflexión: los mensajes de un cambio inminente son claros: las señales débiles se han vuelto más fuertes. Todo el escenario está disponible, y es claramente necesaria una nueva forma de colaborar a lo largo y ancho de todo el sistema. Por ahora todo va bien.

Un actor que era improbable que saliera a la luz de este enorme cambio en la forma en la que se tenía en cuenta el cáncer fue Flatiron Health, una compañía de *software* de análisis de datos científicos que emprendió un cambio basado en el descubrimiento para beneficiarse del punto de inflexión. Los dos fundadores de Flatiron eran emprendedores increíblemente jóvenes que encarnaban los principios del pensamiento emprendedor (buscar oportunidades e invertir en ellas en el momento adecuado), lo que implica ser capaz de ver lo que se avecina. Pero primero un poco de contexto.

De criar serpientes a publicitar software

Nat Turner y su socio de siempre, Zach Weinberg, no eran unos veinteañeros típicos cuando cofundaron Flatiron Health en 2012. Turner tenía veinticuatro años cuando vendió su primera compañía, Invite Media, a Google por una cifra declarada de 81 millones de dólares en 2010.[25] Tenía treinta y dos años cuando vendió su segunda empresa, Flatiron Health, a Roche por casi 2000 millones de dólares en 2018.[26]

Aunque tanto Turner como Weinberg habían estado implicados en el mundo de las empresas emergentes antes de conocerse en la Wharton School de la Universidad de Pensilvania, el programa de emprendimiento que estudiaron allí les proporcionó una ventaja en la empresa que, al final, daría sus frutos de una forma enorme. La metodología del crecimiento impulsado por el descubrimiento forma parte del programa central de estudios de emprendimiento en la Wharton School (mi reconocimiento a Ian MacMillan, mi coautor y director de centros de emprendimiento desde hace muchos años).

En realidad, ni Turner ni Weinberg tenían un especial interés por la asistencia sanitaria. El anterior negocio de Turner había empezado en forma de aficiones y se transformó en organizaciones generadoras de dinero en sectores tan distintos como la entrega de comida, el diseño de páginas web y, sí, la cría de reptiles. Fue mientras Turner estaba dirigiendo el negocio de cría de serpientes cuando descubrió la propensión por Internet. Tal y como él lo describe, creó un portal web para sí mismo. Entonces, a otros criadores les gustó y le pidieron disponer de algo similar.

La evolución de la compañía de Turner y Weinberg, Invite Media, ilustra las ideas del pensamiento basado en el escenario y del aprendizaje impulsado por el descubrimiento. El concepto de hacer algo con publicidad surgió mientras los dos estaban trabajando como estudiantes en prácticas, con el patrocinio de uno de los profesores adjuntos de emprendimiento de la Wharton School, en una compañía llamada Vi-

25. Carlson, N. (2012): «After selling a startup to Google for $81 million, 26-year-old Nat Turner now wants to solve healthcare», Business Insider, 5 de junio de 2012, www.businessinsider.com/after-selling-a-startup-to-google-for-81-million-26-year-old-nat-turner-now-wants-to-solve-healthcare-2012-6

26. Buhr, S. (2018): «Swiss pharma company Roche is buying Flatiron Health for $1.9 billion», TechCrunch, 15 de febrero de 2018, https://techcrunch.com/2018/02/15/swiss-pharma-company-roche-is-buying-flatiron-health-for-1-9-billion/

deoEgg (ahora conocida como Say Media). Mientras se encontraba allí, Turner explicó más adelante al periódico *The Financial Post*: «Nos habíamos dado cuenta de lo fastidiado que estaba el sector de la publicidad *online* en términos de complejidad y adopción de la tecnología [...]. Fundar Invite Media fue, al principio, un intento de abordar esa observación, pero también un intento por crear una gran empresa».[27]

Date cuenta de que al principio definieron un gran escenario (la publicidad *online)* y luego un problema con el que se estaba encontrando la gente en ese entorno para hacer que se llevaran a cabo tareas esenciales. Esto dio lugar a la génesis de un negocio que preveían que sería realmente muy grande.

Con la planificación impulsada por el descubrimiento, el punto inicial consiste en definir el aspecto que *podría* tener el éxito: no predecir qué sucederá, sino bosquejar cuál podría ser el aspecto positivo. Tal y como he propuesto en el capítulo 3, Turner y Weinberg empezaron a planear un escenario potencial para la empresa, trazando lo que llamaron «flujo del dinero»[28] (lo que es muy parecido a mi recomendación de empezar con el conjunto de recursos por el que estás compitiendo cuando piensas en un escenario). Entonces examinaron lo mal que estaban haciendo el trabajo de emparejar a un anunciante con el público deseado las soluciones disponibles para los distintos actores del sector. Turner describe cómo empezó la empresa:

> Empezamos, de algún modo, como una red de anuncios en vídeo. Conocimos a los fundadores de YouTube antes de su lanzamiento, y tuvieron esta idea de crear ese enorme portal de vídeos. Vimos todo este inventario de vídeos que estaba ahí (toda esa gente viendo vídeos), y pensamos: «No hay ninguna publicidad relacionada con ello». Una compañía en la que trabajé, llamada VideoEgg, tenía, más o menos, 500 millones de visionados de vídeos diarios (o al mes), que no estaban siendo monetizados. Los costes en servidores eran de medio millón de dólares sólo para distribuir estos vídeos. No había forma de implicar a anunciantes.
>
> El nombre Invite procede, en realidad, del hecho de que queríamos desarrollar una unidad: una unidad de anuncios que apareciese (al igual que cuando estás viendo un partido de

27. «How invite media's founder is making sure success "wasn't a fluke"», *Financial Post,* 8 de febrero de 2012, https://business.financialpost.com/entrepreneur/fp-startups/how-invite-medias-founder-is-making-sure-success-wasnt-a-fluke

28. Ibíd.

baloncesto en el canal de televisión TNT y ves el anuncio de un nuevo programa de televisión aparecer en la esquina inferior izquierda de la pantalla. Eso es lo que llamaríamos una «invitación». Te estaba invitando a ver algo, invitándote a hacer algo.[29]

Describió la idea inicial para su negocio como «francamente terrible». Redirigieron su empresa para hacer algo con Facebook Ads, cosa que tampoco funcionó. Al final se dieron cuenta de que había una brecha en el mercado para que los anunciantes pudiesen identificar contenidos relevantes de vídeo con los que publicitar, y comenzaron a crear un programa que facilitaría la monetización de un espacio publicitario.

Por lo tanto, la siguiente idea consistió en crear un intercambio publicitario mediado electrónicamente. Eso parecía más prometedor, pero la compañía «se transformó», tal y como dijo Turner, en un modelo basado en una agencia publicitaria. Turner dijo que llevó un año y medio ir de «Exploremos este sector» a «Esto va a funcionar, contratemos a gente y erijamos algo». Tal y como recordaba, sus inversores estuvieron muy nerviosos durante ese año y medio, y uno de ellos se refirió a la voluntad de los fundadores de adaptarse cuando llegaba información como «la idea del día».

Un pivote final consistió en trabajar con agencias publicitarias para publicar anuncios frente a contenidos relevantes en la red. El producto que Invite Media acabó vendiendo a Google se llamaba Bid Manager, y sus principales beneficios eran los de permitir que las agencias y los compradores de medios compraran de forma más eficiente entre intercambios. Así pues, Turner y Weinberg acabaron lanzando la primera plataforma de compra universal para medios de exhibición. Eso se ha convertido, subsiguientemente, en una parte crucial del ecosistema respaldado por la publicidad que paga por Internet tal y como lo conocemos en la actualidad.

En una decisión controvertida, Google compró la compañía, que tenía tres años, en 2010 por 81 millones de dólares e incorporó a su plantilla a sus dos cofundadores para integrar su tecnología con su oferta DoubleClick. Los dos sabían, sin

---

29. «Nat Turner: Young, entrepreneurial and Google-owned», entrevista con Knowledge@Wharton High School, 5 de febrero de 2011, http://kwhs.wharton.upenn.edu/2011/02/nat-turner-young-entrepreneurial-and-google-owned/

embargo, que esto no iba a ser una actuación a largo plazo, y empezaron a explorar nuevas ideas de negocio que pudieran suponer su siguiente oportunidad.

Con el éxito demostrado de Invite Media respaldándoles, disponían de credibilidad, acceso a fuentes de financiación y un encanto atractivo para futuros empleados. Para dar con ideas, Turner y Weinberg se implicaron en inversiones privadas en empresas de nueva creación. Tal y como dijo Turner más adelante: «Fue egoísta, lo reconozco. Zach y yo aprendimos gracias a estar implicados con los emprendedores de estas empresas emergentes, y obtuvimos muchos conocimientos sobre el sector de la asistencia sanitaria».[30] Nótese, una vez más, la conducta de hacer pequeñas inversiones para abrir nuevas perspectivas, pero no comprometiéndose con un único punto de vista sobre el futuro. Y eso dio lugar a Flatiron.

¿Desde la publicidad de software *a la... asistencia sanitaria?*

En realidad, el verdadero estímulo para la empresa que se convirtió en Flatiron Health fue personal. Al primo pequeño de Turner le diagnosticaron leucemia. El padre del chico le dijo a Turner y Weinberg: «Hay algunos centenares de niños que se ven afectados por esto cada año: ¿qué fármacos les suministran? ¿Funcionan? No puedo encontrar nada de información».[31] Los diagnósticos erróneos, el tiempo perdido debido a los viajes y toda una serie de otros problemas relacionados con los cuidados de su primo les convencieron de que automatizar los flujos de información en el sistema de cuidados del cáncer era un problema grande e importante que, potencialmente, valdría la pena abordar.

Ese sencillo problema del padre de su primo hizo que esta pareja de empresarios descartara el resto de las ideas con las que estaban flirteando en el ámbito de la asistencia médica (seguros, mala praxis médica y otros) y que se concentraran en la idea de ensamblar una plataforma que pudiera proporcionar una visión unificada de todos los datos que fluían por el sistema de tratamiento de los pacientes aquejados

30. Woods, M. (2017): «Nat Turner disrupts the health care industry», YPO, febrero de 2017, www.ypo.org/2017/02/entrepreneur-nat-turner-shakes-up-the-health-care-industry/

31. Feloni, R. y Richards, D. (2018): «The 32-year-old who sold his first company for $80 million and a second for $2 billion talks about writing to Richard Branson, how he's a terrible employee, and why he never intends to build companies to sell them», Business Insider, 12 de marzo de 2018, www.businessinsider.com/nat-turner-flatiron-health-interview-2018-3

de cáncer. Tal y como dijo Turner más adelante, una de las características que tanto él como Weinberg comparten es una curiosidad sin límites: «Nos hacemos un millón de preguntas y queremos saber por qué las cosas suceden como suceden».[32]

La idea que desencadenó la creación de Flatiron fue que uniendo dos mundos (capacidades digitales y formación médica) podían generar una perspectiva distinta sobre toda la experiencia del tratamiento. Los dos emprendedores pasaron por un período de «obsesión» con esta idea, siguiendo a médicos por todas partes, reuniéndose con «veinte personas cada día» e intentando aprender tanto como pudiesen.[33] Puedes apreciar el énfasis por aprender en la orientación que Turner ofrece a otros aspirantes a emprendedores:

Turner recomienda reunirse con tanta gente del sector como puedas (Turner y Weinberg se reunieron con por lo menos quinientas personas antes de lanzar Flatiron). «Toma notas y presenta ideas y prototipos, y expón tu idea frente a muchas personas que conozcan su campo (médicos, administradores de hospitales, compañías de seguros y clínicas) para obtener su *feedback* pronto».[34]

Tal y como descubrieron, es improbable que encuentren una solución a un problema de *software* confiando en gente impregnada de un trasfondo médico. Lo que Flatiron ha creado ahora es la capacidad de incluir datos tanto estructurados como desestructurados de oficinas oncológicas comunitarias. Puede usar esos datos para llevar a cabo análisis sofisticados para determinar mejor un tratamiento para un paciente dado, además de encontrar patrones más amplios en la información.

Flatiron es uno de los beneficiarios de los cambios reguladores por parte de la FDA que permiten que los datos obtenidos de historiales médicos electrónicos se usen como apoyo de pruebas clínicas. Tal y como dijo el doctor Scott Gottlieb, comisionado de la FDA, en una conferencia en 2019: «Las tecnologías digitales son una de las herramientas más prometedoras de las que disponemos para hacer que la asistencia sanitaria sea más eficaz y esté más centrada en el paciente. Esto no

32. Ibíd.

33. Ibíd.

34. Woods, M. (2017): «Nat Turner disrupts the health care industry».

es una crítica de la prueba aleatoria controlada, ni mucho menos. Se trata de un reconocimiento de que los nuevos enfoques y tecnologías pueden ayudar a expandir las fuentes de las pruebas que podemos emplear para tomar decisiones más fiables con respecto al tratamiento».[35]

Otro asunto importante que preocupa a la FDA es que las pruebas clínicas no suelen ser representativas de la población, distorsionando así, potencialmente, los resultados obtenidos de ellas. Con la tecnología de Flatiron, ahora son posibles unos enfoques más a medida empleando muchísima más información de la que normalmente se disponía. La empresa, que fue adquirida por Roche en 2018, se dedicará al análisis de lo que llama información «de nivel normativo».[36] Por ejemplo, en 2018, Pfizer y Flatiron presentaron pruebas, en una conferencia sobre el cáncer de mama, de que los datos de una cohorte de pacientes de Flatiron coincidía con los datos de un conjunto de pacientes del grupo de control (es decir, aquellos pacientes que no habían recibido el tratamiento) en un estudio avanzado.[37] La idea fascinante es que, si se dispusiera de datos sobre lo que le sucedería a un grupo no tratado con una terapia prometedora acudiendo a una base de datos, puede que no fuera necesario determinar, aleatoriamente, qué pacientes reciben un tratamiento y cuáles no. Esto, por ejemplo, podría permitir que todos los participantes en una prueba clínica recibieran terapias prometedoras y reducir el coste de llevar a cabo tales pruebas.[38]

---

35. Bresnick, J. (2019): «FDA: Real-world data, machine learning critical for clinical trials», HealthIT Analytics.com, 31 de enero de 2019, https://healthitanalytics.com/news/fda-real-world-data-machine-learning-critical-for-clinical-trials

36. «Pivotal study validates real-world mortality endpoint for oncology research», Flatiron, nota de prensa, 14 de mayo de 2018, https://flatiron.com/press/press-release/validates-real-world-mortality-endpoint/

37. Bartlett, C. H.; Mardekian, J.; Cotter, M. *et al.* (2018): «Abstract P3-17-03: Concordance of real world progression free survival (PFS) on endocrine therapy as first line treatment for metastatic breast cancer using electronic health record with proper quality control versus conventional PFS from a phase 3 trial», en *2017 San Antonio Breast Cancer Symposium,* suplemento, *Cancer Research*, vol. 78, núm. 4, http://cancerres.aacrjournals.org/content/78/4_Supplement/P3-17-03

38. Shaywitz, D. (2018): «The deeply human core of Roche's $2.1 billion tech acquisition – and why it made it», *Forbes,* 18 de febrero de 2018, www.forbes.com/sites/davidshaywitz/2018/02/18/the-deeply-human-core-of-roches-2-1b-tech-acquisition-and-why-they-did-it/#6395534029c2

Cómo ven los emprendedores lo que se avecina

La historia de Turner y Weinberg tiene muchas similitudes con las de otros emprendedores similares que también fueron capaces de «ver lo que se avecina». En concreto, y a lo largo de los años, he estudiado a los que a veces reciben el apelativo de emprendedores «habituales»: gente que ha creado muchos negocios. La razón por la cual son tan valiosos desde un punto de vista de la investigación es que es muy improbable que, si han hecho algo una y otra vez, su éxito haya sido el resultado de la mera buena suerte. En lugar de ello, lo que nos encontramos en este grupo de población es que tienen un conjunto de metodologías que usan para recopilar mucha información, detectar patrones, analizar suposiciones y reunir recursos.

Disponen de redes amplias y no redundantes a las que pueden recurrir para generar ideas y soluciones. Mi colega Ian MacMillan llama a esto «creación de redes»: los emprendedores habituales son incansables a la hora de conectar con otras personas, especialmente con aquéllas cuyo campo de conocimientos no coincide con el suyo. También son increíblemente curiosos. Se trata de una parte tan arraigada en su personalidad que quizás ni siquiera sean conscientes de ello. Simplemente están verdaderamente interesados en cómo funcionan las cosas de la forma en la que lo hacen. También son ingeniosos. Tal y como le gusta decir a Ian MacMillan, «emplean su imaginación» para validar suposiciones en lugar de recurrir al dinero para obtener una respuesta. También hacen las cosas rápidamente y no tienen miedo de cambiar de dirección cuando aparece información nueva. Buscan patrones en lo que ven. ¿Hay sectores desatendidos? ¿Necesidades no satisfechas? ¿Situaciones en las que partes interesadas están encontrándole las vueltas a un proceso porque no funciona? ¿Hay áreas de excedentes? ¿De escasez?

Piensa en el emprendedor en serie Steve Blank, un colega mío de Universidad de Columbia y leyenda en el mundo de las empresas emergentes. Ha dirigido cuatro compañías hasta que alcanzaron su salida a bolsa y ha orientado a muchas otras. Para encontrar oportunidades, dice Steve, un emprendedor debe ser infinitamente curioso y reconocer patrones que nadie más reconozca, «exponiéndose», tal y como dice él. Para validar las ideas, recomienda «salir del edificio» y aprender cómo una innovación potencial puede cambiar la vida de un cliente. Él llama a esto «desarrollo de clientes». Después de llevar una idea al mercado, y en lo que Steve llama la etapa de «construcción», reconoce que la información nueva siempre requiere de un comportamiento adaptativo. Por último, es consciente de que aquello con lo que disfruta un emprendedor en serie es con iniciar negocios, y no necesariamente con dirigirlos una vez que se ha descubierto un modelo expansible y repetible. Pero estos emprendedores pueden dejar tras de sí inmensas cantidades de valor una vez que han avanzado. Tal y como lo expresó Steve en 2012:

> Me encantaba todo hasta que se hacía grande. Mi trabajo era genial desde la búsqueda hasta el inicio de la fundación. Cuando empezaba a parecer que me convertía en el director del departamento de recursos humanos, entonces llegaba el momento de marcharse. En mi penúltima empresa, perdí primero 35 millones de dólares, luego recaudé 12 millones de dólares y al final devolvió a cada inversor más de 1000 millones de dólares. Sólo en los grupos de emprendedores existe una palabra especial para el fracaso así: se llama «experimentado».[39]

Crear un plan para un aprendizaje rápido es algo que los emprendedores en serie que tienen éxito hacen prácticamente por instinto. El resto de nosotros podemos aprender a hacer lo mismo. Sin embargo, esto requiere de una mentalidad distinta de la que llevamos normalmente a las situaciones de la planificación de negocios.

«Enamórate del problema... y no de una solución concreta»

Escuché este dicho (que ha surgido en una gran cantidad de historias) por primera vez de boca de Kaaren Hanson, que en esa época era vicepresidenta de innovación de diseño en Intuit, cuando estaba hablando en una conferencia BRITE de la Escuela de Negocios de la Universidad de Columbia. Aunque muchos parecen reconocer su sabiduría, es muy difícil recordarla o implementarla en una organización concentrada en planificar de la forma convencional o tradicional.

Con ese fin, un error que suelo ver que cometen las personas en una organización consiste en vincular, en su mente, el resultado que están buscando con una

39. Cook, J. (2012): «Steve Blank: Lessons from 35 years of making startups fail less», 99U, 29 de noviembre de 2012, http://99u.com/articles/7256/steve-blank-lessons-from-35-years-of-making-startups-fail-less

solución concreta. Es completamente posible haber identificado adecuadamente un resultado deseable, pero estar completamente equivocado sobre la forma de alcanzarlo.

Por ejemplo, Procter & Gamble (P&G) intentó, inicialmente, comercializar el PuR, un producto químico que permitiera que los usuarios obtuviesen agua potable que era seguro beber obtenida a partir de agua sucia. Esta sustancia química funcionaba tal y como se publicitaba, pero fracasó como producto comercial porque el cliente objetivo no estaba condicionado a sacrificar unos recursos escasos por un agua más limpia. También requería de un cambio de conducta, lo que significaba que la adopción comercial del producto era dolorosamente lenta. La compañía pensó en la cancelación total del producto en 2004.

Greg Allgood, un alto ejecutivo de P&G en esa época, creía enormemente en el PuR y buscó un camino distinto para ponerlo a disposición de la gente que lo necesitara. Casualmente, justo en esta época, un tsunami devastador azotó el sudeste asiático, y P&G donó más de tres millones de dólares en ayudas, incluyendo trece millones de paquetes de PuR. Esta experiencia, según Allgood, fue un punto de inflexión en el modelo de negocio del producto. En lugar de intentar hacer que fuera una oferta comercial para los consumidores, la empresa lo convirtió en un emprendimiento social.

P&G se asoció con organizaciones de ayuda internacional que pagaban por el producto en función de la recuperación de costos y lo distribuyó gratuitamente. Con este modelo, P&G también se dio cuenta de que el programa era un filón de relaciones públicas, que podía ayudarles a comprender a los consumidores de los mercados emergentes, y que les aportaba una posición de fortaleza en las discusiones con gobiernos, ONG y otros socios estratégicos.[40] P&G acabó por vender sus otras iniciativas para la purificación del agua, pero conservó el PuR (y registró la marca). Esto ilustra la idea de que puedes acertar con la parte de «llevar a cabo la tarea» del escenario sin averiguar primero cuál podría ser la mejor solución. Éste es un caso clásico de ver lo que se avecina y de hacerlo debido a circunstancias inusuales e inesperadas.

---

40. Seagle, C. y Christensen, L. J. (2011): «Case study: Procter & Gamble's Pur», *Financial Times,* 2 de marzo de 2011, www.ft.com/content/1415f250-44fe-11e0-80e7-00144feab49a

Define qué aspecto tiene el éxito

Para iniciar un ejercicio de planificación impulsada por el descubrimiento, articula lo que haría que una iniciativa concreta valiese la pena. Esto podría formularse en términos de finanzas y cifras. También podría formularse en términos de abrir oportunidades o expandir el alcance de una organización. Tal y como hemos visto con los fundadores de Flatiron Health, estaban buscando un problema que todavía no se había resuelto adecuadamente siguiendo, en esencia, la orientación de Nassim Nicholas Taleb de que cuando la incertidumbre hace aumentar los aspectos positivos de una oportunidad, puede generar oportunidades valiosas.

El siguiente paso consiste en especificar los puntos de referencia que sugieren si la iniciativa es realista o no en términos de comparaciones clave. Luego explica, detalladamente, cómo deberían llevarse a cabo las cosas, desde el punto de vista operativo, para convertirlo en realidad. Al hacerlo te encontrarás haciendo muchísimas suposiciones. Anótalas y luego piensa en cómo podrías validar o, incluso mejor, invalidar las suposiciones. La práctica que une todo esto (y que diferencia un plan impulsado por el descubrimiento de uno tradicional) es la de planear alrededor de momentos críticos de aprendizaje, que yo llamo «puntos de control». Un punto de control puede consistir en un evento que se dé de forma natural (la norma se aprueba o no). Puede formar parte de un experimento. Independientemente de cuál sea el caso, desplazarse rápidamente por estos puntos de control es la clave para movilizar a una organización que se esté enfrentando a puntos estratégicos de inflexión potenciales.

La planificación impulsada por el descubrimiento está bien adaptada a esas situaciones en las que el cambio (potencialmente marcado por un punto de inflexión) incrementa la incertidumbre a la que se enfrentan los que toman las decisiones. Puede proporcionar estructura, disciplina y una utilización razonada de los recursos.

El pensamiento impulsado por el descubrimiento en un escenario completamente distinto

En caso de que creas que la metodología se aplica sólo a las empresas emergentes de tecnología punta y a otras grandes iniciativas empresariales, examinemos el razonamiento teniendo en cuenta la evolución de un proyecto real que me encontré en Kickstarter.

La industria juguetera ha pasado por su cuota de puntos de inflexión, con cientos de minoristas que tenían que cerrar sus tiendas a medida que los juguetes eran vendidos cada vez más por Target, Walmart y otros grandes minoristas; que los niños dejaban atrás los juguetes a una edad más temprana y que el ocio basado en pantallas empezó a desplazar a los juguetes tradicionales. A pesar del fuerte crecimiento alimentado por varias películas que fueron éxito de taquilla y de las conexiones con juguetes, Toys R Us, el mayor minorista dedicado exclusivamente a los juguetes del sector, bajó la cortina en cuanto a sus operaciones en EE. UU. en 2018.

Además, la revolución digital no ha bordeado a los juguetes. Muchas empresas emergentes innovadoras (y algunas empresas tradicionales que dominan el mercado, como Mattel) están añadiendo un componente digital a sus juguetes.

Por lo tanto, pensemos en un producto (es real, y se puede encontrar en Kickstarter) cuyo equipo esté intentando beneficiarse de la colisión entre las propiedades físicas de los juguetes y la inteligencia digital avanzada. Se llama Octobo, y es producido por Thinker-Tinker. Octobo es un juguete físico afelpado lleno de sensores que le permiten responder al tacto y el movimiento. Su inteligencia procede de una tableta insertada en el interior del juguete.

La visión de sus creadores fue que proporcionaría una experiencia educativa e interactiva a los niños (y a sus progenitores), y como la inteligencia que hay tras este producto se basa en una tableta, el juguete puede «crecer y desarrollarse» con los niños, dando lugar, en esencia, a un objeto actualizable.[41]

Este Proyecto ganó un galardón OpenIDEO, y su evolución la resume Yuting Su, la fundadora de Thinker-Tinker, en la documentación presentada al concurso. Su, que llama al Octobo un «robot de compañía afelpado», dice que se vio inspirada a iniciar el negocio cuando estaba embarazada, y que al principio desarrolló el plan como parte de su tesis de máster para obtener su título en diseño de juegos y medios interactivos por la Universidad del Sur de California en el año 2015.

Describe el problema que estaba intentando solucionar de la siguiente manera:

41. Su, Y. (2018): «Octobo – a toy that can actually respond to feedback from children and truly engage them in genuine interactive play», OpenIDEO, 14 de febrero de 2018, https://challenges.openideo.com/challenge/ecprize/submission/octobo

En la actualidad, los juguetes y las herramientas educativas no logran implicar a los niños pequeños para que aprendan de una forma segura y tentadora. Aunque los niños crecen rápido, muchas veces los juguetes no pueden seguirle el ritmo a la curva de aprendizaje del niño y sólo tiene un valor limitado en cuanto a volver a jugar con ellos. La mayoría de los juguetes que integran tecnología en la actualidad son, de hecho, perjudiciales con respecto al tiempo que un niño pasa con su familia, con otros niños o incluso leyendo un libro. Esto y la capacidad del Octobo para crecer junto con el niño son ejemplos de la capacidad de lo digital para solucionar estos problemas.

Lo que Su intuía y lo que estaba viendo que se avecinaba era una brecha. Los juguetes convencionales se usan sólo para una o dos cosas, y los niños pueden cansarse rápidamente de ellos o se les puede pasar la edad de jugar con ellos. Las interfaces digitales, por otro lado, no resultan adecuadas para los niños muy pequeños, no son interactivas y sólo potencian más entretenimiento pasivo. Su reconoció que los padres podían entusiasmarse con un juguete que promoviera la interacción y el aprendizaje en lugar de jugar a juegos adictivos de las aplicaciones digitales convencionales. La bombilla se le encendió gracias a la inspiración para concebir una forma de crear un juguete que tuviera la adorabilidad de un animal de peluche pero que dispusiera de la interactividad cautivadora de una tableta.

Su vio que como los dispositivos digitales se estaban convirtiendo en algo inevitable, los niños carecen de suficientes oportunidades para jugar en el mundo físico, lo que resulta esencial para el desarrollo motor y otras habilidades. «El juego físico nos forma y nos ayuda a crecer –dijo en una entrevista en 2018–. Nuestra coordinación manual-visual. El entrenamiento de nuestros músculos más pequeños. Las distintas texturas ayudan, de hecho, a nuestro cuerpo ayudándonos a sentir superficies. Aprendemos no sólo a un nivel intelectual, sino que, además, nuestro cuerpo aprende mediante objetos táctiles».[42] Aunque el Octobo y Thinker-Tinker están dando sus primeros pasos (Su lo describió, en una entrevista, como una «montaña rusa»), la combinación entre el juego digital y el físico es probable que genere un importante punto de inflexión para el sector del juguete convencional.

42. «Meet the entrepreneur revolutionizing toys by blending physical and digital play», Comcast NBCUniversal LIFT Labs for Entrepreneurs, 27 de agosto de 2018, https://lift.comcast.com/2018/08/27/meet-the-entrepreneur-revolutionizing-toys-by-blending-physical-and-digital-play/

Entre los puntos de control por los que pasó el emprendimiento con el Octobo tenemos:

- Una campaña publicitaria en Facebook para recopilar datos sobre usuarios y clientes potenciales.
- Identificar a fabricantes potenciales para el incremento de escala del proyecto.
- Darse cuenta de que el desarrollo de contenidos podía avanzar más rápidamente yendo más allá de la producción interna para conectar con comunidades de creadores de contenidos.
- Identificar a educadores para que así proporcionaran experiencia en cuanto a los contenidos y que evaluaran el diseño del producto.
- Identificar estadísticas clave para el éxito y cómo podrían medirse.
- Muchas interacciones con el prototipo del producto.

Cada uno de estos puntos de control representa un momento temporal en el que las suposiciones críticas hechas por el equipo del proyecto podrían someterse a prueba, usándose el aprendizaje para que proporcionara información para las decisiones subsiguientes. Mientras me encontraba escribiendo esto en 2019, la campaña de Kickstarter casi había alcanzado su objetivo, siendo la siguiente incertidumbre importante para el equipo cómo incrementar la capacidad de producción mientras se mantiene el nivel de calidad que requiere el producto. El propio juguete ha recibido muchas valoraciones positivas y se encuentra en su fase de prelanzamiento.

Más allá del teatro de la innovación

Para beneficiarse de los aspectos positivos de un punto de inflexión que abre oportunidades reales, los líderes de las organizaciones deben desarrollar un flujo continuo de innovaciones para reemplazar las ventajas que se han desvanecido o para responder a los retos que significan que las restricciones antiguas relativas al negocio hayan cambiado de formas importantes. Lamentablemente, muchas organizaciones siguen enfrentándose al «teatro de la innovación», en el que se habla mucho con la boca pequeña, pero el propio proceso sufre de una falta de rigor, prácticas a nivel corporativo, estadísticas y otros elementos esenciales que harían de la innovación una competencia.

Puede que el mayor mito que se interponga en el camino de la innovación sea que todo consiste en una gran idea. Toma una idea suficientemente buena, dice la gente, y el resto de las cosas encajarán, mágicamente, en el lugar que les corresponde. ¡Nada podría estar más alejado de la realidad! Las buenas ideas son, por supuesto, importantes, pero las ideas iniciales que persiguen los innovadores rara vez son las que llegan al mercado. En lugar de ello, los innovadores deben pasar, a partir de una idea, a través de un proceso de incubación en el que la idea se hace más concreta y está lista para el mercado y, finalmente, por un proceso que llamo «aceleración», en el que la idea se intensifica de modo que pueda convertirse en parte de la organización matriz en forma de una empresa operativa. La planificación impulsada por el descubrimiento proporciona el mapa de carreteras para navegar por este proceso.

Moralejas clave

A medida que las señales débiles de un punto de inflexión inminente se hacen más fuertes, llegará un momento en el que tendrá sentido estudiar qué hacer al respecto de ellas. Sin embargo, seguirás forcejeando con un elevado grado de suposiciones que harás con respecto al conocimiento basado en hechos. Por lo tanto, el mejor camino para avanzar consiste en utilizar un enfoque impulsado por el descubrimiento en el que planees convertir las suposiciones en conocimiento en lugar de, simplemente, intentar demostrar que tenías razón.

Tu objetivo en esta etapa debería consistir en generar tantas posibilidades como puedas y verificar si puedes invalidarlas rápidamente.

No te preocupes por tener «razón». En lugar de ello, piensa en si vale la pena aprender sobre el siguiente paso.

Empieza con tu escenario: ¿de dónde procederán los fondos? ¿Dispongo de los suficientes para hacer que este esfuerzo valga la pena?

Los emprendedores habituales emplean un conjunto de prácticas que les ayudan a ver lo que se avecina, como por ejemplo desarrollar redes de conexiones variadas y no redundantes para obtener ayuda, recursos y conocimientos. También puedes aprender estas prácticas.

6

Dinamizar la organización

«Las grandes tendencias no son difíciles de detectar
(se habla y se escribe mucho sobre ellas),
pero puede ser extrañamente difícil
que las grandes organizaciones las adopten».[1]

JEFF BEZOS

Imagina una reunión de altos ejecutivos de Microsoft que empiece con la palabra «EMPATÍA» en mayúsculas proyectada en una pantalla. Para aquellos que tengan alguna experiencia trabajando con esta compañía, esto supondría una cierta sorpresa, cuando menos. Y pese a ello, eso es lo que Satya Nadella, el tercer director ejecutivo de Microsoft, cree, apasionadamente, que transformará a la compañía: sentir empatía por los consumidores, empatía los unos por los otros y generar unos entornos de trabajo psicológicamente seguros y orientados hacia una mentalidad de crecimiento.

Esto no tiene nada que ver con la cultura internamente competitiva y bastante hostil parodiada en una viñeta que mostraba el organigrama de la empresa en 2011.

Nadella estaba determinado a borrar esta impresión y a dinamizar la organización para compartir un punto de vista común acerca del futuro. Aunque se le ha reconocido un gran mérito en los medios por hacer que este cambio sucediese en su cargo actual, la verdadera magia de este enfoque empezó mucho antes de que llegara a lo más alto de la compañía. A lo largo de su carrera profesional en Micro-

1. Lashinsky, A. (2017): «What makes Amazon CEO Jeff Bezos such a visionary leader», *Fortune,* 14 de abril de 2017, http://fortune.com/2017/04/14/data-sheet-be-like-jeff-bezos/

soft, ha aprovechado el poder de la gente a su alrededor para generar convergencia en relación con la perspectiva de la empresa sobre el futuro.

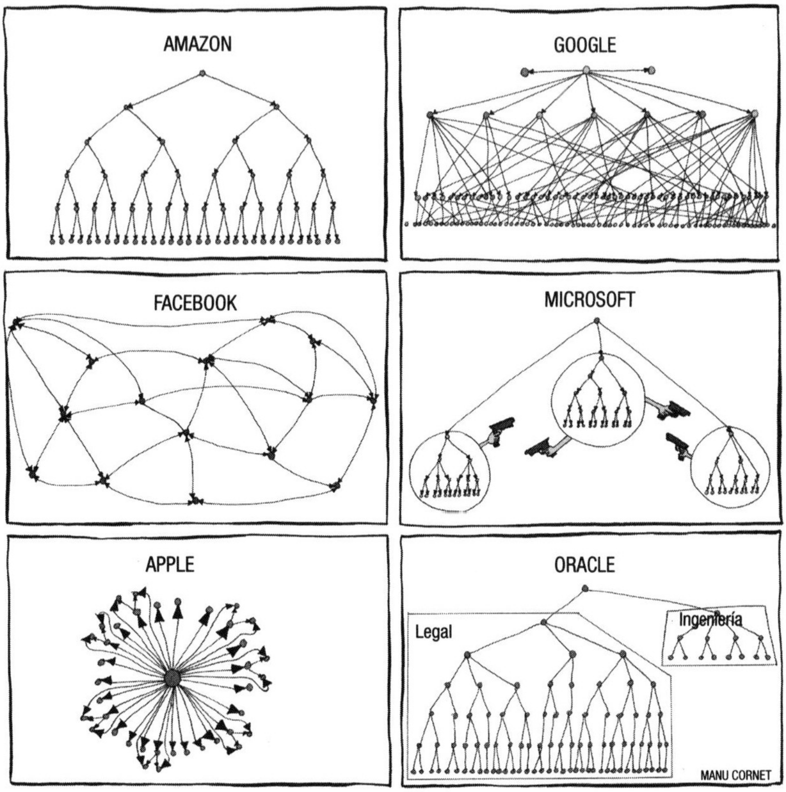

Éste es el mensaje central de este capítulo. Tendemos a atribuir a los directores ejecutivos y a los altos directivos poderes sobrenaturales cuando tienen éxito y a asignarles defectos condenatorios cuando fracasan; pero los verdaderos héroes de la dinamización de la empresa suelen encontrarse en otros puntos de la jerarquía. De hecho, puede que tú seas uno de ellos.

Ésta es la gente que se encuentra cerca de los puestos inferiores en el escalafón de la compañía (los bordes de los que hablábamos en el capítulo 1), que frecuentemente posee los destellos del verdadero conocimiento acerca de lo que está pasando. El papel de los altos ejecutivos consiste más bien en proporcionar un espacio para que esas ideas se oigan, reconociendo las que son importantes y empoderándolas con el mayor conocimiento para hacer algo al respecto de ellas.

En las organizaciones que se desenvuelven bien con los puntos de inflexión, se escucha a estas personas, se reacciona ante sus ideas, y las propias personas suelen ser ascendidas para así asumir papeles más influyentes. En las organizaciones que no logran gestionar los puntos de inflexión eficazmente, los portadores de noticias (sean buenas o malas) no son «escuchados», y como consecuencia de ello no se actúa en relación con sus ideas. El concepto subyacente es que necesitamos pasar de un punto de vista en el que las organizaciones son algo simplemente complicado a uno que las reconozca como fundamentalmente complejas.[2] La gran diferencia aquí es que en una operación complicada puedes predecir lo que va a suceder simplemente conociendo las condiciones iniciales. En el caso de una compleja, como los resultados proceden de interacciones impredecibles *entre* componentes, esa predictibilidad no se aplica.

Pilotar un avión es un buen ejemplo. Un Boeing 747 es una máquina enormemente complicada, pero hemos averiguado cómo hacer que sus operaciones sean relativamente predecibles. Sin embargo, el sistema de control del tráfico aéreo es complejo: sus partes son interdependientes, lo que significa que las cosas pueden cambiar en cualquier momento, generando resultados que son sorprendentes o inesperados.

De forma muy parecida, antes de que una organización pueda hacer algo con respecto a un punto de inflexión emergente, una masa crítica de gente tiene que creer que se encuentra, realmente, en un punto de inflexión. Es decir, si no emprendemos acciones ahora, el futuro será sombrío. Aunque los altos ejecutivos tienen un papel que desempeñar en el proceso de encaminar el corazón y la mente de sus empleados hacia este objetivo, las acciones de *mucha* gente en todos los niveles de la jerarquía son lo que realmente conduce a un resultado deseable.

Dejar este conjunto crucial de actividades en manos de aquellos que se encuentran en la verdadera cúspide de la organización es una receta prácticamente segura para el fracaso. El papel del liderazgo, más que intentar controlar un entorno complejo, consiste mucho más en orquestar *inputs* individuales de modo que la gente se sienta empoderada, independientemente de su puesto, para emprender acciones rápidas y con confianza cuando se revele información nueva.

---

2. Sargut, G. y Gunther McGrath, R. (20111): «Learning to live with complexity», *Harvard Business Review,* septiembre de 2011.

El prometedor ascenso y la trágica caída del teléfono kin de microsoft

Un relato que ilustra los aspectos negativos de tratar un entorno complejo como si fuese uno complicado es la historia del desastroso lanzamiento, por parte de Microsoft, de su teléfono móvil Kin en 2010 (mucho antes de que Nadella asumiera el mando). Lo que hace que, para mí, sea una tragedia es que, durante mucho tiempo he pensado que la estrategia fue realmente inteligente, el producto tenía muchos elementos interesantes y el equipo que trabajaba en él era excepcionalmente talentoso.

Su fracaso nos aporta varias lecciones que aprender sobre cómo *no* emprender acciones frente a un punto de inflexión inminente.

Un poco de historia

J. Allard se unió a Microsoft en 1991, poco después de graduarse por la Universidad de Boston. Empezó como programador de redes. El 25 de enero de 1994, como todo el mundo sabe, vio una de las cosas más importantes que se avecinaba en nuestra época: el ascenso de Internet.

Primero unos antecedentes. Allard había sido una de esas personas que se encuentran en los bordes, percibiendo amenazas inminentes y posibles puntos de inflexión desde un buen principio y llevando ese mensaje a los altos ejecutivos para dar pie a acciones a nivel de toda la organización.

Después de unirse a Microsoft en 1991, fue uno de los primeros en ver el punto de inflexión inmediato que representaba Internet para una compañía que obtenía la mayoría de sus ingresos de la venta de *software* para ordenadores personales empaquetado en cajas.

Antes de que el punto de inflexión que representaba Internet fuera obvio para todo el mundo, en enero de 1994, Allard redactó una circular titulada «Windows: La próxima aplicación genial para Internet».[3] Escribió: «Internet proporciona una increíble oportunidad a Microsoft para explorar de forma eficaz redes de gran ta-

3. Takahashi, D. (2010): «The rise and fall of Microsoft's Xbox champions, Robbie Bach and J Allard», VentureBeat, 25 de mayo de 2010, https://venturebeat.com/2010/05/25/microsofts-longtime-entertainment-executives-robbie-bach-and-j-allard-resign/

maño desde muchos niveles: las necesidades de los clientes, los retos técnicos, los asuntos relacionados con la calidad del servicio, el comercio electrónico y las tecnologías de exploración de la información».[4] Tenía veinticinco años en esa época.

La visión que Allard tenía del mundo que estaba por venir era tan vívida que Bill Gates convocó una reunión de alto nivel durante todo un día juntando a altos ejecutivos y a un grupo de los trabajadores más jóvenes, Allard entre ellos. Allard, descrito por *The New York Times* como un «evangelista»,[5] hizo una defensa apasionada de que Internet iba a hacer cambiar el mundo por completo. Tal y como recordaba uno de los asistentes, Gates concluyó: «Vamos a hacer una gran apuesta en Internet».[6] El lanzamiento de Windows 95, tras esa reunión, incorporó los protocolos TCP/IP, fáciles de usar con Internet, en el sistema operativo (dejando más adelante a la compañía con el agua al cuello por, supuestamente, socavar las posibilidades de competencia de Netscape, un explorador de Internet independiente). Al final, el mensaje de Allard inspiró una importante reorientación de la compañía.

También se captaron, a lo largo de los bordes, señales débiles de otro punto de inflexión que amenazaba a Microsoft. En este caso se trató la conferencia de Sony sobre su Playstation2, diciendo que se convertiría en el centro del ocio, del compartir información y de otras actividades digitales en el hogar, suponiendo una amenaza para los ordenadores personales tradicionales.

Un grupo de compañeros de Allard empezó a movilizarse para empujar a Microsoft a enfrentarse al inminente reto entrando en la industria de los videojuegos. Después de presionarle un poco, Allard se unió a lo que se convertiría el equipo de la Xbox, y se reconoció ampliamente que había tenido un papel de liderazgo crucial en el diseño de ese producto y en su subsiguiente éxito. Entonces dirigió el esfuerzo, finalmente fallido, de entrar en el negocio del MP3 con el reproductor de música Zune, aunque su reputación en la compañía (y su estrecha relación con Bill Gates) permaneció intacta.

---

4. Lohr, S. (1998): «Microsoft says Internet browser idea arose long before Netscape», *The New York Times,* 6 de agosto de 1998, www.nytimes.com/1998/08/06/business/microsoft-says-internet-browser-idea-arose-long-before-netscape.html

5. Ibíd.

6. Ibíd.

Entra en el punto de inflexión de los dispositivos informáticos móviles

Lo que sucedió después tiene sus orígenes en el cambio de milenio. En esa época, los teléfonos móviles eran el último grito, y había informes de que más de 1 000 millones de personas tenían uno.[7] Sin embargo, sus principales usos eran para hacer llamadas y participar en varias formas de envío de mensajes (¿recuerdas la postura que se asumía cuando se usaba la BlackBerry, casi como si se estuviese rezando?). Tres antiguos ingenieros de Apple (Andy Rubin, Matt Hershenson y Joe Britt) fundaron una nueva compañía llamada Danger en 2000. Su visión fue la de crear una «solución inalámbrica para Internet de extremo a extremo centrada en la asequibilidad y una experiencia genial para el usuario».[8]

Lo que concibieron fue un pequeño ordenador que podías apoyar sobre tu cadera, y de aquí su nombre inicial en inglés, el Hiptop. Originalmente, se hizo referencia a este dispositivo (que más tarde se conoció con el nombre de T-Mobile Sidekick) como «el cacahuete». Sus diseñadores querían hacer que Internet estuviera disponible para las personas normales en movimiento. En esa época, los grandes portales de Internet realmente sólo interactuaban con los usuarios mientras éstos estaban sentados en su escritorio, frecuentemente sólo mientras se encontraban en el trabajo. En cambio, «el cacahuete» era un dispositivo económico compatible con las llaves de autenticación que permitía que una persona normal y corriente se descargase y llevase consigo información –como listas de tareas, *emails* recientes y direcciones– que estaba almacenada en los grandes portales. Empleaba sólo la transferencia unidireccional de información. El modelo de negocio exigía vender el dispositivo a los usuarios finales por un dólar para luego cobrar a los portales una cuota mensual por cada usuario.[9]

---

7. «405 million mobile phones sold in 2000, and makers still get stung», *Los Angeles Times,* 10 de enero de 2001, http://articles.latimes.com/2001/jan/10/business/fi-10497

8. Hahn, J. D. (2015): «The history of the Sidekick: The coolest smartphone of all time», *Complex,* 11 de septiembre de 2015, www.complex.com/pop-culture/2015/09/history-of- the-sidekick

9. DeSalvo, C. (2014): «The future that everyone forgot – Some of the work we did at danger», Medium, 5 de enero de 2014, https://medium.com/@chrisdesalvo/the-future-that-everyone-forgot-d823af31f7c

Lo que ahora reconocemos que supuso un gran avance, en esa época sólo pareció algo gradual. El objetivo que se imaginaba para «el cacahuete» era que los usuarios sincronizarían el dispositivo con su ordenador (y con su portal favorito) cada día, lo que descargaría los datos más cruciales (recuerda que la sincronización en el dispositivo era unidireccional). El equipo de desarrollo pensó que se enviarían pequeñas actualizaciones al aparato mediante una subportadora de radio de FM. La idea era que, si podías recibir radio FM, podías recibir una señal, y la compañía pensó en alquilar frecuencias de radio en los principales mercados metropolitanos para conseguir este resultado. La idea de la señal de FM «resultó ser una idea realmente mala»,[10] según Chris DeSalvo, un ingeniero de alto nivel en Danger en esa época.

Abandonando la idea de la FM, que estaba condenada, el equipo pasó entonces a estudiar el potencial de comunicación bidireccional de una tecnología alojada en redes GSM llamada GPRS. Uno de los inversores de la empresa incluso encontró a una operadora telefónica interesada en presentar la tecnología, ya que se estaban buscando dispositivos que pudieran aprovechar la nueva posibilidad. Esa operadora fue una compañía llamada VoiceStream Wireless, una escisión de Western Wireless. (Yo fui una de las suscriptoras originales de VoiceStream con un teléfono móvil Ericsson que tenía en esa época). VoiceStream fue finalmente adquirida por Deutsche Telekom en 2001, que la renombró como T-Mobile USA en 2002.

Con la prometedora expectativa de una comunicación bidireccional en tiempo real frente a ellos, el equipo descartó la idea de «el cacahuete» y creó un dispositivo completamente nuevo que esperaban que otras personas también quisiesen usar. Eso condujo al Hiptop, que DeSalvo describió como «el primer *smartphone* siempre encendido y conectado a Internet».[11] Entre sus muchas características innovadoras estaría lo que hoy reconoceríamos como el almacenamiento en tiempo real de tu información en la nube e incluso una especie de tienda de aplicaciones llamada «download fun» («descárgate diversión»).

En octubre de 2002, T-Mobile renombró el dispositivo, lanzándolo con el nombre de Sidekick. Se volvió enormemente popular, era el dispositivo dinámico para las celebridades y los adolescentes e incluso apareció en un escándalo que

---

10. Kardos, D. (2008): «Microsoft to acquire danger, maker of Sidekick technology», *The Wall Street Journal,* 11 de febrero de 2008, www.wsj.com/articles/SB120274323781658967

11. Ibíd.

afectaba a los famosos relacionado con el robo de desnudos de Paris Hilton, que usaba uno.

Concibiendo el Kin: Una idea disruptiva

Regresemos a J. Allard. En algún momento, curiosamente alrededor de la misma época en la que Apple avanzaba lentamente hacia el lanzamiento del primer iPhone, Allard tuvo la visión de que había espacio en el mercado para un teléfono como el Sidekick. Iba a ser un «teléfono básico para los escépticos con las plataformas y centrado en la nube. Un teléfono básico que podía conseguirse por un coste relativamente bajo y vendido a un mercado pujante de adolescentes y adultos jóvenes que tenían poca necesidad de un dispositivo del nivel de la BlackBerry (o de su precio)».[12]

Allard creía que el mercado para un teléfono así podía ser enorme (para la gente que quería algo de la funcionalidad ofrecida por los *smartphones* sin el alto precio ni las caras tarifas de datos). Se vendería al tipo de personas (normalmente jóvenes) que vivían en las redes sociales y querían que la tecnología respaldara el envío de fotos y textos entre ellas. El primer paso para hacer que esto se convirtiese en una realidad fue la adquisición, por parte de Microsoft, de Danger, que tuvo lugar en septiembre de 2008 y que parece ser que costó 500 millones de dólares.[13]

Aquí expresaré un poco mis opiniones. De hecho, pienso que la estrategia podría haber funcionado bien. Hacer un teléfono móvil que pudiera atraer al segmento inferior del mercado pero que dispusiera de algunas de las características que se encontraban en el segmento superior (si era lo suficientemente económico) podría haber sido bastante disruptivo y haber hecho por Microsoft lo que hizo la aparición de los ordenadores personales asequibles. Sin embargo, para hacerlo tendrían que entrar rápidamente en el mercado y disponer de todo el potencial de la compañía respaldando al producto.

---

12. Topolsky, J. (2010): «What killed the Kin?», Engadget, 30 de junio de 2010, www.engadget.com/2010/06/30/what-killed-the-kin/

13. Yarrow, J. (2010): «Meet Andy Lees, the man in charge of saving Microsoft», *Forbes,* 26 de mayo de 2010, www.forbes.com/sites/velocity/2010/05/26/meet-andy-lees-the-man-in-charge-of-saving-microsoft-read/#2e85454878c8

Allard es un evangelizador persuasivo, y otros también creyeron que se trataba de una buena idea. Al principio, una multitud de socios potenciales quiso, con entusiasmo, formar parte del proyecto. Microsoft acabó asociándose con Sharp para fabricar los teléfonos y con Verizon para que fuese su operadora de telefonía exclusiva. Allard (con el respaldo de Steve Ballmer, el director ejecutivo de Microsoft) mantuvo a su organización completamente separada de los esfuerzos del grupo de Windows dedicado la telefonía de más alta calidad. Buscó obtener recursos a lo largo y ancho de la compañía (por ejemplo, de Zune).

Los dos negocios se encontraban en dos divisiones distintas de Microsoft: Project Pink (tal y como se llamó al proyecto del Kin) se encontraba en la División de Entretenimiento y Dispositivos, encabezada por Robbie Bach, un alto ejecutivo muy respetado al que también se le reconoció el éxito conseguido con la Xbox. Los productos de Windows se estaban desarrollando en su propia división, dirigida por Andy Lees.

Mientras tanto, Apple ya estaba provocando revuelo con su iPhone. Android, adquirida por Google (con Andy Rubin, el fundador original de Danger), también apareció en 2007 y empezó a hacer envíos en 2008. ¿Y Microsoft? No se encontraba en ningún lugar en concreto. El esfuerzo en el sector móvil en Microsoft estaba, según un observador, «marchitándose».[14]

Ahí es donde empezaron los problemas. Según Engadget, «Por exponerlo claramente, a él [Lees] no le gustaba que Pink existiese. Citando a nuestras fuentes, Lees estaba "celoso" y probablemente estaba preocupado porque el Kin estaba restando atención (y presumiblemente recursos) a la hoja de ruta de Windows Mobile. Ejerciendo una presión suficiente, Lees acabó saliéndose con la suya, Pink quedó a su cargo y Allard se vio forzado a quedar en segundo plano».[15]

El resto de la historia del Kin es bastante triste. Lees tomó varias decisiones (como hacer que el sistema operativo se pareciese más al de Windows 7) que retrasaron el proyecto.[16] Tampoco respaldó que se dedicase mucha inversión en características cruciales que los usuarios estaban esperando. Verizon, que al principio había estado de acuerdo en ofrecer un precio básico por los planes de datos, acabó ofreciendo un plan mensual mucho más caro que el que podía permitirse el seg-

14. Ziegler, C. (2010): «Life and death of Microsoft Kin: The inside story», Engadget, 2 de julio de 2010, www.engadget.com/2010/07/02/life-and-death-of-microsoft-kin-the-inside-story/

15. Ibíd.

16. Ibíd.

mento de consumidores planeado. Este teléfono sufrió un final ignominioso, permaneciendo en el mercado tan sólo seis semanas. ¿El coste? Superó los 1 000 millones de dólares, según muchos observadores. Se citó que el fracaso de este producto fue una de las razones por las que la prima de Steve Ballmer se redujo a la mitad ese año.[17] Otro de los proyectos de Allard (una versión temprana de algo parecido a un iPad, llamado Courier) fue cancelado. Algunos dijeron que esto se debió a que gente poderosa en Microsoft pensó que no era congruente con la hoja de ruta de Windows Mobile. Allard acabó abandonando la compañía.

Los problemas del Kin son emblemáticos de la dificultad que tuvieron los líderes de Microsoft para movilizar a sus tropas alrededor de una visión común. A pesar de que el mundo estaba avanzando hacia unas experiencias del cliente más estrechas e integradas, Microsoft luchaba para hacer que la gente trabajase unida.[18]

Lo que la compañía hizo bien históricamente fue escuchar a la gente que se encontraba en los bordes, especialmente en la era de Bill Gates; pero aquello por lo que se vio frustrada históricamente fue por no saber tomar esos mensajes y transformarlos en un objetivo dinamizador común.

Microsoft inició el milenio con una capitalización bursátil de 642 000 millones de dólares. A lo largo de los siguientes diez años siguió cosechando los beneficios de su posición dominante en los ordenadores de sobremesa, generando unos enormes flujos de capital. Desde 1996 hasta 2005, el llamado Wintel (Windows + los microprocesadores diseñados por Intel) disfrutaron de una cuota dominante en el mercado de los sistemas operativos de los ordenadores personales. Sin embargo, en 2012 la cuota de mercado de Wintel bajó al 35 %, siendo desplazado[19] por los dispositivos de Apple y Google.

Bajo el mando de Steve Ballmer, Microsoft lanzó el sistema operativo Vista, una ambiciosa renovación de la plataforma central de Windows que llevó mucho tiempo diseñar y que fue rotundamente criticada por los clientes. Algunos pensaron que el episodio de Vista distrajo a Microsoft del creciente cambio en la utilización representado por los *smartphones* y las aplicaciones móviles. Ciertamente, Ballmer

---

17. Gralla, P. (2010): «Microsoft's Ballmer loses big bonus over Kin, phone, tablet failures», *Computerworld,* 1 de octubre de 2010, www.computerworld.com/article/2469355/mobile-apps/microsoft-s-ballmer-loses-big-bonus-over-kin--phone--tablet-failures.html

18. Ziegler, C. (2010): «Life and death of Microsoft Kin: The inside story»

19. Thompson, D. (2013): «Why Steve Ballmer failed», *The Atlantic,* 23 de agosto de 2013, www.theatlantic.com/business/archive/2013/08/why-steve-ballmer-failed/278986/

se rio del iPhone tras el anuncio de su inminente lanzamiento. Razonó, bastante sensatamente, que un teléfono sin un teclado no atraería a la gente de negocios. Sintió que el coste del producto y su falta de un teclado lo confinarían al mercado de los consumidores. «Me gusta nuestra estrategia», dijo en ese momento.[20]

En esencia, aunque Microsoft se dio cuenta de que lo móvil iba a ser importante, la compañía no fue capaz de aprovechar esa idea para generar una oferta atractiva. Tal y como apuntó Derek Thompson, del periódico *The Atlantic*, en 2013: «Microsoft sigue sin ser un lugar que produzca cosas que le gusten de verdad a la gente. Es un lugar que produce cosas que la gente (y especialmente a la gente de negocios) cree que tiene que usar».[21] Más o menos en esa misma época, después de que Ballmer anunciara su intención de retirarse, un periodista del *The New Yorker* escribió: «Microsoft necesita a alguien que pueda atraer a desarrolladores brillantes, además de prever tendencias. Necesitan a alguien muy distinto a Ballmer».[22]

La empatía como fuerza dinamizadora

La historia del Kin y el inmenso fracaso de Microsoft para hacer algún avance en el mundo de los teléfonos móviles (claramente un punto de inflexión para la tecnología), ejemplifica la falta de un componente clave consistente en ser capaz de atravesar una inflexión y emerger en mejor forma al otro lado. Esto sucede cuando ver venir el punto de inflexión no es suficiente. Para movilizar a la organización alrededor de los mensajes enviados por señales débiles, es esencial crear un punto de vista compartido por toda la compañía con respecto al futuro. En cambio, la historia de Microsoft es hoy un ejemplo de manual sobre cómo hacerlo empezando por, efectivamente, la palabra «empatía».

Satya Nadella asumió el mando, como director ejecutivo, en febrero de 2014, acabando con una traumática búsqueda que duró seis meses en la que se buscó a gente de fuera de la compañía. En su primer comentario público, los temas que

---

20. «Ballmer laughs at iPhone», YouTube, 18 de septiembre de 2007, www.youtube.com/watch?-v=eywi0h_Y5_U

21. Thompson, D. (2013): «Why Steve Ballmer failed».

22. Thompson, N. (2013): «Why Steve Ballmer failed», *The New Yorker*, 23 de agosto de 2013, www.newyorker.com/business/currency/why-steve-ballmer-failed

Nadella había estado usando para movilizar a la organización fueron evidentes. El primero fue la promesa de crear unas tecnologías de la información «que tuvieran a la gente como su centro»,[23] centradas en el usuario, tanto si se encontraba en su trabajo como en su hogar, superando la distinción tradicional que muchos han hecho sobre las empresas centradas en los consumidores frente a las centradas en la compañía. Mencionó el crear grandes experiencias (en lugar de grandes productos). Habló de asociaciones, de ecosistemas y de cooperar con otros.

Muy significativamente, Nadella puso un gran énfasis en la cultura. Tal y como dijo después: «Hay algo que únicamente un director ejecutivo puede hacer, que es establecer las pautas que luego pueden captar el alma del colectivo y su cultura».[24] Uno de los mayores cambios que llevó a cabo fue concentrarse explícitamente en los principales indicadores, lo que es completamente congruente con la teoría que he estado describiendo en este libro. Nadella explicó: «Ya no hablamos sobre los indicadores rezagados del éxito, ¿verdad?, que significan ingresos, beneficios. ¿Cuáles son los indicadores destacados del éxito?: el amor del cliente». Su desafío, tal y como lo describió, fue el reto de «hacer que toda una organización se enamorara de los principales indicadores del éxito».

Eso es, en esencia, de lo que trata este capítulo: de cómo generas las condiciones en las que una masa crítica de personas comparte un punto de vista común de los indicadores que presagiarán el éxito futuro.

Diseñar una cultura resiliente

Una tensión clásica en cualquier organización exitosa es la tensión entre explotar un modelo de negocio repetible e identificar uno nuevo. Cuando un modelo de negocio es repetible, la prioridad consiste en orientarse hacia la eficiencia. Después de todo, si las cosas no cambian mucho, puedes optimizar el sistema desglosando todas las actividades en sus partes constituyentes y maximizando la eficiencia de cada parte. Esta idea ha conformado la práctica de la gestión desde la época de

---

23. Cooper, C. (2014): «Satya Nadella promises customers a "people-centric IT"», CNET, 4 de febrero de 2014, www.cnet.com/news/satya-nadella-promises-customers-a-people-centric-it/

24. Weinberger, M. (2015): «Satya Nadella: "Customer love" is a better sign of success than revenue or profit», Business Insider, 7 de octubre de 2015, www.businessinsider.com/microsoft-ceo-satya-nadella-on-culture-2015-10

Adam Smith y se convirtió en parte del tejido incuestionable sobre cómo debían dirigirse las organizaciones con el trabajo de Frederick Winslow Taylor.[25] En la actualidad estamos recurriendo a algoritmos que optimizan el comportamiento de los trabajadores.[26]

El dilema consiste en que cuando los retos a los que se enfrenta una organización no consisten en una ejecución repetible, sino en innovación o en responder a la complejidad, la idea de desglosar las cosas en partes que se comprendan bien no sólo no es de utilidad, sino que también puede ser una trampa peligrosa. Tal y como se ha apuntado antes, los líderes necesitan prácticas como la reconfiguración continua en lugar de la confianza en la estabilidad. Deben ser capaces de entrar (y salir) de forma fluida en situaciones nuevas. Deben poder distribuir recursos a lo largo y ancho de toda la empresa, en lugar de tenerlos encerrados en departamentos estancos (silos). Deben ser capaces de obtener nueva información y responder frente a ella, sin preocuparse por ser percibidos como personas que dan giros repentinos. Y deben recordar que cada voz puede tener importancia.[27] Estas prácticas están relacionadas con una cultura desarrollada para la resiliencia ante la complejidad, y no para la ejecución.

Nadella reconoció la urgente necesidad de un cambio importante en la prioridad de enviar grandes productos a desarrollar e inspirar nuevas aptitudes. Esto requería de un cambio estructural en Microsoft, donde se restó importancia a las unidades de negocio en favor de otras competencias. Tal y como dijo en 2018: «Quiero una capacidad de silicio. Quiero una capacidad de computación en la nube. Quiero una capacidad de inteligencia artificial. Quiero una gran estética de producto en los dispositivos. Luego queremos ser capaces de tomar estas aptitudes y aplicarlas a distintos mercados en distintos momentos [...]. Lo digital no reconoce ninguna unidad de negocio. Debes ser capaz de hermanar los distintos aspectos».[28]

---

25. Taylor, F. W.: *The principles of scientific management.* Harper & Brothers, Nueva York, 1911. (Trad. cast.: *Management científico*: Orbis: Barcelona, 1986).
26. O'Connor, S. (2016): «When your boss is an algorithm», *The Financial Times,* 8 de septiembre de 2016, www.ft.com/content/88fdc58e-754f-11e6-b60a-de4532d5ea35
27. Gunther McGrath, R.: *The end of competitive advantage: How to keep your strategy moving as fast as your business.* Harvard Business Review Press, Boston de 2013.
28. London, S. (2018): «Microsoft's next act», podcast, abril de 2018, *McKinsey Quarterly,* www.mckinsey.com/industries/high-tech/our-insights/microsofts-next-act

Cuando visita a distintas partes interesadas durante un duro programa de viajes, Nadella expresa un objetivo amplio para sus misiones en el extranjero. «¿Qué puede conseguir un director ejecutivo? –preguntó en 2016–. Debes pronunciarte sobre un futuro incierto y una cultura depurada. Creo que, en ambos casos, aprendo mucho de estos viajes».[29]

Al principio, la prioridad de Nadella era como una flecha que apuntaba justo al centro de la cultura clásicamente competitiva de Microsoft. En la antigua cultura, la «conversación inteligente» y saber muchas cosas era algo muy valorado. Las discusiones eran frecuentemente animadas, pero con el objetivo de tener la razón y ganar. Según el libro de Nadella *Pulsa actualizar*, publicado en 2017, él se dio cuenta cuánta de esta actitud era congruente con lo que Carol Dweck ha llamado «mentalidad fija».[30] La gente que abraza una mentalidad fija pasa mucho tiempo siendo excelente, demostrando lo buena que es y buscando tener razón. En cambio, la gente que enfoca los problemas con una «mentalidad de crecimiento» está concentrada en aprender, en mantener una mentalidad abierta con respecto a la información nueva, y está menos preocupada por ser buena que por mejorar.[31] Nadella se propuso averiguar cómo desarrollar una mentalidad de crecimiento en la cultura de Microsoft.

La propia Dweck ha asesorado a la compañía, diciendo que el hambre de nuevos conocimientos de Nadella y su voluntad de aprender de los errores es «espectacular».[32]

Esto se extiende a un nuevo foco sobre quién logra formar parte del equipo de liderazgo. Tal y como ha dicho Nadella: «He optimizado en favor de la gente que quiere trabajar como parte de un equipo». Durante años, Microsoft «cultivó líderes que querían montar su propio espectáculo». Ya no es así. «Para dirigir el espectáculo, tienes que trabajar como un equipo. Eso es un Microsoft muy distinto. Eso

---

29. Nusca, A. (2016): «The man who is transforming Microsoft», *Fortune,* 11 de noviembre de 2016, http://fortune.com/satya-nadella-microsoft-ceo

30. Nadella, S.; Shaw, G. y Nichols, J. T.: *Hit refresh: The quest to rediscover Microsoft's soul and imagine a better future for fveryone*. HarperCollins, Nueva York, 2017. (Trad. cast.: *Pulsa actualizar*. Harper Collins Ibérica, D.L.: Madrid, 2017).

31. Dweck, C.: *Mindset: The new psychology of success*. Random House, Nueva York de 2007. (Trad. cast.: Mindset: la actitud del éxito. Sirio, D.L.: Málaga, 2017).

32. McCracken, H. (2017): «Satya Nadella rewrites Microsoft's code», *Fast Company,* 18 de septiembre de 2017, www.fastcompany.com/40457458/satya-nadella-rewrites-microsofts-code

es algo valioso para mí». Entre los líderes que ha escogido, Nadella valora las capacidades para aportar claridad, generar energía y eliminar la necesidad de quejarse. «Digo: "Oye, mira, estás en un campo lleno de mierda y tu trabajo consiste en ser capaz de encontrar los pétalos de rosa" en oposición a decir: "¡Vaya! ¡Estoy en un campo lleno de mierda!". ¡Venga! Eres un líder. Eso es lo que hay. No puedes quejarte de las limitaciones. Vivimos en un mundo con limitaciones».[33]

De aquí surge esa sesión sobre la empatía en la reunión de directivos.

Claridad del objetivo... ¿podría denominarse «estrategia»?

Una pregunta que suelen hacerme cuando alguien escribe sobre estrategia es si el concepto de ésta y de las implicaciones a largo plazo relacionadas con ella tienen alguna utilidad. Después de todo, cuando las ventajas competitivas son transitorias y la siguiente gran cosa es imposible de predecir, ¿por qué dedicar todo ese esfuerzo a definir un punto de vista sobre el futuro?

Eso no podría ser más erróneo. En una situación compleja, cuando quieres empoderar a toda la organización para que sea capaz de actuar *sin* la dirección de la cúspide, disponer de una visión compartida sobre el objetivo y acerca de cómo cada participante encaja en ello es absolutamente crucial. La acción repartida sólo es posible con una base compartida de conocimientos de lo que *todos* estamos intentando conseguir aquí.

En las organizaciones que no disponen de una claridad en su estrategia y en su convergencia, las decisiones se toman y deshacen, los recursos se emplean en cosas que no son realmente relevantes, la gente acaba confundida y la etapa queda dispuesta para el tipo de disputa interna que contribuyó al fin del Kin. Cuando hay claridad, un amplio acuerdo e incluso entusiasmo, la gente puede remar junta en una misma dirección.

En 2014, Nadella dijo de su objetivo general: «Que seamos una compañía que tenga cien años en la que la gente encuentre un sentido profundo en su trabajo: ésa es la misión».[34] En bastante poco tiempo renovó completamente la estrategia que

---

33. Nusca, A. (2016): «The man who is transforming Microsoft».

34. Bryant, A.: «Satya Nadella, chief of Microsoft, on his new role», *The New York Times de 20* de febrero de 2014, www.nytimes.com/2014/02/21/business/satya-nadella-chief-of-microsoft-on-his-new-role.html

había estado vigente en Microsoft. Centró a la compañía en la nube, en oposición al *software* de los ordenadores. Dio por perdido el aciago intento de entrar en el campo de los *smartphones* con la adquisición de los activos de teléfonos de Nokia (un movimiento de desvinculación que algunos dicen que a la compañía le costó más de 8600 millones de dólares).[35] Invirtió una gran cantidad en centros de datos para percatarse de las ambiciones globales de la compañía en la nube. Gastó 26 000 millones de dólares para comprar el portal de red de contactos LinkedIn. Formuló una nueva declaración relativa a la misión de la empresa: «Nuestra misión consiste en empoderar a cada persona y a cada organización del planeta para conseguir más».[36] Y en un cambio de dirección que fue sorprendente para muchos que conocían a esta compañía basada en Windows, restó importancia a Windows de varias formas sutiles.

Empoderando a cada persona para detectar puntos de inflexión y para hacer algo al respecto a ellos

Tal y como hemos visto a lo largo de este libro, una clave para navegar con éxito a través de los puntos de inflexión es la capacidad de *todos* (y no sólo de los líderes) en una organización para detectar dichos puntos de inflexión y emprender acciones para aprovecharlos. Nadella abraza esta filosofía. Tal y como dice en su libro *Pulsa refrescar,* «A veces subestimamos lo que cada uno de nosotros puede hacer para conseguir que las cosas sucedan, y sobrevaloramos lo que otros deben hacer por nosotros. En una ocasión me irrité durante una charla-coloquio con empleados cuando alguien me preguntó: "¿Por qué no puedo imprimir un documento desde mi teléfono móvil?". Le dije, educadamente: "Hazlo posible. Tienes plena autoridad"».

Nadella ha implementado mecanismos, tanto formales como informales, para asegurarse de que la voz de los empleados se oiga y de que sus ideas se tomen en serio. Por ejemplo, sus reuniones regulares de altos ejecutivos empiezan con una parte llamada «investigador de lo sorprendente», en las que equipos, a lo largo y

35. Keizer, G. (2017): «Microsoft's enterprise phone strategy flops as revenue evaporates», *Computerworld,* 1 de mayo de 2017, www.computerworld.com/article/3193644/microsofts- enterprise-phone-strategy-flops-as-revenue-evaporates.html

36. Bryant, A.: «Satya Nadella, chief of Microsoft, on his new role».

ancho de la compañía, que trabajan en algo interesante, presentan algo a todo el equipo ejecutivo. En una historia que aparece en el libro *Fast Company*, Harry McCracken describe cómo un equipo radicado en Estambul apareció para mostrar con orgullo una aplicación que había desarrollado que podía leer libros a los invidentes.[37] Al contrario que durante mandatos anteriores, Nadella hace hincapié en celebrar sus reuniones de dirección como un deporte de equipo. El flujo libre de información ayuda a que las ideas se difundan a través de la organización y proporciona caminos para la toma de decisiones.

Nadella también se asegura de exponerse a experiencias que puedan desafiar a su visión del mundo y aportarle, potencialmente, ideas nuevas.

Espoleado, en parte, por la grave parálisis cerebral de su hijo Zain, muestra un interés activo por el grupo de la comunidad de Microsoft para la gente con discapacidades. Se reúne con ellos regularmente: se trata, una vez más, de una oportunidad para los grupos con experiencias distintas a las de la norma de comunicarse con todos los niveles de la organización.

Otra experiencia que Nadella reconoce que le aporta una cierta perspectiva distinta es su participación en el programa Netflix Insider, que le aportó la oportunidad de aprender de Reed Hastings, el director ejecutivo de Netflix, que en esa época era miembro de la junta de Microsoft. No habiendo estado expuesto a ninguna otra compañía que no fuese Microsoft, donde demostrar cuánta razón tenías era el comportamiento característico, Nadella se encontró con que el entorno de Netflix era revelador. Tal y como señaló al director ejecutivo de ValueAct Capital, G. Mason Morfit, «Netflix pivota muy rápidamente basándose en nueva información». Morfit recordaba a Nadella diciéndole que «pensaba que eso era muy interesante en comparación con la burocracia que Microsoft había desarrollado».[38]

Tras contratar a Peggy Johnson como vicepresidenta de desarrollo empresarial en 2014, Nadella le dijo: «Quiero que estés fuera de Redmond [la sede de las oficinas centrales de Microsoft en el estado de Washington] tanto como estás en Redmond».[39] Sus instrucciones estaban claramente orientadas a adquirir nueva información de fuentes externas y desarrollar lazos con Silicon Valley. Él mismo visita Silicon Valley regularmente (una nueva conducta para un director ejecutivo

37. McCracken, H. (2017): «Satya Nadella rewrites Microsoft's code».

38. Ibíd.

39. Ibíd.

de Microsoft), y su compromiso con empresas emergentes de Silicon Valley ha empezado a dar sus frutos. Algunas de ellas están desarrollando su negocio usando la plataforma en la nube Azure, de Microsoft, en lugar de, simplemente, recurrir a los servicios web de Amazon.

Nadella también se asegura de que sus equipos sepan que, si creen que sus esfuerzos son prometedores, él será un patrocinador entusiasta. Después de que le mostraran el entonces secreto sistema de realidad mixta, Holo-Lens (antes de que se convirtiera en el director ejecutivo), quedó deslumbrado. Alex Kipman, que dirige esa tecnología en Microsoft, dijo que «el tiempo medio de pasar de "No entiendo esto" a "Esto es el futuro de la informática" fue el más rápido que he visto nunca [...]. Y desde entonces ha sido un gran defensor».[40]

La adquisición, por parte de Microsoft, de LinkedIn por 26 000 millones de dólares, también ha sido aclamada como una forma de obtener datos de sus 500 millones de usuarios (con mucho menos riesgo del mal comportamiento que vemos en plataformas más personales como Facebook y Twitter, porque LinkedIn es una red profesional). Combinado con los más de 1000 millones de usuarios a nivel mundial que usan alguna versión de un producto de Office, ésos son muchos usuarios para ayudar a la compañía a entrenar su *software* de inteligencia artificial y promover el aprendizaje automático. Tener acceso al cofre del tesoro de los datos de LinkedIn también ayuda a Microsoft a «ver» tendencias y discusiones que discurren por esa plataforma.

Parte del ver lo que se avecina consiste en determinar lo que *no* va a ser relevante en el futuro. Nadella se ha desvinculado de proyectos poco prometedores: por ejemplo, el Microsoft Band, un rastreador de actividad física de tipo Fit-bit. Tomó la difícil decisión de dar por perdidos 7 000 millones de dólares y cerrar el negocio de telefonía que la compañía había adquirido de Nokia, despidiendo a 20 000 personas y reconociendo que el punto de inflexión de los teléfonos móviles había pasado por delante de Microsoft.[41] Al mismo tiempo, ha animado a la compañía a desarrollar *software* que pueda usarse con distintas tecnologías, incluso uniéndose a la Fundación Linux (de la que Steve Ballmer dijo en una ocasión que era «un cáncer») para participar en el desarrollo de *software.* Sin embargo, Ballmer se entu-

40. Ibíd.

41. Wingfield, N. (2015): «A $7 billion charge at Microsoft leads to its largest loss ever», *The New York Times,* 21 de julio de 2015, www.nytimes.com/2015/07/22/technology/microsoft-earnings-q4.html

siasmó con el valor del ecosistema de Linux, manteniendo en 2016 que «ahora lo adoro».[42]

Es fácil para los líderes predicar que la gente aprende de sus decepciones. Es mucho más difícil vivir de acuerdo con esa filosofía cuando algo va realmente mal. En marzo de 2016, Microsoft puso al descubierto un *chatbot* de inteligencia artificial llamado Tay en Twitter. Procedente de sus Laboratorios de Experiencias Sociales Futuras (LESF), la idea consistía en aprender cómo estas tecnologías podían interaccionar con gente real.

Lamentablemente para Microsoft, Twitter demostró ser un entorno extraordinariamente inhóspito para el *bot*. Los trols aprendieron rápidamente que, si enviaban mensajes racistas, sexistas o negativos de otro tipo, Tay replicaría algunos de ellos. En sólo un día, el *bot* sufrió, básicamente, un lavado de cerebro, enviando mensajes que eran cada vez más ofensivos a medida que avanzaba el día. Los críticos lo aprovecharon al máximo, y el experimento se convirtió en una humillación masiva. El *bot* fue desmantelado.

¿Cuál fue la respuesta de Nadella? Envió una nota al equipo: «Seguid con vuestro esfuerzo, y sabed que estoy con vosotros».[43] Como suele decir, a veces su papel consiste en proporcionar «cobertura aérea» cuando las cosas salen mal. Esto anima todavía más a los empleados de todos los niveles de la organización a asumir riesgos.

Nadella ha reemplazado la reunión anual de personal por un evento llamado One Week, que ahora incluye a 18 000 participantes en Estados Unidos, China, India, Israel y otros países. Los participantes pueden escoger «proyectos apasionantes» en los que trabajar. Muchos de ellos acaban siendo nuevas ofertas en lo que Microsoft llama su «garaje», un lugar para que la gente experimente con nuevas ideas. Hay ahí docenas de aplicaciones en oferta, en el «banco de trabajo», que incluyen una enorme variedad de tareas: desde dibujar en tres dimensiones a traducir subtítulos de una presentación. Algunas son extravagantes, pero todas ellas son el resultado de incentivar la experimentación en los bordes de la organización.

42. Tung, L. (2016): «Ballmer: I may have called Linux a cancer but now I love it», ZDNet, 11 de marzo de 2016, www.zdnet.com/article/ballmer-i-may-have-called-linux-a-cancer-but-now-i-love-it/

43. McCracken, H. (2017): «Satya Nadella rewrites Microsoft's code».

Adaptar los incentivos

Así que ahora sabemos que la cultura y la estrategia son importantes. Por ahora todo bien. Con demasiada frecuencia, no obstante, los esfuerzos serios por crear una organización más resiliente giran sobre la necesidad de revisar los incentivos y las recompensas que actúan para dirigir el comportamiento. Es muy frecuente que una estrategia completamente nueva se despliegue sin que se haya hecho nada para asegurarse de que el trabajo por el que se está recompensando a la gente (que, después de todo, tiene un papel que desempeñar para guiar los corazones y las mentes) esté en sintonía con el resto de la organización.

En Microsoft, un cambio de proporciones sísmicas en los incentivos ha implicado pasar de un sistema en el que las recompensas dependían de vender una cierta cantidad de unidades de algo a otro en el que la compensación se basa en cuántos usuarios lo consumen. La empresa ha pasado a las estadísticas compartidas para sus líderes (para reforzar la colaboración) y a distinguir entre lo que él llama estadísticas de rendimiento frente a las estadísticas de poder. Las estadísticas de rendimiento valoran lo bien que lo ha hecho la gente en un año concreto en cosas como los ingresos y los beneficios. Las estadísticas de poder tienen que ver con el rendimiento a lo largo de cinco años. Los principales indicadores incluyen la satisfacción de los clientes y medidas de «amor del cliente».

Tal y como ha dicho Nadella: «Rastreamos estadísticas como las relaciones de activos mensuales frente a los diarios, el consumo y su crecimiento. Éstas son todas las cosas que medimos, al igual que medimos cualquier cifra de ingresos o beneficios por segmento[44] al final de cada trimestre».

Pensamientos finales

Este capítulo se ha centrado en la importancia de dinamizar la cooperación entre un gran grupo de gente, tal y como ilustra el impresionante ejemplo del giro de Microsoft hacia la nube, la inteligencia artificial y un modelo de negocio diferente. Se podría explicar una historia similar sobre cualquier organización que se esté

44. Gunther McGrath, R.: *The end of competitive advantage: How to keep your strategy moving as fast as your business.*

desplazando por un punto de inflexión. El orden y el control, el pensamiento taylorista y las personas que maximizan sus propios objetivos son, todos ellos, potencialmente letales en un entorno de complejidad.

Por ahora, piensa en el poder de disponer de docenas, cientos o incluso miles de tus empleados actuando como embajadores de una motivación compartida. Ése es un componente vital del ver lo que se avecina.

Moralejas clave

No basta con ver un punto de inflexión acercándose. Mucha gente en la organización debe alinearse alrededor de un punto de vista común para responder de forma eficaz.

Las fricciones y la competencia internas pueden socavar incluso una respuesta correcta frente a unos tiempos cambiantes. Gestionar las políticas es una tarea clave para cualquier agente potencial de cambio.

Los grandes cambios suelen venir señalados por variaciones aparentemente pequeñas y graduales que, sin embargo, liberan una restricción en un modelo existente, abriéndolo a un punto de inflexión.

A veces, las compañías son sus peores enemigas cuando se trata de los grandes cambios que un punto de inflexión trae consigo.

Aportar una mentalidad de crecimiento, en lugar de una fija, al problema de detectar y responder a los puntos de inflexión es crucial.

Empoderar a la gente para que pase a la acción amplía la cantidad de experimentación que una organización puede emprender, incrementando sus probabilidades de ver las primeras advertencias de un punto de inflexión temprano.

Si quieres experimentar, la gente que prueba cosas que no funcionan debe saber que contará con respaldo.

Incluir indicadores destacados en los incentivos de tu compañía asegura que la gente les preste atención e incrementa la probabilidad de que se actúe sobre ellos.

7

Cómo el dominio de la innovación desarma a los anticuerpos organizacionales

«El espíritu emprendedor no es "natural"; no es "creativo". Consiste en trabajo [...]. El espíritu emprendedor y la innovación pueden conseguirse en cualquier trabajo. Pueden aprenderse, pero requieren de esfuerzo. Los proyectos empresariales tratan el espíritu emprendedor como una tarea. Son disciplinados en relación con él [...], trabajan en ello [...], lo practican».[1]

PETER DRUCKER

Gisbert Rühl no parece un revolucionario. Se parece más bien a la combinación entre alguien de tipo ingeniero y contable que sugeriría su origen; y pese a ello, sus aspiraciones no son únicamente revolucionarias: perturban la forma en la que se hacen negocios tradicionalmente en el venerable sector global del acero.

Pero en primer lugar, unas palabras sobre la forma, un tanto arcana, en la que el acero sigue su camino desde el productor hasta el cliente y, finalmente, hasta ti. Yo no sabía nada sobre este proceso cuando me invitaron a dar un discurso inaugural en el Metals Service Center Institute (Instituto del Centro de Servicio de Metales) en 2014. (¿Quién sabe que esto existía?). Ahí aprendí que hay una amplia red de lo que se llaman «centros de servicio de metales». Son intermediarios entre los grandes suministradores de acero y los consumidores, más modestos.

1. Drucker, P.: *Innovation and entrepreneurship*. Harper & Row, Nueva York, 1985. (Trad. cast.: *La innovación y el empresariado innovador: la práctica y los principios*. Apóstrofe: Barcelona, 1986).

Los grandes suministradores piensan en vender toneladas de este material. Los compradores más pequeños no quieren ni necesitan esas cantidades, y tampoco desean tener unas existencias de acero retenidas para hacer los objetos que fabrican.

Así es como funcionan los centros de servicio de metales. Compran enormes volúmenes a los grandes productores, modifican el acero para que se adapte mejor a las necesidades de sus clientes y luego lo revenden a sus cuentas. También controlan su inventario (un tremendo inventario) para asegurarse que pueden satisfacer las expectativas de sus clientes de un suministro virtualmente justo a tiempo. Klöckner, con sede en Alemania, es uno de los actores principales en el sector de los centros de servicio de metales.

Tomar las riendas frente a la gran recesión

Gisbert Rühl se convirtió en el presidente del consejo de administración y el director ejecutivo de Klöckner en 2009. Fue una época horrible para el sector acerero mundial. La demanda era baja y la producción no se había reducido lo suficiente como para evitar que los precios se desplomasen. Los productores chinos estaban introduciendo más producto en el sistema, generando así un mayor exceso de disponibilidad. La Organización para la Cooperación y el Desarrollo Económicos publicó toneladas de material que mostraban preocupación sobre la «crisis» en el sector del acero a nivel mundial.[2]

La primera tarea de Rühl fue una desagradable (tal y como les gusta decir a los empresarios): una «reestructuración». Los esfuerzos de Klöckner por reducir costes siguieron durante años e incluyeron recortes en gastos generales administrativos y de ventas, vender y consolidar locales e implementar una reducción de mano de obra sin precedentes de más de dos mil empleados. Sin embargo, la compañía seguía teniendo pérdidas. Incluso dejó de dar sus dividendos habituales. Rühl no estaba satisfecho, y sabía que las cosas no iban a mejorar a corto plazo. En 2013, se cita que dijo: «Aunque estamos de todo menos satisfechos con la situación de las ganancias, las cifras muestran claramente que, gracias a las me-

2. Comité del Acero de la OCDE (2009): «Presentation for the council working party on shipbuilding», 9 de julio de 2009, www.oecd.org/sti/ind/43312347.pdf

didas de reestructuración, estamos haciendo progresos con nuestros propios medios frente a la presión sobre las ganancias de la continua tendencia negativa del mercado».[3]

Y pese a ello...

Incluso mientras el negocio central se estaba viendo enormemente reducido y transformado para ser competitivo en el antiguo régimen, Rühl estaba pensando en lo que podía tener guardado un nuevo régimen.

En ese mismo año, 2013, Rühl asistió a una sesión privada del Foro Económico Mundial en una reunión que se celebró en Dalian (China). El título de la sesión era «Promover el espíritu emprendedor impulsado por la innovación: Una perspectiva global».[4]

Una de las ideas clave que se expusieron durante esa sesión fue que, cada vez más, la innovación era un esfuerzo colaborativo que requería que las organizaciones traspasaran las fronteras para que obtuvieran ideas y generaran valor. Si la asistencia a esa conferencia supuso alguna pista, fue que incluso los actores tradicionales estaban empezando a repensarse su habitual actividad competitiva.

Fuera del sector del acero, en 2013, las plataformas digitales se habían convertido en la cultura dominante.[5] Airbnb (fundado en 2008) convenció a miles de personas, finalmente a millones de ellas, a usar su exceso de espacio alquilando habitaciones libres y pisos vacíos. YouTube (fundado en 2005) mostró que podías desarrollar una presencia global en los medios basada en vídeos proporcionados por los usuarios en los que aparecían gatos (entre otras cosas) sin necesitar una red de televisión ni una red de creación de contenidos. Facebook (fundado en 2004) permitió que los usuarios enviasen mensajes y contenido original a miles e incluso millones de personas en un abrir y cerrar de ojos. Y, por supuesto, Amazon Web Services (lanzado en 2006) hizo que fuera posible que cualquiera con una idea y un problema de mercado no resuelto creara una plataforma que pudiera, potencial-

---

3. «Klöckner & Co SE», Boersengefluester, 8 de julio de 2013, https://boersengefluester.de/newarticle/?newsId=13529
4. Foro Económico Mundial (2013): «Fostering innovation-driven entrepreneurship: A global perspective» (sesión privada, Dalian, China, 11 de septiembre de 2013), www3.weforum.org/docs/AMNC13/WEF_AMNC13_FosteringInnovationDrivenEntrepreneurship_SessionSummary.pdf
5. Choudary, S. P. (2013): «The billion dollar startup disruption», Medium, 30 de mayo de 2013, https://medium.com/@sanguit/the-billion-dollar-startup-disruption-67d82e91281f

mente, resolver ese problema sin la necesidad de unos activos fijos ni mucho *hardware* informático.

En el corazón de estas plataformas, el éxito consistía en que todas ellas liberaban y aprovechaban la capacidad atrapada, y que entonces emparejaban muy bien la oferta con la demanda. En el lenguaje usado en los capítulos 3 y 4, abrieron conjuntos de recursos completamente nuevos y crearon escenarios nuevos.

Cada una de estas compañías redefinió radicalmente el escenario en el que entraba. Ninguna de ellas competía frontalmente con ningún actor ya existente. En lugar de ello dieron con una forma de ganar terreno (y de dirigir un crecimiento exponencial) resolviendo problemas de los clientes con las tareas que debían llevar a cabo mejor de lo que podía hacerse con el diseño del sistema de las operadoras tradicionales que dominaban el mercado.

Era este escenario el que preocupaba a Rühl. Mientras evaluaba los contextos en los que competía Klöckner, vio una enorme ineficiencia y una considerable frustración entre los clientes de toda la cadena de valor al intentar llevar a cabo las tareas. Describió este proceso de pensamiento en una ponencia en 2015:

> Nuestro negocio tradicional central en la cadena de valor del acero es el almacenamiento de existencias. Por lo tanto, compramos acero a los grandes productores, aquí en Europa y en Norteamérica, luego almacenamos el metal y después lo vendemos a todo tipo de industrias distintas (de empresas de la construcción hasta las dedicadas a la maquinaria, la ingeniería mecánica y las del sector automovilístico) que usan el acero. Debemos almacenar el acero porque no sabemos realmente lo que va a comprar nuestro cliente al día siguiente, especialmente en los negocios puntuales, como la construcción. Las empresas de construcción suelen encargar el acero hoy y entonces tenemos que entregárselo mañana. Estamos proporcionando disponibilidad a través del almacenamiento de existencias, lo que, por supuesto, es ineficiente. Pero no sólo almacenamos acero, sino que los productores también almacenan acero porque no saben qué necesita el canal de distribución porque no les proporcionamos información sobre el acero que necesitamos que nos suministren de ahora en adelante. La cadena de suministro se ve interrumpida varias veces, es muy ineficiente y, además de todo eso, nuestros clientes suelen hacer sus pedidos por fax o teléfono. La única innovación que podría decir que ha habido en los últimos entre diez y veinte años es que cada vez recibimos más encargos por *email*.

> Ése fue el desencadenante que plantearse, hace unos dos años, sobre la cadena de valor y para plantearse qué sucederá a medida que el mundo cambie. Si el mundo está cambiando hacia un mundo digital, ¿seguirá siendo necesaria, o parcialmente necesaria, una compañía como Klöckner, y qué aspecto podría tener la cadena de valor dentro de cinco años? Ahí es por donde empezamos.[6]

Una de las ideas que Rühl tuvo en esa época fue que, si el sector del acero no empezaba a digitalizarse, un nuevo actor podría entrar en el sector y echarlos, alterando el sector por completo al igual que actores en otras plataformas habían alterado los sectores en los que habían participado.[7]

Esto dio pie a una visión de una plataforma multisectorial y que podía reducir la fricción en sectores fragmentados como el del acero (pero también en otros). La idea fue que no sería una plataforma registrada de Klöckner (aunque la compañía también estaba desarrollando eso), sino más bien un espacio digital más o menos neutral en el que proveedores, clientes y terceros podrían comerciar. En pocas palabras, Klöckner dirigiría el avance de un proceso lineal con muchas ineficiencias hacia un ecosistema integrado que podría operar de forma transparente.

Vamos a digitalizar la cadena de suministro... o alguien lo hará por nosotros

Éste fue el principio del viaje de Klöckner para hacer algo sobre la alteración y la digitalización de la arcana cadena de suministro del acero. Motivado, en parte, por los dolorosos años en los que el antiguo sistema había estado fallando, la compañía tuvo la ambición de descubrir un futuro más brillante. ¿Pero por dónde empezar?

---

6. Rühl, G. (2015): «From steel distributor to digital industry platform», YouTube, 10 de diciembre de 2015, www.youtube.com/watch?v=RJrKjxsze0s

7. «It will revolutionize the entire industry», Vodafone Institute, sin datos, www.vodafone-institut.de/event/will-revolutionize-entire-industry

Un sector fragmentado ofrece una oportunidad para que los pioneros adquieran ventaja

La oportunidad para una plataforma digital existía en el sector del acero porque la estructura de este sector era un desastre. Mientras el espacio de los proveedores está concentrado (a lo largo de los años, las fusiones y las adquisiciones y la necesidad de economías de escala había dado lugar a la consolidación), el espacio del productor/la distribución se había vuelto muy fragmentado. Los clientes finales no tenían forma de hacer lo que la mayoría de nosotros da por sentado cuando compramos cosas: comparar precios, comprobar la disponibilidad y hacer pedidos *online,* por ejemplo.

Klöckner es uno de los mayores actores en el sector del acero. La mayoría del resto de las compañías dirigen unas tiendas relativamente pequeñas que ofrecen productos y servicios sencillos. Sin la escala para digitalizarse, era probable que estos pequeños actores se unieran a la primera plataforma que les prometiese una exposición a más oportunidades mientras no les imponía el coste del desarrollo de una plataforma.

La configuración existente no era muy útil para los clientes que estaban intentando llevar a cabo un trabajo completo. No ofrecía productos de terceros o complementarios como seguros. No hacía que la comparación entre precios o servicios fuese fácil; y asumía que los actores del sector del acero gestionarían todo, en lugar de permitir que actores más especializados llevasen a cabo partes del trabajo (como por ejemplo, la logística). Además, si un cliente necesitaba, por ejemplo, tuberías de plástico para complementar a las de acero, no tendría suerte intentando comprarlas a un centro de servicio de metales[8] existente.

Un punto de inicio centrado en el futuro

El primer intento de Klöckner de averiguar la disrupción potencial fue la de crear un grupo interno de «innovaciones» en la compañía. Ubicado cerca de las oficinas centrales de la compañía y moderado por un profesor universitario, el grupo se

8. Rühl, G. (2018): «Disrupting the steel industry through platforms», SlidesLive, 8 de mayo de 2018, https://slideslive.com/38907723/disrupting-the-steel-industry-through-platforms

encontró con dificultades. Tal y como se podría haber predicho, las conversaciones sobre nuevas posibilidades fueron abortadas por detractores que no podían avanzar más allá de las habituales ortodoxias de «no lo hacemos así en el sector del acero». Después de meses de frustración, los ejecutivos de Klöckner decidieron que era necesario un enfoque completamente nuevo.[9]

Por lo tanto, Rühl se decidió a usar una entidad distinta para hacer que las cosas que se pusiesen en marcha. Estudió cómo funcionan las empresas emergentes y llegó a la conclusión de que esta transformación debería comenzar con una dosis de verdadera energía emprendedora, usando a personas que tuvieran distintas habilidades y orígenes que los de los empleados tradicionales que estaban trabajando duro en las oficinas centrales de Duisburgo. El objetivo era el de obtener rápidamente el «producto mínimo viable»[10] (por usar el término que utilizó Eric Ries) que probara en primer lugar la capacidad de abordar trabajos concretos que los clientes tenían que llevar a cabo como prueba de viabilidad la idea.

Rühl empezó pidiendo a dos personas que abriesen una pequeña oficina en Berlín para estar cerca del escenario de las empresas emergentes que había allí y para pavimentar el camino para el reclutamiento subsiguiente. El grupo adoptó el nombre Klöckner.i para diferenciar sus actividades de las de la compañía matriz.

Contratar a nuevas personas

Una transformación digital requiere de gente con distintos conjuntos de habilidades que las que poseen los trabajadores en el núcleo del negocio. Klöckner se dispuso, muy deliberadamente, a crear un equipo con miembros de muy distintos tipos de recién llegados. En lugar de contratar a gente del sector del acero, contrataron a gente de empresas como Amazon, eBay y otras empresas emergentes *online* cerca de su ubicación en Berlín.

---

9. Rühl, G. (2017): «We want to revolutionise the industry», entrevista por Hansjörg Honegger, Swisscom, 16 de octubre de 2017, www.swisscom.ch/en/business/enterprise/themen/digital-business/digitalisierung-im-stahlhandel.html

10. Ries, E.: *The Lean Startup: How today's entrepreneurs use continuous innovation to create radically successful businesses.* Crown Business, Nueva York, 2011. (Trad. cast.: *El método Lean Startup: Cómo crear empresas de éxito utilizando la innovación continua.* Deusto: Barcelona, 2012).

Desconectar la plataforma tecnológica de la nueva unidad de la nave nodriza

Ya conocéis el viejo chiste: «Dios creó el mundo en siete días», le dice alguien a modo de reto al departamento de tecnologías de la información. La respuesta: «¡Bueno, sí, pero no tenía un sistema preexistente!». El instinto de un departamento de tecnologías de la información ya establecido será el de forzar al innovador a operar con su conjunto de tecnología y sus controles. El problema con eso es que ralentiza las cosas muchísimo y fuerza al recién llegado a trabajar, en gran medida, de la misma forma que la vieja empresa ya asentada, incluso mientras está intentando conseguir algo completamente diferente. Klöckner vio la necesidad de una separación y permitió que los nuevos equipos digitales crearan su propia plataforma tecnológica.

La primera fase del trabajo digital consistía en crear herramientas más o menos independientes centradas en el consumidor y que se ocuparan de puntos críticos concretos de los que no se ocupaban los sistemas existentes. En la segunda fase, Klöckner planeó exponer a sus propios clientes a las herramientas digitales, permitiéndoles escoger cómo querían conectar en la plataforma digital. La tercera fase que Klöckner concibió fue abrir la plataforma a sus competidores, permitiendo que la experiencia de hacer negocios en la plataforma fuera tan integral para los clientes como fuese posible.

Incorporar conectores a la actividad central del negocio

Rühl se dio cuenta de que la empresa Klöckner tenía la respuesta a un problema acuciante que atormenta a aspirantes a ser compañías en forma de plataforma. En pocas palabras, para ser una plataforma rentable debes emparejar a compradores y vendedores potenciales. Suele tratarse de un problema tipo si fue antes el huevo o la gallina de primer orden, y no logar asentar un interés suficiente por ambas partes es una importante razón por la cual las plataformas colapsan o nacen ya condenadas al fracaso.

Por ejemplo, los esfuerzos de General Electric con una plataforma digital similar para empresas fabricantes se centró demasiado en las necesidades de las unidades de negocio de General Electric como para ser de interés para participantes externos. La compañía acabó enfrentándose a un reinicio después de unos resultados decepcionantes.[11] En el caso de Klöckner, Rühl se dio cuenta de que su posición en la cadena de valor significaba que podía poblar la plataforma con compradores y vendedores.

Esto aborda un aspecto que suele confundir a los líderes de compañías asentadas, que consiste en que crear una empresa emergente para hacer grandes cosas es bastante fácil, pero sin unos vínculos fuertes y unos mecanismos de traslación que regresen a la empresa matriz, también es bastante inútil. Es la conexión con las capacidades de la matriz lo que conduce a la revitalización de la empresa, y eso frecuentemente no se piensa detenidamente muy bien.

Rühl en concreto comprendió esta situación. «Nuestros vendedores tienen que estar convencidos de que éste es nuestro futuro», dijo en una presentación en 2015. Sin embargo, reconoció que era probable que ésta fuera una tarea difícil, ya que las nuevas herramientas y enfoques alterarían las formas en las que se habían ganado la vida durante tantos años. Entre los programas en los que Klöckner invirtió para hacer que esta participación y compromiso se convirtiesen en realidad, estaba su programa de «experiencia digital», en el que los empleados de ventas de distintas ramas de la compañía tradicional podían gestionar tareas a tres o cuatro meses vista en la división digital, Klöckner.i.

Una de las cosas que encuentro más persuasivas de Rühl es su respeto y su sensibilidad por los problemas a los que es posible que se enfrente la gente de las empresas tradicionales que dominan el mercado. Como modesto ejemplo me explicó, en noviembre de 2018, que durante las fases iniciales de la transformación tuvo cuidado de vestirse como lo había hecho convencionalmente, con un traje y corbata conservadores. Aunque esto era, aparentemente, algo pequeño, quiso que, claramente, transmitiera que no estaba abandonando la parte básica del negocio por los nuevos juguetes brillantes del sistema digital. En lugar de eso, creía firmemente que los dos tenían que trabajar juntos para hacer realidad los beneficios de su asociación.

La compañía también implementó lo que Rühl llama «comunicación no jerárquica»[12] empleando la herramienta de colaboración Yammer. Rühl puede comuni-

---

11. Moazed, A. (2018): «Why GE digital failed», *Inc.*, 8 de enero de 2018, www.inc.com/alex-moazed/why-ge-digital-didnt-make-it-big.html

12. Klöckner & Co. (2017): «Annual general meeting 2017» (presentación, Düsseldorf, 12 de mayo de 2017), www.kloeckner.com/dam/kco/files/en/investors/annual-general-meeting/2017/Kloeckner_Co_presentation_AGM2017.pdf

carse con gente de todos los niveles de la compañía con la que normalmente no se pone en contacto. Cualquiera tiene derecho a publicar una pregunta o una observación y a iniciar una discusión. Para una compañía tradicional, esto suponía una gran desviación de la norma.

Otra característica innovadora eran las «noches de cagadas»[13] (sinceramente, así es como las llaman), en las que invitaban a fundadores de empresas emergentes que habían fracasado para que hablaran de por qué no lo habían conseguido. Entonces, el programa se amplió para permitir que los empleados hablaran de cosas que habían ido mal y qué es lo que habían aprendido. Estas reuniones son impagables para intentar derribar el miedo al fracaso que suele acompañar a las barreras a la innovación.

Klöckner también hizo una gran inversión en formación digital para los empleados en las empresas tradicionales. Se animó a los empleados a aprovechar esta oportunidad durante su horario laboral.

Entre los beneficios colaterales de la generación de puentes entre las empresas emergentes de la compañía y el núcleo ya existente estuvo que la iniciativa empezó a cambiar gradualmente la cultura del núcleo. «A través de una comunicación en profundidad con muchos de nuestros empleados, hemos logrado hacerles entrar en la era digital –dijo Rühl en 2017–. Como resultado de ello, comprenden nuestra estrategia de digitalización y saben cómo contribuir para hacer que la digitalización sea una realidad. También adoptan unos métodos de trabajo cada vez más ágiles procedentes del campo de las empresas emergentes y actúan de forma menos puntillosa de lo que lo hacían en el pasado. De este modo, como organización nos hemos vuelto mucho más rápidos y ágiles en general».[14]

A los cuatro años de su viaje hacia la digitalización, en 2017, según consta, Klöckner obtuvo el 17 % de sus ingresos de sus canales digitales, lo que supuso un regreso a la rentabilidad y el crecimiento.[15] Su objetivo es hacer que esa cifra se encuentre alrededor del 60 % en 2022.

---

13. Klöckner & Co. (2017): «Leading the digital transformation of metal distribution» (presentación, diciembre de 2017), www.kloeckner-i.com/wp-content/uploads/2017/12/Kloeckner_Co_Digitalization_December-2017.pdf

14. Rühl, G. (2017): «We want to revolutionise the industry».

15. Wocher, M. (2017): «A metal marketplace», *Handelsblatt Today,* 11 de julio de 2017, https://global.handelsblatt.com/companies/a-metal-marketplace-795869

Los puntos de inflexión retan a las suposiciones sobre cómo dirigir tu negocio

Ahora llegamos al corazón de por qué los puntos de inflexión siembran el caos en las prácticas de gestión de las empresas tradicionales que dominan el mercado que antaño tuvieron éxito.

He definido un punto de inflexión como algo que cambia, de forma fundamental, la envoltura de las restricciones en el escenario en el que opera una organización asentada. En el capítulo 3 desglosé estas limitaciones en las siguientes categorías:

1. **Pueden hacer cambiar el conjunto de recursos que están en disputa.**
2. **Pueden hacer cambiar a las partes que están intentando hacerse con ese conjunto de recursos.**
3. **Pueden hacer variar la situación en la que tiene lugar esa disputa.**
4. **Pueden hacer que un empleo desplace a otro del conjunto de consideraciones de un participante o reducir los recursos disponibles para llevar a cabo ese trabajo.**
5. **Pueden modificar de forma importante la experiencia de consumo.**
6. **Pueden hacer que algunos atributos se vuelvan más o menos valorados que otros.**
7. **Pueden modificar el tipo de posibilidades relevantes incluidas en una cadena de valor.**
8. **Pueden modificar cada elemento del escenario.**

Con el tiempo, todos los elementos de un escenario son integrados en la estructura de funcionamiento una empresa, a medida que las compañías tradicionales que dominan el mercado aprenden a optimizarse para competir en ese escenario. Las estructuras de medición e información de una organización, sus sistemas de recompensa, sus redes informales, su marca, sus suposiciones, etc., se ven, todas ellas, informadas por las relaciones de causa y efecto que sus miembros creen que funcionan en el escenario tal y como está actualmente.

Estas relaciones moldean, fundamentalmente, aquello a lo que los miembros de la organización prestan atención. Moldean lo que los miembros creen que es «correcto» hacer. Moldean cómo esperan los miembros ser recompensados, cómo se definen las relaciones entre los miembros del equipo y quién progresa. En pocas palabras, cuestionarse lo que has heredado de un sistema previo a los puntos de inflexión es prácticamente una herejía.

Cuando un punto de inflexión modifica las limitaciones críticas con las que trabaja una organización, esos sistemas meticulosamente desarrollados de relaciones que mantuvieron a la organización funcionando fluidamente también deben cambiar. Ésta es una realidad organizacional tremendamente desafiante. La cuestión es cómo una inflexión *dentro* de la organización puede orquestarse para generar un mejor encaje con las inflexiones que se dan *fuera* de ella. El proceso de hacer que esto suceda es lo que llamo «dirigir la nave nodriza».

Ese proceso puede implicar orquestar un cambio importante en el negocio central (como tuvo que hacer Netflix cuando pasó de vender DVD a vender suscripciones de *streaming).* Suele implicar desplazar recursos para respaldar el negocio central de la siguiente generación incluso mientras negocios previamente importantes sufren recortes (como ha hecho Apple en su movimiento de los dispositivos de sobremesa a las tabletas y los dispositivos móviles). Y en muchos casos, puede implicar descubrir todo un nuevo vector de crecimiento (como Netflix y otros están haciendo con la creación de contenidos originales). Scott Anthony, Clark Gilbert y Mark Johnson han descrito los retos de cambiar tu negocio central incluso mientras desarrollas tu negocio futuro en su libro *Dual transformation,* que aporta abundantes herramientas y perspectivas útiles.[16]

Tal y como hemos visto en el caso de Klöckner, el fracaso inminente o un fracaso real pueden convencer a una organización que, por lo demás, no estaría dispuesta a hacer los cambios necesarios por su propia supervivencia. Walmart, por ejemplo, se enfrentó a una lucha de diez años para hacerse relevante en el comercio electrónico. A pesar de los cientos de millones de dólares y un gran llamamiento por parte de los ejecutivos, esta organización tradicional que domi-

---

16. Anthony, S. D.; Gilbert, C. G. y Johnson, M. W.: *Dual transformation: How to reposition today's business while creating the future.* Harvard Business Review Press, Cambridge, 2017.

na el mercado odiaba bastante la idea de que parte de sus ventas pudieran pasar por este canal. No fue hasta que un nuevo director ejecutivo determinó que la compañía probablemente dispusiera de una última oportunidad para hacerlo bien cuando finalmente descubrieron un modelo factible para el comercio electrónico.

Desarrollarlo requirió de algunas decisiones muy controvertidas. La primera, en 2016, fue la de gastar 3 300 millones de dólares en Jet.com, una empresa emergente no probada con poco para validar su modelo de negocio. La segunda fue tomar al director ejecutivo de esa empresa emergente, Marc Lore, y ponerle al cargo de todos los esfuerzos digitales de Walmart. La tercera consistió en proporcionar a esa operación los recursos necesarios para adquirir compañías que servían a clientes exclusivos (del tipo que nunca entrarían en un local de Walmart). La empresa de ropa para hombre Bonobos es un ejemplo. En la actualidad, las iniciativas de comercio electrónico de Walmart están cogiendo fuerza y la valoración de la compañía en los mercados públicos es más como un actor en crecimiento que no simplemente una entidad de explotación.

Desarrollar dominio en la innovación puede ayudar a tu compañía a superar las fuerzas de resistencia que pueden llevarla a la ruina tras un punto de inflexión.

Klöckner en contexto: desarrollar dominio en la innovación

A lo que Klöckner se enfrentó (y a lo que se enfrentaron un número interminable de compañías con las que he trabajado a lo largo de los años) es a barreras organizacionales para el crecimiento alimentado por la innovación. Precisamente, la semana pasada estaba dirigiendo un seminario con un grupo de altos ejecutivos en una importante multinacional. Les pedí que hicieran una lista de los bloqueadores de la innovación en su organización. Aquí está lo que dijeron:

- Falta de incentivos.
- La empresa existente es demasiado poderosa.
- La dirección quiere éxito a corto plazo.
- Demasiados silos.

- Falta de concentración en los clientes.
- Miedo al fracaso.
- «No es asunto de nadie».
- Las innovaciones son pequeñas en relación con la «nave nodriza».
- Las innovaciones no logran ser lo suficientemente grandes ni rápidas para nosotros.
- Estamos centrados en nuestras ganancias trimestrales.
- Nos asusta desguazar nuestro exitoso negocio.
- No tenemos tolerancia a los resultados impredecibles.
- No hay ningún incentivo en nuestra carrera profesional para trabajar en proyectos de innovación/crecimiento.

«¿Qué es lo que cada una de estas barreras a la innovación tiene en común?», les pregunté. Tras algunos comentarios vacilantes, se dieron cuenta. Cada una de ellas es una limitación *impuesta internamente*. Están, todas ellas, ahí para proteger y defender el funcionamiento ordenado del negocio existente y evitar que se vea alterado. Más precisamente, están ahí para detener el tipo de disrupción que pueden representar las innovaciones. Y pese a ello, si decidimos, colectiva y conscientemente, que estas limitaciones pueden abordarse, podemos apartarlas del camino. Después de todo, Dios no bajó de los cielos y dijo: «¡Que haya silos!».

Tal y como hemos visto en el caso de Klöckner, había pocas ganas de cambio entre los mayores, a pesar de la realidad de que el modelo de negocio existente se estaba erosionando claramente y que el futuro de la compañía parecía sombrío. A pesar de que la reinvención era el único camino positivo hacia delante, aunque las señales de haber pasado un punto de inflexión eran tan ruidosas que sonaban como sirenas, los «anticuerpos» organizacionales revoloteaban. Ésta es una razón por la cual el esfuerzo inicial por hacer algo nuevo (con la misma gente trabajando en las oficinas centrales) fracasó. Ese esfuerzo estaba intentando abordar retos de innovación con gente totalmente imbuida de bloqueadores de la innovación. No fue hasta que la organización empezó a reclutar y a contratar a nuevos empleados con nuevos conjuntos de habilidades trabajando en una nueva ubicación cuando pudieron atisbarse nuevas posibilidades.

El caso práctico de Klöckner ilustra uno de los viajes más profundos que puede emprender una organización: avanzar por lo que llamo la *escala de dominio de la innovación.*

El dominio de la innovación es una estadística que he desarrollado (junto con algunos colegas) que puede ayudar a identificar en qué punto se encuentra una organización con respecto a ser capaz de innovar (en otras palabras, de cambiar) en la búsqueda de un punto de inflexión o como respuesta a él. La idea es que el mero hecho de ver un punto de inflexión y hacer que la organización se ponga en marcha no es, como se ha comentado anteriormente, suficiente. La organización tiene que ser capaz de cambiar. Recuerda que la razón por la cual puede resultar tan difícil lidiar con los puntos de inflexión es que cambian algo sobre las suposiciones que se dan por sentadas en la empresa. Las estadísticas y las operaciones que solían funcionar bien para proporcionar resultados ya no lo hacen. A medida que la inflexión inunda a la organización, estas estadísticas y operaciones deben cambiar, normalmente a través de algún tipo de proceso de innovación.

Mi escala tiene ocho niveles, que corresponden a la capacidad de una organización de hacer que la innovación sea una aptitud continua y no un proceso intermitente que dependa de campeones clave o personas de rango superior que se interesan.

La escala de dominio de la innovación

Nivel 1: Inclinación extrema hacia la explotación

Las organizaciones de nivel 1 son aquéllas en las que el *statu quo* se da por sentado como la forma correcta (incluso la única) de hacer las cosas. Hay un gran énfasis en mantener y explotar las ventajas existentes. Estas compañías suelen disfrutar de una larga historia de éxito y suelen encontrarse en mercados muy estables. Es muy probable que haya un nivel elevado de intensidad de activos y unos ciclos competitivos largos, lo que hace que la innovación parezca arriesgada y poco atractiva. Las compañías en mercados muy regulados, las ONG y las agencias gubernamentales, además de otras administraciones, se encuentran en esta situación de forma rutinaria, pero no por mucho tiempo.

Nivel 2: El teatro de la innovación

Esta etapa representa los esfuerzos más tempranos para introducir algún pensamiento innovador en una organización que, por lo demás, es conservadora. Suele existir el deseo de mejorar y de innovar que existe en las islas, pero hay poco respaldo general a lo largo y ancho de la organización.

Puede que haya algunos talleres iniciales, cursillos y visitas a Silicon Valley, pero no hay un esfuerzo continuo. Los síntomas de este nivel son que hay mucha charla y algo de actividad, pero las cosas regresan a lo que ya se hacía, como siempre, muy rápidamente.

Nivel 3: Innovación localizada

Lo que vemos en este nivel es una mayor (y más continua) actividad innovadora, normalmente a trompicones, en diversos puntos de la organización. Hay poco reconocimiento, a nivel de toda la organización, de la innovación como disciplina. Uno o dos grupos dentro de la compañía iniciarán esfuerzos locales para innovar. En esta fase, los esfuerzos de innovación suelen depender de un patrocinador clave y suelen ser episódicos. También son frágiles: un cambio de ejecutivo clave, un revés, un reto en el negocio central, y simplemente desaparecen.

Nivel 4: Innovación oportunista

A medida que algunos de los esfuerzos de innovación lanzados por los procesos del nivel 3 empiezan a mostrar algunos resultados preliminares, los líderes de rango superior empiezan a reconocer que desarrollar una capacidad innovadora es importante.

Aunque las prácticas innovadoras siguen sin ser una parte central de la agenda de la corporación, suelen usarse para ir a por ideas para el crecimiento que se presenten de forma oportunista. Entonces se presta más atención al proceso, y se asignan algunos recursos, a veces entre unidades de la empresa, pero la mayor parte de la organización sigue priorizando el «trabajo cotidiano».

Nivel 5: Dominio emergente

Aquí, el patrocinio ejecutivo continuo incluye recursos dedicados en forma de tiempo y dinero.

Empezamos a ver los primeros signos del uso de estadísticas relacionadas con la innovación (aunque puede que no se monitoricen regularmente). Hay un cierto primer estadio de gobernanza, con la financiación y los procesos de innovación como actividades separadas de la normalidad.

Nivel 6: La maduración del dominio

Ahora empezamos a ver un intenso compromiso y dedicación de recursos por parte de múltiples ejecutivos. Los equipos cuentan con un conjunto de mejores prácticas graduadas para orientar sus actividades. La innovación se convierte en una parte importante de la discusión relativa a las compensaciones y ascensos por parte de los ejecutivos.

La alta gerencia monitoriza las estadísticas de innovación. Empiezan a surgir una mayor utilización de las herramientas y las conexiones entre los silos (departamentos estancos) de la organización que incluso se extienden a las fuentes externas de ideas.

Nivel 7: Innovación estratégica

En esta etapa, el director ejecutivo y el equipo ejecutivo expresan públicamente que la innovación se está integrando en la misión central que define a la compañía. Cada paso en el ciclo de vida de desarrollo de un producto se beneficia de las prácticas de la innovación.

Estos esfuerzos se ven respaldados por una gobernanza, mediciones, financiación y prácticas culturales robustas y están conectados con ellos. Una masa crítica de empleados reconoce su papel en el apoyo al proceso de innovación y se siente empoderada para innovar.

Nivel 8: Maestría en la innovación

El compromiso corporativo con la innovación a todos los niveles genera una cartera de victorias, además de perfiles de practicantes muy cualificados. La organización es proclamada como ejemplo para otras y suele ser citada como una entidad con «las mejores prácticas». Los accionistas (en el caso de las empresas de capital abierto) recompensan el potencial de crecimiento representado por las prácticas de innovación institucionalizadas.

Pasar de un nivel a otro al lidiar con los puntos de inflexión

Aunque, en mi experiencia, cada organización enfoca sus retos de innovación de forma ligeramente distinta, hay un patrón de factores que deben implementarse para que pueda avanzar por los niveles de domino de la innovación. Al igual que con otras formas de madurez organizacional, es inusual que una organización pase repentinamente de, digamos, el nivel 1 al 6 o el 7. Suele tratarse de un proceso acumulativo que lleva tiempo. Por supuesto, cuantos más recursos estén disponibles y mayor sea la sensación de urgencia, más rápidamente podrá proceder la transformación.

Cada una de las prácticas en esta sección puede aplicarse en cualquier etapa. Sin embargo, he intentado ubicarlas, aproximadamente, allá donde suelo verlas surgir.

Es buena idea empezar a formar a la gente en metodologías de innovación de modo que pueda sentirse cómoda con las ideas. Por lo menos podrías fundar un club de lectura en el que personas de todos los niveles de la organización aprendiesen de pensadores como Steve Blank y Bob Dorf,[17] Alexander Osterwalder e Yves Pigneur,[18] Ian MacMillan y Zenas Block,[19] Clay Christensen y la gente de Innosi-

17. Blank, S. y Dorf, B.: *The startup owner's manual: The step-by-step guide for building a great company*. K & S Ranch, Pescadero (California), 2012. (Trad. cast.: *El manual del emprendedor: la guía paso a paso para crear una gran empresa*. Booket: Barcelona, 2016).

18. Osterwalder, A. y Pigneur, Y.: *Business model generation*. John Wiley & Sons, Hoboken (Nueva Jersey), 2010. (Trad. cast.: *Generación de modelos de negocio: un manual para visionarios, revolucionarios y retadores*. Deusto: Barcelona, 2011).

19. Block, Z. y MacMillan, I. C.: *Corporate venturing: Creating new businesses within the firm*. Harvard Business School Press, Boston, 1993.

ght,[20] Cindy Alvarez,[21] Curtis Carlson[22] y yo misma.[23] Esta también sería una buena oportunidad para empezar a desarrollar una sencilla comunidad de prácticas: quizás organizando «almuerzos de trabajo educativos» o eventos similares con gente de todos los niveles de la jerarquía, no limitados al interior de los silos de la organización.

Reto del nivel 1: Crear hambre de innovación

Las organizaciones que se encuentran en el nivel 1 están genuinamente ausentes de la necesidad de innovación (esto es algo relativamente raro) o, más normalmente, simplemente se niegan aceptar los puntos de inflexión que están a punto de cambiar, de forma importante, el contexto en el que hacen negocios. El reto de un campeón de la innovación en una organización que se encuentra en el nivel 1 consiste en hacer que la gente reconozca que puede existir un verdadero valor e importancia del hecho de volverse más competente.

El énfasis en esta etapa es probable que sea muy diagnóstico, porque la clave aquí es que una masa crítica de gente que toma decisiones llegue a la conclusión de que las cosas no pueden seguir como están. Averiguar que tu estrategia no va a verse cumplida por tu actual cartera de esfuerzos (algo que llamo «análisis de la brecha de crecimiento») puede suponer una llamada a la acción, y lo mismo puede pasar con el entusiasmo inversor por tu futuro. Mediante el cálculo de tu *prima de imaginación* puedes hacerte una idea de lo bien que creen los inversores que lo estás haciendo en cuanto a ver lo que se avecina.

---

20. Anthony, S. D.: *The little black book of innovation: How it works, how to do it.* Harvard Business Review Press, Boston, 2011; Christensen, C. M.; Anthony, S. D. y Roth, E. A.: *Seeing what's next: Using the theories of innovation to predict industry change.* Harvard Business School Press, Boston, 2004; Christensen, C.; Duncan, D. S. y Hall, T.: *Competing against luck: The story of innovation and customer choice.* Harper Business, Nueva York, 2016.

21. Alvarez, C.: *Lean customer development: Build products your customers will buy,* The Lean Series, ed. Eric Ries. O'Reilly Media, Sebastopol (California), 2014. (Trad. cast.: *Desarrollo de clientes LEAN: cómo crear los productos que tus clientes comprarán.* UNIR Editorial: Logroño, 2015).

22. Carlson, C.: entrevista con la autora, 10 de enero de 2019.

23. Gunther McGrath, R. y MacMillan, I. C.: *The entrepreneurial mindset: Strategies for continuously creating opportunity in an age of uncertainty.* Harvard Business School Press, Boston, 2000.

La prima de imaginación es una estadística que te permite calcular cuánto del valor de una compañía de capital abierto procede del flujo de capital de las operaciones (el negocio de hoy) frente a las expectativas de crecimiento futuro (el negocio del mañana).[24] Inicias el cálculo obteniendo la beta de tu compañía, que es una medición de la volatilidad de tus acciones en relación con el mercado. Cuanto más volátiles sean, mayor será la beta. Basándonos en el modelo de fijación de precios de los bienes patrimoniales, unas acciones más volátiles son más peligrosas y, por lo tanto, deberían tener un mayor coste de capital. Entonces puedes generar una estimación del coste de capital. Comparando esa cifra con el flujo de caja de la organización procedente de las operaciones, puedes valorar, de forma eficaz, qué parte de su capitalización bursátil procede de las operaciones. Si la capitalización bursátil supera ese valor, lo llamamos el valor de crecimiento. Dividir el valor de crecimiento por el valor de las operaciones (el porcentaje de capitalización bursátil atribuible al negocio existente) da lugar a la prima de imaginación. Una prima de imaginación baja indica que los inversores no creen que vayas a estar en el lado correcto de un punto de inflexión.

Tomemos a Buffalo Wild Wings, por ejemplo. Es una franquicia de restauración que perdió fuelle en 2017. Su prima de imaginación era verdaderamente deprimente (0,66), lo que significaba que los inversores no sólo no esperaban un crecimiento, sino que esperaban pérdidas. Sin embargo, lo que sucedió a continuación sucede regularmente con las empresas con una prima de imaginación baja: un inversor activista aterrizó inesperadamente, pidió puestos en la junta, hizo que el director ejecutivo dejara el cargo y acabó dando lugar a que la compañía acabara en manos de un comprador. Por lo tanto, una prima de imaginación baja también puede generar un incentivo para la acción.[25]

Otro análisis que frecuentemente llevamos a cabo es fijarnos en las inversiones a lo largo de una cartera de oportunidades desplegadas según su nivel de incertidumbre. Esto se llama *análisis de cartera de oportunidad*. Lo más relevante para ver lo que se avecina es la presencia de múltiples opciones que son mucho menos seguras que el negocio central, como las aplicaciones de Microsoft en su «garaje» de *software (véase* el capítulo 6).

---

24. Gunther McGrath, R.; van Putten, A. B. y Pierantozzi, R. (2018): «Does Wall Street buy your growth story? For how long?», *Strategy & Leadership* vol. 46, núm. 2, pp. 3-10.

25. Gunther McGrath, R. y MacMillan, I. C.: *Discovery-driven growth: A breakthrough process to reduce risk and seize opportunity*. Harvard Business Review Press, Boston, 2009.

También tenemos en cuenta el escenario en el que está compitiendo la empresa en lo que se llama un *análisis de contexto.*[26] Al igual que hizo Rühl por Klöckner, la pregunta que nos hacemos es lo bien que lo está haciendo el escenario existente a la hora de abordar las tareas a llevar a cabo para los accionistas relevantes. Si la respuesta es «no muy bien» y hay beneficios potenciales que podría ganar otra empresa que ocupe ese espacio, el análisis de contexto debería empezar a disparar las alarmas, al igual que hizo en el caso de Rühl. «Altera en lugar de que te alteren» se convierte entonces en el mantra.

Todos estos análisis son útiles, independientemente del lugar que ocupe una organización en la escala de dominio de la innovación; pero hemos visto que son especialmente útiles para generar una sensación de urgencia para avanzar en una agenda de la innovación en el caso de las empresas que no han tenido que pensar mucho en esto antes.

Reto del nivel 2: Empezar y despejar el camino

El movimiento del nivel 1 al nivel 2 suele verse provocado por algún tipo de crisis real o imaginaria. En el caso de Klöckner, la crisis consistió en la combinación de unas condiciones de negocio horribles que siguieron durante años y la amenaza inminente de nuevas plataformas digitales que estaban echando de sus puestos elevados a las empresas tradicionales que dominaban el mercado sin que éstas ni siquiera hubieron visto venir la amenaza. En Whirlpool, fue la desesperación de su director ejecutivo, David Whitwam, en 2000 al fijarse en el estado del sector en el que la compañía estaba compitiendo y ver sólo un «mar calmo»: golpe de remo tras golpe de remo lo que se veía eran electrodomésticos indistinguibles y poco diferenciados que ningún consumidor encontraba emocionantes.[27]

A medida que una compañía pasa hacia el nivel 2 hay, de hecho, algo que decir del «teatro de la innovación» en el sentido de que debe comenzar en algún lugar. Y si esto implica llevar a los altos directivos a Silicon Valley, contratar a asesores para

26. Snyder, N. T.: *Unleashing innovation: How Whirlpool transformed an industry,* ed. D. L. Duarte. Jossey-Bass, San Francisco, 2008.

27. McGrath, R. G. y MacMillan, I. C.: *Discovery-driven growth: A breakthrough process to reduce risk and seize opportunity.*

que dirijan cursos, tener una jornada de aporte de ideas o hacer alguna otra cosa para que la gente se emocione y esté integrada en la agenda de innovación, así sea.

En Klöckner, por ejemplo, el intento inicial por generar ideas innovadoras entre la gente de la empresa existente no funcionó. El fracaso, sin embargo, generó el impulso para que la gente que tomaba las decisiones diera con un camino distinto, que acabó consistiendo en una operación completamente nueva a pequeña escala en Berlín, justo en el centro de la escena de las empresas emergentes en Alemania.

Tal y como hemos visto en el capítulo 1, el programa Adobe Kickbox ha supuesto un enfoque inteligente para hacer que un amplio grupo de personas se implicaran en el proceso de innovación sin que ello requiriese de procesos corporativos grandes ni intensos.

Reto del nivel 3: Prueba de viabilidad local de la idea

El nivel 3 puede ser complicado. La gente está convencida de que la innovación es importante. Han tenido ya una exposición suficiente como para pensar que comprenden algo sobre cómo funciona. La tentación consiste en declarar unos objetivos enormemente ambiciosos para «poseer» un espacio u otro. El problema consiste en que cuando te encuentras en un nivel bajo de dominio de la innovación, estos esfuerzos acaban siendo unos grandes y caros desastres. Algunos ejemplos incluyen la línea de cosméticos Vital Radiance de Revlon; la plataforma de creación Quirky, que se suponía que tenía que ser una plataforma de fuente abierta para desarrollar los productos de otras personas, pero que fracasó; y las desventuras de Google en el campo de la radio.

Cuando te fijes en desastres así, encontrarás un patrón clásico: suposiciones no probadas que se consideran hechos, pocas oportunidades para unas pruebas de bajo coste y para el aprendizaje, unos líderes comprometidos personalmente con todos los detalles de un proyecto, una generosa financiación por adelantado y un modelo de funcionamiento de «avanzar a toda máquina contra viento y marea». Para evitar el mismo resultado, intenta ser humilde con respecto a lo que sabes (y lo que no) acerca de cómo innovar. Identifica a algunas personas y algunos proyectos que merezcan unos recursos modestos para desarrollar una prueba de viabilidad de la idea.

Éste es también el nivel al cual muchas organizaciones autorizan «trabajos especiales» *(«skunk works»* en inglés): operaciones pequeñas y frecuentemente secretas que reciben cobertura por parte de los altos ejecutivos y que implican el encargo de una tarea en alguna cosa nueva sin atraer una atención no deseada por parte de la gran organización. De acuerdo con un artículo de 2005 publicado en la revista *General Aviation News,* la idea procede de una iniciativa de Lockheed Martin llamada Skunk Works, lanzada durante la Segunda Guerra Mundial para desarrollar una nueva aeronave. La carpa que alojaba el proyecto estaba ubicada cerca de una fábrica de plásticos que generaba un olor horrible (*skunk* significa mofeta en inglés). Uno de los miembros del equipo tomó prestado el sobrenombre «Skonk Works» de las populares tiras cómicas *Li'l Abner* y un día contestó, pícaramente, al teléfono diciendo «Skonk Works». La idea caló, «Skonk» se cambió por «Skunk» y el resto es historia.[28]

Los trabajos especiales *(skunk works)* o comoquiera que los llame tu organización, pueden dar lugar a cosas maravillosas. (¿Quién puede olvidar la brillantez del nuevo ordenador creado en el libro de Tracy Kidder *The soul of a new machine?*).[29] Sin embargo, con demasiada frecuencia, un proyecto creado sin el respaldo ni el apoyo de la organización matriz se enfrenta a un final sombrío (ya se termine con él en una lucha política interna cuando se vuelve demasiado grande como para ignorarlo, o si se deja que se vaya marchitando sin dar frutos por no disponer de los recursos necesarios para alcanzar sus ambiciones): Tal y como ha señalado Steve Blank, la mera presencia de unos trabajos especiales indica que la organización todavía no ha alcanzado la maestría en la innovación continua.[30]

Reto del nivel 4: Lanza algunas victorias oportunistas

Habiendo empezado a trabajar en proyectos en la fase del nivel 3, una organización con capacidades para el nivel 4 comprende lo suficiente para llevar una idea por todo el camino hasta llegar a su ampliación y lanzamiento. La ideación es, por supuesto, importante, pero la primera versión de una idea casi nunca es la que acaba llegando

28. Godlewski, M. (2005): «How skunk works got its name», *General Aviation News,* 4 de noviembre de 2005, https://generalaviationnews.com/2005/11/04/how-skunk-works-got-its-name
29. Kidder, T.: *The soul of a new machine.* Thorndike Press, Thorndike (Maine), 1981.
30. Blank, S. (2014): «Why corporate skunk works need to die», *Forbes,* 10 de noviembre de 2014, www.forbes.com/sites/steveblank/2014/11/10/why-corporate-skunk-works-need-to-die/#498e6ea83792

al mercado. En lugar de ello, la ideación debe verse seguida por la incubación, en la que la idea se transforma en un prototipo, se prueba, se muestra a los clientes, se vuelve a probar, se valida y se hace avanzar. Steve Blank llama a esto el proceso de «descubrimiento del cliente».[31]

Tras la incubación tenemos la aceleración. Yo empleo una metáfora bastante a propósito. Piensa en tu principal negocio como en un cierto número de vehículos circulando a lo largo de una autopista de ocho carriles a toda velocidad. Tu nuevo negocio, que está a punto de lanzarse, debe llevarse a alcanzar un ritmo al que pueda unirse al tráfico sin que le hagan salirse de él. Ése es, frecuentemente, un proceso inesperadamente doloroso para los equipos de innovación.

Debemos ocuparnos de las deudas técnicas y organizacionales. En la parte técnica, el código de que eso era «suficientemente bueno» necesita ahora llevarse a escala industrial. Surge una cuestión similar con las deudas organizacionales. Con las prisas de iniciar y lanzar un nuevo negocio, es probable que se tomen atajos de todo tipo en lo que respecta a las personas: «No nos preocupemos por los cargos formales, los niveles de sueldo ni los análisis: ¡hagamos algo grande!». Eso es genial en las primeras etapas, pero ahora necesitas a gente con verdaderos cargos que estén buscando una trayectoria profesional. Tu negocio, que probablemente se haya visto protegido de demasiadas interferencias por parte de las funciones de asistencia, tiene ahora que portarse bien con los departamentos legales, de recursos humanos, las conformidades y la oficina del director ejecutivo. Tiene que conectar con los ritmos de la empresa, como el ciclo de la elaboración de presupuestos. Las organizaciones con un nivel 4 de dominio de la innovación frecuentemente acaban de empezar a comprenderlo y siguen diseñando sus programas de aceleración en aislamiento.

Reto del nivel 5 (emergente) y el nivel 6 (en maduración): Sistemas, estructuras y rutinas

Uno de los mayores cambios entre los niveles anteriores y estos dos es que se destina específicamente un presupuesto para actividades relacionadas con la innova-

31. Blank, S. G.: *The four steps to the epiphany: Successful strategies for products that win*. Cafepress.com, Foster City (California), 2006.

ción a lo largo y ancho de la organización. Ya no depende del ciclo de negocio o de las preferencias de los líderes de mayor nivel, sino que es una partida presupuestaria más bien rutinaria, de modo parecido a lo que pasa con otros procesos organizacionales clave.

Con los niveles 5 y 6 vienen unas prácticas que se hacen cada vez más rutinarias y repetibles para generar un flujo continuo de innovaciones. Hay un sistema de innovación identificable del que pueden hablar la mayoría de los miembros de la organización. Hay un mecanismo de gobernanza que regula las decisiones sobre qué innovaciones deberían apoyarse, redirigirse o detenerse. Hay un flujo exclusivo de recursos centrados en la innovación en lugar de en apoyar el negocio ya existente. Las prácticas de innovación se miden, y esto importa cuando las mediciones no muestran un progreso.

La mayoría de los empleados han recibido algún tipo de formación sobre temas de innovación y se les proporcionan mecanismos bien comprendidos para presentar ideas. Los criterios que determinan si una innovación concreta es adecuada para que así avance están claros para la mayoría de la gente. La redistribución de recursos a lo largo de distintos proyectos se da con mayor rapidez y fluidez. Las barreras que evitan que los líderes de las unidades de negocio abracen la innovación con entusiasmo (como que te consideren responsable de unos resultados impredecibles) son eliminadas.

También empezamos a ver una redistribución de talento en la que las mejores personas concentran su atención y energía en proyectos potenciales de crecimiento en lugar de en la resolución de problemas para el negocio actual. También existe una increíble flexibilidad sobre la estructura de la organización, con las innovaciones yendo hacia las estructuras que es más probable que las respalden con éxito. Se dedica atención a asegurarse de que los equipos de innovación sean diversos en términos de procesos de pensamiento, habilidades y experiencia.

Reto del nivel 7: Institucionalización

En el nivel 7, la innovación se asocia con la marca de la organización de una forma importante, y los líderes de mayor nivel consideran el fomentar la innovación como un asunto clave en la agenda. Se espera de los ejecutivos que respalden la agenda de innovación, y esto se convierte en un elemento crucial de su compensación.

Los empleados saben cómo acceder a pequeños conjuntos de recursos para experimentar y probar ideas, y qué hacer si esas ideas parecen prometedoras. La tecnología se emplea para complementar la comunicación humana y acelerar la toma de decisiones.

La compañía empieza a explicar la historia de la innovación en sus comunicaciones internas y externas. Genera una plataforma tecnológica que apuntala el esfuerzo (un sistema operativo de la innovación). Continúa con la transformación de su núcleo mientras se añaden nuevos recursos.

En esa fase, la organización debería disponer de un canal de innovaciones, una gobernanza y unos procesos de financiación sólidos, empleados formados y con conocimientos sobre estos procesos, y unos clientes encantados con lo bien que les está sirviendo la compañía.

Reto del nivel 8: Renovación continua

Alcanzar un grado elevado de maestría en la innovación no implica que esa organización se quede ahí. El gran reto para este nivel consiste en conservar lo que está funcionando y en eludir las fuerzas que podrían arrastrar a la organización hacia abajo en la escala de dominio de la innovación. He pasado cientos de horas (y mis clientes muchísimas más) ayudando a desarrollar maravillosos sistemas de innovación sólo para ver cómo un régimen posterior los desmantela. Esto suele conducir, algunos años después, a artículos en la prensa comentando la caída en desgracia de la organización, con unos titulares que dicen algo así como «¿Qué demonios le pasó a X?».

Es extraordinariamente tentador para los líderes retroceder hacia la priorización de los resultados a corto plazo en el negocio existente, especialmente si, en primer lugar, no formaron parte de la travesía de la innovación. La estructura de los mercados públicos en la actualidad recompensa a esos líderes con unos beneficios muy grandes. Entre los mecanismos que se han identificado que socavan los procesos de innovación de las organizaciones tenemos las recompras de acciones, que se han convertido en un vehículo para recompensar a los ejecutivos y los inversores. Las recompras estimulan el precio de las acciones y, por lo tanto, la compensación de los ejecutivos, cuando ésta se otorga basándose en el aumento de precio de las acciones. Lamentablemente, los recursos que fluyen hacia las recompras no están disponibles para su inversión en el futuro (o en la gente, o en otros activos).[32] El reto de crear una organización de nivel 8 es hacer que siga siendo una organización de nivel 8 mediante la selección de líderes que tengan en mente su mejor interés a largo plazo.

Desarrollar dominio de la innovación paso a paso

Tal y como hemos visto en el caso de Klöckner, por tentador que pueda ser intentar pasar de un nivel inferior a uno superior en la escala de dominio de la innovación, un movimiento así es casi siempre una receta para la decepción. Desarrollar el dominio de la innovación es una aventura de aprendizaje organizacional, y aprender y dominar no son cosas que se den al instante. Recuerda cómo Klöckner pasó por las etapas a lo largo de su trayectoria, que duró muchos años.

Cuando Rühl asumió el mando de Klöckner en 2009, mi estimación es que todo el sector del acero estaba trabajando, en gran medida, en el nivel 1. Era lento, conservador y tradicional. El trauma de la Gran Recesión de 2008, unido a la agresiva globalización de la industria acerera china convenció, por lo menos a Rühl y a su junta, de que el modelo de negocio que existía entonces no era viable. Sabían, en efecto, que había llegado el momento de ver lo que se avecinaba.

El punto de inflexión alrededor de las tecnologías digitales que atrajo la atención de Rühl desencadenó su movimiento hacia la actividad de nivel 2: primero con un esfuerzo interno decepcionante y después con un grupo pequeño aparte pero libre con un conjunto distinto de habilidades y suposiciones. A medida que la compañía pasó por lo que yo llamaría los niveles 3 y 4, el trabajo empezó a llevarse a cabo no sólo en el puesto digital avanzado de Berlín, sino también de vuelta en la «nave nodriza». Se produjo un esfuerzo para «horizontalizar» y ampliar las comunicaciones sin tener en cuenta la jerarquía. Hubo formación. Hubo procesos mediante los cuales la gente que no era primordial para el esfuerzo de innovación se benefició, no obstante, de su efecto liberador sobre la empresa.

A medida que el esfuerzo de digitalización sigue en Klöckner, se puede asumir que la compañía pasará metódicamente a niveles incluso superiores de dominio de

32. Lazonick, W. (2014): «Profits without prosperity», *Harvard Business Review,* septiembre de 2014.

la innovación, con lo digital proporcionando el impulso para una importante transformación de la corporación y un regreso al crecimiento dirigido por la inflexión.

Moralejas clave

Avanzar a través de un punto de inflexión suele implicar trabajar en dos retos masivos al mismo tiempo, haciendo que el negocio central avance en cuanto a su capacidad competitiva y generando nuevas aptitudes que serán relevantes para el futuro.

Los modelos de negocio habilitados digitalmente suelen ser colaborativos. Existe la necesidad de repensar dónde se encuentran los límites de la organización. Las empresas tradicionales que dominan el mercado no pueden depender de las barreras tradicionales de entrada.

Cuando un conjunto de soluciones existentes hace un mal trabajo a la hora de responder a «las tareas que tienen que llevar a cabo» los clientes, genera una oportunidad para que un nuevo participante consiga un punto de apoyo.

Reconocer que tanto las empresas existentes como las nuevas tienen contribuciones que hacer y diseñar los incentivos de acuerdo con ello es clave.

Las técnicas sencillas (como un sistema de comunicación libre de jerarquías y la amplia disponibilidad de formación y mejora de las cualificaciones) pueden ayudar a derribar las barreras jerárquicas.

Avanzar por la escala de dominio de la innovación frecuentemente implica un cambio de gran envergadura en las prácticas y los procedimientos. Es un desafío para las suposiciones, los incentivos y las disposiciones organizacionales mantenidos durante mucho tiempo, y debe estar bien orquestado con un apoyo suficiente por parte de los altos directivos.

8

Cómo el liderazgo puede y debe aprender a ver lo que se avecina

«La gente soportará un liderazgo nefasto, terrible e incompetente, siempre que las cosas estén yendo bien, pero cuando se produzca la inevitable crisis, la perspectiva de las tropas cambia, el foco pasa a la competencia y la presión se dispara».[1]

THOMAS KOLDITZ, General de brigada retirado

Nunca pretendí ir a una universidad exclusivamente para mujeres durante mis años de estudiante de grado. De hecho, cuando me admitieron en el Barnard College, una de las «Siete Escuelas Hermanas» en esa época, llevó mucha convicción persuadirme de que estar en Nueva York, formar parte de la Universidad de Columbia y estar en un lugar con un enorme compromiso con la enseñanza y el aprendizaje haría que valiese la pena tener que vivir en una especie de convento durante cuatro años.

Por supuesto, no podría haber estado más equivocada. Barnard fue transformador para mí. Cuando a mi hija le llegó el turno de ir a la universidad, y ella también escogió Barnard, no pude haberme sentido más orgullosa. Pero, aunque estoy más que contenta de charlar contigo largo y tendido acerca de los pros y contras de las facultades exclusivamente para mujeres, la educación femenina y, por asociación, de una educación en humanidades, eso no es en realidad de lo que trata este capítulo.

En lugar de ello, explora el tipo de modelos de liderazgo en los que deberíamos estar pensando en las organizaciones que son proclives a puntos de inflexión frecuentes y más desestabilizantes. Así pues, regresemos a Barnard (más o menos). Ahora

1. Kolditz, T. (2018): comunicación por *email* con la autora, 29 de diciembre de 2018.

doy clases en una institución hermana (¿hermano?) de Barnard: la Escuela de Negocios de Columbia, frecuentemente en nuestras aulas de Formación para Directivos.

La entrada de las mujeres en los cursos de liderazgo

Hace un par de años, se me acercó una pequeña pero apasionada delegación del equipo de desarrollo del programa de la Escuela de Negocios de Columbia. Parece que se habían estado reuniendo durante bastante tiempo con un grupo del Centro Athena de Estudios de Liderazgo del Barnard College.

La creación del Centro Athena fue una iniciativa fuertemente patrocinada por la presidenta del Barnard College, Debora Spar, que había llegado a Barnard desde la Escuela de Negocios de Harvard. Quería crear un lugar que se concentrara en el liderazgo además de en el plan de estudios de humanidades por el que Barnard ya era muy conocido. El personal usaba sus conocimientos sobre el liderazgo femenino para desarrollar programas específicamente para orientar a las organizaciones para que ayudaran a las mujeres a progresar. El centro disponía de diagnósticos elegantes y un conjunto pequeño, pero muy bien gestionado, de sesiones que estaban usando con algunas compañías atraídas por el nombre de Barnard y una clara legitimidad sobre la versión de los hechos desde el punto de vista femenino.

El equipo de desarrollo pensó que había una gran oportunidad para que estos programas se ampliasen en el sector de la inscripción abierta (lo que significa que gente de todo tipo de organizaciones distintas podría asistir a ellos). Querían generar un modelo de trabajo en el que el grupo de Formación de Directivos gestionara la logística, el *marketing* conjunto y la promoción, y la gente de Barnard proporcionaría expertos en la materia, su genial marca y quizás el uso de las maravillosas instalaciones de Barnard. Tienes que adorar un lugar en el que los cuadros al óleo de los «intrépidos líderes» del pasado son de mujeres con aspecto de estar al mando.

Pero me desvío del tema. Parece ser que toda la idea sólo tenía un pequeño problema: necesitaban a alguien del cuerpo docente de Formación de Directivos estuviera de acuerdo en convertirse en el director del profesorado del programa conjunto. Esa persona sería el rostro del programa y sería la responsable de seleccionar al cuerpo docente, dirigiendo el diseño general del plan de estudios y generando una experiencia coherente para los participantes. Esa persona, además, sería, como de costumbre, una experta en algún elemento del temario. A pesar de que disponemos de un buen número de miembros del profesorado que trabajan en áreas que se centran en temas de géneros y relacionados con las mujeres, nadie quería asumir la responsabilidad de crear, lanzar y dirigir un programa completamente nuevo. Como resultado de ello, el equipo se preocupó porque quizás el plan no fuera a llegar a ninguna parte.

Entonces, resultó que un miembro del equipo estaba leyendo mi biografía y (¡bingo!) se dio cuenta de que era licenciada por Barnard y una antigua alumna bastante leal. Cuando el equipo me abordó, dije que el avance de las mujeres y los asuntos de género no eran mi especialidad, y aparte de eso, era 2016, ¿y por qué demonios seguiría necesitando el mundo un programa así?

En un buen estilo académico, el equipo procedió a sumergirme en la investigación. Mientras revisaba estudio tras estudio sobre las múltiples formas en las que mujeres talentosas (y las organizaciones que quieren realmente tratarlas de forma justa en la mayoría de los casos) quedan excluidas de los puestos ejecutivos, me vi persuadida. También un poco enfurecida, para ser completamente honesta.

«De acuerdo –dije–. Hagámoslo». El curso resultante se llamó «Mujeres en puestos de liderazgo: Expandir la influencia y liderar el cambio».

Tuvimos un gran lanzamiento, con las apariciones estelares de Nancy McKinstry, directora ejecutiva de Wolters Kluver, la editorial a nivel mundial; y Sharon Price John, directora ejecutiva del Build-A-Bear Workshop. Glenn Hubbard, decano de la Escuela de Negocios de Columbia, y Debora Spar, inauguraron el programa conjuntamente, y las participantes fueron maravillosas. Y entonces, por supuesto, surgió el movimiento «*me too*», haciendo que mi escepticismo sobre por qué un programa así seguía siendo necesario pareciera algo más que cándido.

¿Qué formas de liderar tienen las mujeres?

Para nuestros propósitos aquí, lo que importa sobre mi papel en ese programa fue un gran momento en el que se me encendió la bombilla (para mí fue así, al fin y al cabo). Habíamos invitado a Sally Helgesen, que junto con el mundialmente famoso *coach* ejecutivo Marshall Goldsmith acababan de publicar un libro titulado *How women rise*, para que se dirigiesen a la clase. Helgesen hizo una observación que para ella probablemente era algo descartable, pero que me afectó profundamente. Allá por 1990 Helgesen había publicado un libro que intentaba hacer, por las mujeres líderes, lo que Henry Mintzberg había hecho por los hombres líderes en la década de 1970: es decir, averiguar qué hacían en el trabajo durante todo el día.[2]

«De lo que nos hemos dado cuenta desde entonces –dijo Helgesen a la clase– es que las cualidades que vi que mostraron las mujeres líderes en mi investigación eran exactamente las mismas cualidades que ahora estamos viendo que son esenciales para los líderes de todo tipo de entornos que cambian más rápidamente y más inciertos». Eso me hizo pensar. ¿Habían estado esas mujeres en la vanguardia de un cambio radical por la forma en la que lideraban organizaciones, y quizás se vieron forzadas a concebir un nuevo modelo porque no encajaban en el antiguo?

Las líneas generales de ese modelo, que fueron sorprendentes entonces, lo son menos ahora. Las mujeres del estudio de Helgesen se centraban «en llevar a cabo varias tareas, más que en su compleción». Crearon «redes de inclusión», más que jerarquías.[3] Los flujos de información estaban ampliamente distribuidos, y el papel de la líder de mayor nivel era como conectora y guía, más que como emisora de órdenes. Las líderes conservaban sus derechos de decisión y su autoridad, pero permitían una enorme autonomía a aquellos que se encontraban más cerca de la situación.

Todo esto me estaba empezando a resultar muy familiar.

Cuando me fijo en los líderes empresariales actuales, hombres y mujeres, veo estos mismos patrones. Alan Mulally, legendario por los giros radicales en Boeing y Ford, hace referencia a su papel entre sus equipos directivos como el de «facilitador». El general Stanley McChrystal, el líder de la lucha de Estados Unidos contra Al Qaeda, habla de crear lo que él llama «consciencia compartida» y confianza entre los miembros del equipo, de modo que las decisiones puedan ser tomadas por aquellos que se encuentran más cerca del problema, independientemente de su veteranía. Mark Bertolini, de Aetna, se tomó un interés personal por la vida de sus empleados y quedó sorprendido por la factura económica, y por lo tanto personal, bajo las que trabajaban. El resultado fue su controvertida decisión de incrementar el sueldo mínimo en Aetna y mejorar sus prestaciones sanitarias. Y en docenas de otros casos que encontré en la investigación para escribir este libro, parece que hay un nuevo modelo de liderazgo que se está convirtiendo más en una realidad, y no sólo para las mujeres.

---

2. Helgesen, S.: *The female advantage: Women's ways of leadership,* 1.ª ed. Doubleday, Nueva York, 1990 (Trad. cast.: *La ventaja de ser mujer: el liderazgo femenino.* Juan Granica, D.L.: Barcelona, 1992); Mintzberg, H.: *The nature of managerial work.* Harper & Row, Nueva York, 1973. (Trad. cast.: *La naturaleza del trabajo directivo.* Ariel: Barcelona, 1991).

3. Helgesen, S.: *La ventaja de ser mujer: el liderazgo femenino.*

¿Qué tiene que ver este estilo de liderazgo con ver lo que se avecina?

A lo largo de este libro, he hecho hincapié en que detectar y emprender acciones con respecto a un punto de inflexión no es algo que pueda llevar a cabo alguien en una oficina en un piso alto y con vistas panorámicas.

Tal y como ha dicho Jeff Bezos, ver cómo se aproximan los puntos de inflexión no es, normalmente, el mayor reto: lo es ver sus implicaciones para las formas, que damos por sentadas, en las que hacemos negocios, decidiendo qué vector seguirá tu organización, y luego, llevar a la organización a lo largo de ese camino le permitirá abrirse paso a través de un punto de inflexión y superarlo llegando más fuerte al otro lado. También lo es pensar detenidamente en los beneficios a largo plazo para la organización, incluso aunque las transiciones a corto plazo sean un tanto dolorosas.

En otras palabras, primero debes ver, como organización, el potencial para que se dé un punto de inflexión. Entonces deberás decidir qué hacer al respecto, colectivamente, ya que no siempre está claro qué hacer por el simple hecho de que hayas visto que está viniendo un cambio. Entonces debes movilizar a la organización, cosa que frecuentemente es difícil, ya que la gente se habrá acostumbrado a la forma en la que normalmente se hacen las cosas. La mayoría de las personas de la organización nunca han tenido que pasar por un punto de inflexión importante. La mayoría de la gente se ha visto recompensada por, bueno, por hacer lo que sea de interés para la forma actual de hacer negocios y para el modelo actual de negocio. Esperar que dejen todo eso atrás y que se embarquen en un viaje que parece muy incierto es todo un reto.

Si la nieve se derrite desde los bordes, entonces la capacidad de llegar a los bordes y escuchar sus mensajes es absolutamente clave. Ser capaz de detectar señales débiles de que las cosas están cambiando requiere de más ojos y oídos a lo largo y ancho de la organización. La información crucial que asesora sobre la toma de decisiones suele estar encerrada en cerebros individuales. De algún modo, los líderes necesitan poder acceder a esa información y proporcionarla, con el nivel adecuado de precisión, a todos.

La gente debe estar dispuesta a aportarte a ti, como líder, pruebas invalidantes: indicadores de que tus suposiciones eran erróneas y que desafíen a las formas, dadas por sentadas, de hacer negocios. Relacionarse genuinamente con los clientes, con sus puntos críticos y con sus tareas requiere de estar motivado e incentivado para entrar en ese terreno y empatizar con ellos.

Proporcionar a la gente el coraje (y las metodologías) para implicarse en un aprendizaje rápido, incluso cuando las cosas son inciertas, es algo que puede tener un impacto a escala sólo si el equipo de altos directivos lo respalda. Movilizar a la organización alrededor de un conjunto común de objetivos es, una vez más, una tarea central del equipo de altos directivos, tal y como hemos visto con la experiencia de Satya Nadella y de la transformación de Microsoft. Unir el negocio central y los negocios nuevos requiere de un profundo respeto por lo que ambos traen consigo: sensibilidad en el lado humano de las cosas y la voluntad de romper un poco el molde, tal y como hemos visto con la historia de Klöckner en el capítulo 7. Profundicemos en el aspecto que tiene esto a un nivel meticuloso. ¿Qué es lo que uno debe *hacer de verdad para crear una organización que pueda ver colectivamente lo que se avecina?*

Pensemos en una historia destacable sobre el liderazgo: la de un director ejecutivo fundador que llevó, a lo largo de un período agotador de casi diecisiete años, a una empresa emergente que sobrevivía a duras penas a una oferta pública de acciones y luego a una compra enormemente rentable. Ella se llama Gail Goodman.

«La larga y lenta rampa de la muerte del *software* como servicio»

La compañía de marketing por *email* Constant Contact nos proporciona una perfecta historia sobre un punto de inflexión. Esta empresa tuvo un crecimiento gradual durante años hasta que acabó alcanzando el éxito.

En 1999, Gail Goodman se unió a la empresa emergente *(startup)* Roving Software, una agencia formada por siete personas fundada por Randy Parker que trabajaba desde un ático en Brookline (Massachusetts). Ella era, en realidad, la directora ejecutiva de esta *startup*. En esa época, la compañía tenía una idea sobre la creación de *software* que ayudaría a pequeñas y medianas empresas, pero todavía no había entrado en el mercado. Tal y como dijo Goodman en 2013: «Me uní antes del lanzamiento del producto, antes de que consiguiera ingresos y antes de su financiación».[4] Cuando se hizo su lanzamiento, la compañía ofreció respaldo en forma de *marketing* por *email* a pequeñas empresas y a organizaciones sin ánimo de lucro para ayudarlas a hacer aumentar su público. Dada su base de clientes objetivo, un precio semanal de suscripción de treinta dólares era prácticamente todo lo que podían esperar conseguir por sus servicios. Goodman dijo más tarde: «Los vicepresidentes se asquearon con esto. No puedes hacer que las cuentas de este negocio cuadren». Eso fue en 1999, antes de que el modelo de negocio para conseguir unos ingresos periódicos, el *software* como servicio (o SaaS, por sus siglas en inglés), se reconociera que era potencialmente atractivo. Admitió que «De algún modo tenían razón: conseguir crecer iba a llevar mucho tiempo, y de aquí la larga, lenta rampa de la muerte del software como servicio».

Roving Software lanzó su solución de computación en la red en octubre de 2000. La captación de clientes fue lenta, empezando con cien clientes, y luego mil. La idea que la compañía tenía en esa época era que el crecimiento tendría lugar al estilo de un punto de inflexión: que finalmente habría un momento crítico y que a partir de ahí el crecimiento se dispararía.

Lamentablemente para ellos, el punto crítico prometido resultó consistir en muchos «espejismos». Tal y como relataría Goodman más adelante, las primeras fases se parecían mucho más a un volante de inercia (encuentra algo, repítelo, encuentra algo distinto, repítelo, etc.) que a un *stick* de hockey. Y esto siguió siendo así durante años.

Descubrir un escenario en el que la compañía podría ganar

Finalmente, la compañía, que cambió su nombre por el de Constant Contact en 2004, alcanzó un punto de inflexión. Lo que hizo eso posible fue darse cuenta de las dinámicas en este escenario, tal y como lo definió Goodman más adelante: una

---

4. Goodman, G. (2013): «Founders can't scale: Gail Goodman at TEDxBeaconStreet», YouTube, 6 de diciembre de 2013, www.youtube.com/watch?v=0NzBgfyRbho. A no ser que se indique lo contrario, todas las citas de Goodman en esta sección proceden de esta charla o de Goodman, G.: «How to negotiate the long, slow, SaaS ramp of death» (discurso, Business of Software USA 2012), publicación en blog por Mark T. Littlewood, 26 de febrero de 2013, https://businessofsoftware.org/2013/02/gail-goodman-constant-contact-how-to-negotiate-the-long-slow-saas-ramp-of-death/

«combinación entre comprender nuestros canales en la parte superior del embudo, nuestra conversación sobre el embudo y el valor de nuestro negocio a lo largo de toda su vida». Cuando todas ellas se unieron, la compañía invirtió fuertemente en crecimiento. Al final llegó un punto de inflexión deseable: ¡y el negocio despegó! Tal y como dijo Goodman, con un cierto triunfalismo, en 2012: «Así pues, ese año conseguiremos más de 250 millones de dólares en ingresos [...] y lo haremos ganando treinta y nueve dólares cada vez».

Claramente, los resultados como éste no se dan por casualidad. Estaba intrigada por las lecciones de liderazgo que uno podría averiguar del camino de diecisiete años de esta compañía hasta llegar a ese punto.

El liderazgo como alineamiento y colaboración incesantes

Goodman llegó a la compañía después de haber vivido varias experiencias en otras empresas que le hicieron macharse. Tal y como me dijo en septiembre de 2018: «Una cosa interesante por la que pasé como directora ejecutiva novata fue que no había visto un modelo a seguir de colaboración en un equipo ejecutivo. No había estado en ningún equipo ejecutivo en el que todos trabajasen juntos. Me propuse hacerlo de forma distinta. Vi el tremendo desaprovechamiento de recursos que era tener toda esa lucha interna en el equipo ejecutivo. Haciendo que todo esté en la misma onda podrás usar tus recursos de forma más eficaz».[5]

El papel clave del director ejecutivo: Mantener a los ejecutivos en la misma onda y trabajando juntos

Un aspecto universal del liderazgo de todo tipo es que allá donde el líder concentra su atención es donde la organización tiende a concentrarla. «Como líder, el lugar al que dediques tu tiempo es una de las decisiones, con respecto a las inversiones, que puedes hacer», ha dicho Goodman.

La primera distinción entre la forma en la que Goodman abordó su papel y lo que podríamos pensar que era un liderazgo vertical más tradicional es la forma en

5. Goodman, G. (2018): entrevista con la autora, 13 de septiembre de 2018.

la que definió la única tarea que puede llevar a cabo un director ejecutivo: actuar como el pegamento esencial que mantiene a un conjunto variado de empleados trabajando de manera constante en pro de un conjunto de prioridades bien entendidas. Tal y como lo expuso:

La calidad del equipo de liderazgo que puedas aglutinar va a suponer un importante cambio decisivo en lo exitoso que sea tu negocio; pero la idea que me gustaría transmitir es que no sólo se trata de las personas individuales, sino también de la calidad de la asociación de los individuos. En Constant Contact invertimos una enorme cantidad de tiempo en ser un gran equipo a nivel del grupo de ejecutivos, y al siguiente nivel inferior, y al siguiente nivel inferior. ¿Por qué? Viví varias experiencias antes de Constant Contact en las que los ejecutivos no estaban en la misma onda y estaban enfrentándose, y lo que eso provocó en la organización fue simplemente horrible. Era caótico, era ineficiente [...]. Todos conocemos estas historias, pero si permites que eso suceda, se despilfarrarán recursos de una forma impresionante [...]. También te encontrarás con que el antídoto contra la complejidad es el alineamiento del equipo y la priorización.[6]

En una conferencia dada en 2013, describió el proceso de tomarse dos días libres fuera de la empresa dos veces al año para el equipo, con un día libre fuera de la empresa en otras ubicaciones. Durante ese tiempo, dijo, «nos alineamos». Primera cuestión: *estrategia*. La estrategia, decía Goodman, es bastante sencilla: definir «a quién servimos, qué problema estamos resolviendo y cuál es nuestra ventaja competitiva singular». Aunque eso parece ir directamente al grano, citó los problemas que pueden surgir cuando la estrategia general no está clara para todos los miembros del equipo. Si eres descuidado en cuanto a la dirección de la estrategia de la compañía, se desarrollarán muchas cosas innecesarias, y mucha gente quedará confundida con respecto al «porqué».

La segunda cosa que se encuentra en la mesa para el alineamiento es a lo que se refería como «*el asunto de la cultura*». Esto incluye la misión, la visión y los valores. Goodman podía recitar cada uno de estos factores cuando estaba en Constant

6. Ibíd.

Contact, y se aseguró de que todos los demás en el equipo también pudieran hacerlo.

A continuación, tenemos el *alineamiento con respecto a las prioridades clave.* Obtener claridad sobre lo que es realmente importante en el negocio y en qué orden de prioridad es un tema crucial. Esto recibe el nombre de «gritos de guerra» en el libro *The advantage*,[7] de Patrick Lencioni: «Procedíamos de estas ubicaciones externas con gritos de guerra y prioridades –explicaba Goodman, y luego añadía–: Siempre es mejor hacer dos o tres cosas completamente distintas perfectamente bien que hacer ocho a medias». Tal y como apuntaba, el equipo ejecutivo necesita ejercer la disciplina de tomar decisiones, y estar en sintonía con las decisiones correctas lleva tiempo.

Desde el mando y control hasta el liderar a través del feedback

Otro aspecto del liderazgo de Goodman que encontré claramente diferente al tradicional modelo de mando y control es el grado en el que hace hincapié en la importancia del *feedback* para moldear su propia conducta. En otras palabras, reconoce que sólo puede seguir siendo eficaz mediante el *feedback*. Tal y como dijo en 2013, tienes que querer mirar al espejo.

Describía cómo, relativamente pronto durante su cargo en Constant Contact, contrató la ayuda de un facilitador para obtener *feedback* de sus colegas. La reacción inicial de Goodman fue de sorpresa sobre lo mucho que estaba haciendo que otros percibían que no era muy útil.

Explicó una anécdota genial sobre cómo todos tendemos a ver nuestras debilidades y fortalezas (en nuestra mente). Dijo que una de las suyas es ser impaciente. «Pero también estaba haciendo daño a mi equipo de algunas formas muy profundas. Una de las cosas que inventé a lo largo del camino fue mi propia pequeña señal interior para los ponentes: funcionaba más o menos así [un movimiento circular con sus manos]. Sabías lo que significaba: "Lo pillo, lo pillo, ve más rápido". Y una vez más, lo acompañaba de una pequeña racionalización: es reafirmarles que esté con ellos [para gran risa del público].

7. Lencioni, P.: *The advantage*. Jossey-Bass, San Francisco, 2012.

»Tal y como resulta obvio para vosotros, el público, no es agradable estar en el lado receptor. El primer problema es que estaba restringiendo la discusión. En segundo lugar, estaba enviando un mensaje inmensamente irrespetuoso al ponente [...]. Pero entonces, la parte verdaderamente mala empezó a captarse. Me encontré con que la gente no estaba trayendo su nuevo talento prometedor para presentármelo porque no querían desmoralizarse. Éstas eran las mismísimas personas a las que quería conocer y apoyar. Ellas eran el futuro de la compañía y yo no las estaba conociendo. Y, por lo tanto, tuve que cambiar».

Entre las nuevas prácticas que implementó para obtener *feedback,* estaba pasar tiempo con un grupo de orientación formado por iguales que incluía a gente de fuera de Constant Contact (y que, por lo tanto, quedaba fuera de su control). Los miembros del grupo se proporcionaban, los unos a los otros, *feedback* de forma regular, como por ejemplo preguntando: «¿A qué has dedicado tu tiempo este último trimestre y a qué esperas dedicarlo este próximo trimestre?».

Dentro del equipo de gestión de Constant Contact, hizo un gran esfuerzo por motivar a todo el equipo para que aportara *feedback* serio en términos de desempeño individual, desempeño del equipo y lo bien que se entendían los miembros del equipo los unos con los otros. Tal y como lo expresó: «Tuve que estar dispuesta a fijarme constantemente en mí misma, como la directora ejecutiva, como la líder, y reconocer que estaba fastidiando el equipo». Si el equipo es disfuncional, decía, como directora ejecutiva «¡Es culpa tuya! Es culpa tuya porque o no estás generando un entorno en el que el equipo se vea forzado a resolver sus conflictos o no estás escuchando, o alguien de tu equipo no está escuchando y tú no le estás diciendo que eso no está bien. Una de tus responsabilidades clave consiste en asegurarte de que tu equipo sea un equipo. Eso no te lo explican en el manual de directores ejecutivos, pero es así, y lleva tiempo hacerlo».

Además de los bucles de *feedback,* insiste Goodman, la implicación en la estrategia requiere de una enorme inversión en comunicación. Comunicarse, comunicarse y comunicarse: misión, visión, valores, prioridades, gritos de guerra, asuntos clave. La comunicación tiene que llegar hasta el otro extremo, y no sólo en una dirección, sino en ambas. La gente debe implicarse con el contenido y el material para internalizarlo. Tal como ha dicho Goodman: «La gente no se sienta en una reunión de todo el equipo y obtiene una estrategia».

El *feedback* es un regalo, apunta, pero es un regalo que a los líderes les gustaría más dar que recibir. Cuanto más arriba te encuentres en la jerarquía, menos *feed-*

back sin filtrar recibirás, y más necesitarás estructurar los procesos de liderazgo para protegerte de eso.

Foco externo incesante e indicadores de vanguardia

De acuerdo con los otros grandes líderes que aparecen en este libro, Goodman mantuvo a su equipo en Constant Contact incesantemente centrado en indicadores de vanguardia (o destacados) y datos externos. Como su estrategia consistía en atraer a grandes cantidades de pequeñas empresas y conservarlas como clientes, el indicador destacado clave para ellos era gestionar el embudo de ventas. Tal y como lo ha expresado: «Todos en la compañía sabían sobre la gestión del embudo». Esto nos hace recordar a Satya Nadella, de Microsoft, que instaba a sus líderes a centrarse en los indicadores de vanguardia de utilización por parte del cliente, incluyendo el «amor del cliente».

En conjunción con su concentración en los indicadores de vanguardia, Goodman ha dicho que le preguntan mucho por qué la compañía siguió avanzando durante la larga y lenta fase de la rampa. Reitera la pasión fundamental que los líderes de Constant Contact tenían por sus clientes. «Eran nuestros clientes y su afirmación de nuestro valor. La cosa más importante que nos mantiene juntos es nuestra pasión por ayudar a las pequeñas empresas. Simplemente seguimos viendo que cuando usaban nuestro producto, obtenían ingresos de verdad, y eso nos animó. Explicábamos la historia de un cliente cada semana, y lo seguimos haciendo, ya que lo que hacemos les importa a las pequeñas empresas».

Despertar los músculos de los cambios estratégicos que están dormidos

Goodman hace una distinción entre el tipo de liderazgo que es necesario en una situación cambiante y orientada al descubrimiento y el tipo en el que puedes, simplemente, ejecutar algo. Tal y como me dijo en 2018: «Si tu modelo permanece estático, puede que tengas un equipo de liderazgo que no está implicando a sus músculos del cambio estratégico. Simplemente están ejecutando: están en modo de hacer girar la manivela y volverlo a hacer. Pero si te encuentras en un sector que está sufriendo un cambio, tienes que cambiar por adelantado o como respuesta. Necesitas que tus líderes estén en modo descubrimiento, contigo como directora ejecutiva. No puedes estar en modo descubrimiento tú sola. Lleva un estilo distinto de liderazgo: como líder, debes hacer que comprendan el "porqué". ¿Qué estamos intentando averiguar? El objetivo no consiste en demostrar que algo es incorrecto, sino más bien en hacer que sea correcto».[8]

Liderazgo «creciente»: ¿descubrieron las mujeres líderes un nuevo modelo antes de que llegara su hora?

De vuelta en 1984 (antes de que Sally Helgesen hubiera llevado a cabo su investigación), Jay Bourgeois y David Brodwin se propusieron catalogar los distintos enfoques del liderazgo.[9] Catalogaron debidamente un cierto número de estilos de liderazgo diferentes y tradicionales. Sin embargo, averiguaron que no podían explicar algunas de las conductas de liderazgo que habían observado sin incluir una categoría a la que apodaron liderazgo «creciente».

En el enfoque creciente, tal y como lo describieron, «el papel del director ejecutivo ha pasado del de diseñador al de regulador de premisas y juez. Aquí, el problema estratégico gira alrededor de la capacidad del director ejecutivo de definir los objetivos de la organización (esto es, marcar unas premisas de decisión) de forma suficientemente amplia como para potenciar la innovación, y escoger juiciosamente de entre esos proyectos o alternativas estratégicas que le lleguen».

Entre las desviaciones más importantes con respecto al resto de papeles de liderazgo que examinaron, estaba que los líderes crecientes producen, de hecho, un control estratégico.

Tal y como expresaron: «El director ejecutivo del modelo creciente debe estar dispuesto a arriesgar la pérdida de control en favor de iniciativas estratégicas para sacar el máximo rendimiento de las nuevas oportunidades de negocio que le resulta imposible comprender desde su alto puesto en las oficinas centrales».

---

8. Ibíd.

9. Bourgeois, L. J. y Brodwin, D. R. (1984): «Strategic implementation: Five approaches to an elusive phenomenon», *Strategic Management Journal* vol. 5, núm. 3, pp. 241-264.

Sigue al talento

Michael Sikorsky, un emprendedor en serie de origen canadiense, ha sido proclamado como un «director ejecutivo al que seguir» por el portal CNN Money, «el revolucionario de Internet en Canadá» por la revista *Profit*, una de las cincuenta personas más influyentes de la provincia de Alberta por la revista *Alberta Venture*, y el emprendedor del año en el campo de la tecnología y la comunicación en 2013 por el portal EY. Su compañía, Robots & Pencils, es el mejor ejemplo que puedo encontrar de una organización que encarna la idea del liderazgo creciente. Enseñemos todas las cartas: soy una de los socios fundadores y asesores de la compañía, y ésa es la forma en la que conseguí saber de su perspectiva bastante singular.

Robots & Pencils ha articulado lo que llama estrategia de «seguir al talento». Su posicionamiento estratégico consiste en ayudar a sus clientes «a descubrir qué viene a continuación» en el mundo de la tecnología, de modo que puedan, como dicen los líderes del equipo, convertirse en «resistentes al futuro». Ésta es, en gran medida, una compañía que ha apostado su éxito en ayudar a los clientes a avanzar a través de puntos de inflexión. Tal y como dice su página web: «Nuestro enfoque ha consistido en crear una compañía diseñada para seguir al talento, permitiéndonos reunir una cuota injusta de personas hipercualificadas que consideran a Robots & Pencils su hogar. Es un equipo de gente que no sólo desarrolla soluciones innovadoras para transformar empresas, sino que también crea productos que anteriormente habrían resultado impensables».[10]

Diviértete

Un programa en el que Robots & Pencils invierte se llama FunLabs. Ésta es una expresión directa de la idea del liderazgo creciente. Tal y como dice la compañía, en FunLabs «equipos internos trabajan en hipótesis con iniciativas centradas en tecnologías nuevas y de vanguardia».[11] Es un modelo basado en grupos en el que los empleados están muy implicados en identificar posibilidades de puntos de in-

10. «Everything we do starts by blending the sciences with the humanities, the robots with the pencils», Robots & Pencils, sin datos, www.robotsandpencils.com/#expertise

11. Ibíd.

flexión tecnológicos en los que podrían trabajar. Ésta es una forma en la que Robots & Pencils intenta mantenerse a la última de lo que está por venir para sus clientes.

El proceso empieza con un «informe de reflexiones». Cada persona en Robots & Pencils dispone de la oportunidad de proporcionar aportaciones al informe sobre «tecnologías de vanguardia y tendencias que parecen ser revolucionarias, aquello en lo que está interesado en sumergirse nuestro talento, y lo que pensamos que beneficiará a nuestros clientes».[12] El informe de reflexiones pasa entonces al comité de FunLabs, un grupo recién creado para cada ciclo de FunLabs. La tarea del comité consiste en elaborar tres tecnologías o temas potenciales en los que creen que FunLabs debería centrarse en el siguiente ciclo. Esto recibe el nombre de «menú de resultados».

Cada empleado dispone de cuatro semanas para proponer ideas concretas para experimentos que podrían llevarse a cabo basándose en el menú de resultados. Las propuestas se restringen a las tres mejores ideas. Los finalistas exponen sus ideas con unas presentaciones breves y dinámicas. Las exposiciones se ven sometidas a voto por parte de toda la compañía. En lugar de que el voto sea como el de un concurso de belleza, hay una estructura de votación bastante matizada. La gente que lleva más tiempo en la compañía tiene un voto con más peso. La votación también tiene en cuenta si los empleados creen en la idea con la suficiente fuerza como para abandonar proyectos en los que estén inmersos en ese momento por tener la posibilidad de trabajar en ella.

Una vez que se ha completado el proceso de selección, se instala a un equipo de tres personas en el laboratorio durante dieciséis semanas para llevar a cabo el experimento. Después de eso, se espera que el equipo comparta lo que ha aprendido mediante blogs, demostraciones y un «informe de aprendizaje» trimestral.

Date cuenta de cómo este proceso contacta directamente con los bordes de la empresa para obtener conocimientos, implicación e inspiración, y qué poco de ello se dirige de arriba abajo. Los altos dirigentes marcan los objetivos generales, pero las personas clave y el proceso de votación definen cuáles serán los proyectos reales.

La primera aventura de FunLabs fue un producto llamado Missions, que permite que la gente normal y corriente programe flujos de trabajo en Slack, la herramienta de colaboración de equipos que se usa cada vez más para proporcionar lo

12. Ibíd.

que Gisbert Rühl ha llamado «comunicación no jerárquica» (*véase* el capítulo 7). Missions demostró ser tan atractivo que Slack acabó comprándole este producto a Robots & Pencils, junto con el equipo que lo creó.

Aquí tenemos otro giro interesante sobre la práctica de gestión convencional: a los empleados que abandonaron Robots & Pencils para unirse a Slack se les dejó la puerta abierta por si algún día decidían regresar. Sin entrevistas y sin un proceso de solicitud: simplemente la opción de regresar a la compañía cuando sea conveniente para ellos, si es que lo es. Mientras tanto, se considera que el equipo tiene en una «excedencia de empresa».

Dejando atrás la articulación original de lo que hacen los líderes crecientes, podemos empezar a definir las prácticas que esas personas usan para ayudar a sus organizaciones a superar puntos de inflexión estratégicos.

Articula un rumbo estratégico general para guiar a la empresa a través de puntos de inflexión

Dada la cantidad de cambio y disrupción en el entorno empresarial, algunos han llegado a la conclusión de que todo el proyecto de formular una estrategia es fútil en un cierto grado; pero mis investigaciones sugieren que una estrategia central es más importante ahora que nunca antes, ya que, sin una verdadera claridad sobre la estrategia y las prioridades, el enfoque creciente se desintegrará en forma de una actividad sin rumbo.

Pensemos en un punto de inflexión potencial que esté captando un interés importante en este momento. Larry Fink, fundador y director ejecutivo de BlackRock y gestor de más de 6,3 billones de dólares en activos, envió una carta, de la que se ha hablado mucho, a numerosos directores ejecutivos en enero de 2018. En ella decía que las compañías deben «marcar una diferencia positiva» para la sociedad y que tenía la intención de hacer a sus líderes responsables de ello. Andrew Ross Sorkin, de *The New York Times,* dijo de la carta que era «un punto de inflexión en el debate que se lleva gestando desde hace tiempo sobre el estado del capitalismo global».[13]

---

13. Sorkin, A. R. (2019): «World's biggest investor tells C.E.O.s purpose is the "animating force" for profits», *The New York Times,* 27 de enero de 2019, www.nytimes.com/2019/01/17/business/dealbook/blackrock-larry-fink-letter.html#:~:text=DealBook-,World's%20Biggest%20In-

Fink anunció que, en su avance, BlackRock invertiría de tal forma que tendría en cuenta el impacto a largo plazo sobre la sociedad generado por las compañías en las que invierten. Fink se encuentra entre un grupo creciente de observadores que censura el cortoplacismo económico por parte de las compañías que cotizan en bolsa. Hay una idea en concreto que está siendo criticada como especialmente perniciosa para el capitalismo en su forma actual, y consiste en la idea de que las compañías deberían actuar sólo para generar ganancias económicas para sus inversores. He mencionado la práctica de las recompras de acciones usando recursos que entonces no están disponibles para la innovación en el capítulo 7. El mayor problema (la idea de que los inversores son las únicas partes interesadas que importan) está cada vez más en el punto de mira. Se le está echando la culpa por desbaratar la inversión no sólo en innovación, sino también en el desarrollo de la gente y la creación de una comunidad.[14] Se la ha culpado por el potencial «fin del orden político actual» por nada más ni nada menos que un experto como Martin Wolf, de *The Financial Times.*[15] Los instrumentos usados para implementar la perspectiva del «accionista primero», como las recompras de acciones, unas compensaciones generosas a los ejecutivos relacionadas con las acciones, y obtener tanta rentabilidad como sea posible de los activos existentes, también se han criticado ampliamente por distorsionar la fijación de precios de mercado y por recompensar a los ejecutivos y los inversores en detrimento de otros, como los empleados con muchos años de antigüedad, que tienen interés en lo que pasa con las compañías.[16]

Aunque las políticas exactas que esté proponiendo BlackRock no están explicadas con lujo de detalles en la carta de Fink, está claro que los inversores están prestando atención ahora. A modo de orientación, la empresa publicó en su página web un documento que expone las preguntas que muy bien podría estar haciendo

---

vestor%20Tells%20C.E.O.s%20Purpose%20Is%20the%20'Animating%20Force,step%20into%20a%20leadership%20vacuum

14. Denning, S. (2017): «Resisting the lure of short-termism: Kill "the world's dumbest idea"», *Forbes,* 8 de enero de 2017, www.forbes.com/sites/stevedenning/2017/01/08/resisting-the-lure-of-short-termism-how-to-achieve-long-term-growth/#6e5f03931ca0

15. Wolf, M. (2017): «The long and painful journey to world disorder», *The Financial Times,* 5 de enero de 2017, www.ft.com/content/ef13e61a-ccec-11e6-b8ce-b9c03770f8b1

16. Lazonick, W. (2014): «Profits without prosperity», *Harvard Business Review,* septiembre de 2014.

en reuniones con los equipos y juntas directivos.[17] Nótese que BlackRock no le está diciendo a las compañías que emprendan una acción concreta. En lugar de ello, está intentando situar este asunto en la agenda de sus conversaciones con directores ejecutivos y otros inversores. Estratégicamente, en otras palabras, las empresas que desean el apoyo de BlackRock deben disponer de temas como la gestión del capital humano por adelantado y centrarse en términos de aquello a lo que están prestando atención.

Nótese la forma en la que la estrategia se ha ejecutado. Sí, BlackRock ha dicho que el objetivo social es importante, pero no ha dictado de qué forma debería aparecer en las estrategias de la compañía. Eso es cosa de cada director ejecutivo con el que la compañía quiere mantener conversaciones estratégicas.

Curiosamente, dada la discusión anterior sobre las formas que tienen las mujeres de liderar y la importancia de diversas perspectivas en el pensamiento estratégico, una de las ambiciones de BlackRock consiste en ver que las empresas en las que invierte implementen unas políticas y prácticas rigurosas para promover una agenda diversa.

Mantén la apertura de miras de la organización frente a la información nueva y discrepante

Andy Grove expuso esta idea en su trabajo original sobre los puntos estratégicos de inflexión.[18] Antes de que el patrón esté claro, decía, debes permitir que reine un cierto nivel de caos.

Son esenciales muchas aportaciones, muchas ideas y muchos argumentos. Sólo después de que dispongas de información suficiente (las señales débiles se han vuelto lo suficientemente fuertes) deberías unir a la compañía alrededor de un camino estratégico escogido.

Aquí son cruciales un candor absoluto y la voluntad de enfrentarse a información desagradable. Desear que las cosas fuesen distintas es una receta para el desas-

---

17. «BlackRock investment stewardship's approach to engagement on human capital management», BlackRock, marzo de 2018, https://corpgov.law.harvard.edu/2018/03/28/blackrock-investment-stewardships-approach-to-engagement-on-human-capital-management/

18. Grove, A. S. (1997): «Navigating strategic inflection points», *Business Strategy Review*, vol. 8, núm. 3, pp. 11-18.

tre corporativo. Un colega mío llama a esto «la nostalgia como estrategia empresarial». Los líderes hábiles reconocen, tal y como le gusta decir a Alan Mulally, de Ford, que «no puedes gestionar un secreto».

Los expertos como Ram Charan, Don Sull y Nassim Nicholas Taleb han propuesto unas razones similares de por qué el candor es esencial para prever un cambio que podría ser importante.[19] Charan y Sull coinciden en que los líderes deberían buscar la presencia de anomalías: sucesos que se dan fuera del rango previsto. Asimilar mucha información se considera crucial para ver patrones emergentes. Taleb apunta a un enfoque interesante para obtener información de alta calidad: «No aceptes consejos de aquellos que no están en riesgo»[20] en cuanto a las consecuencias de un posible punto de inflexión.

Los directores ejecutivos con un alto rendimiento son unánimemente parecidos en este aspecto: insisten en el candor total y la verdad descarnada, incluso aunque desafíen las suposiciones que habían mantenido antes. No, hazlo *especialmente* si desafía a las suposiciones que se mantenían antes. Andy Grove (Intel), Lou Gerstner (IBM) y Alan Mulally (Ford) han hecho hincapié, en sus escritos sobre gestión, acerca de lo importante que es esto.

Los líderes crecientes escuchan a los alarmistas: aquellas personas que ocasionalmente son descartadas como profetas de desgracias por transmitir malas noticias. En lugar de descartarles de inmediato, deberíamos pensar en ellos como en «profetas útiles de desgracias», que amplían el abanico de resultados que estamos teniendo en cuenta o que están expuestos a *inputs* sutiles o clave que son distintos a los que vemos normalmente.

El escándalo que rodea a la venta, por parte de Facebook, de datos privados de los usuarios a anunciantes y a aquellos que quieren enviar publicidad dirigida a ciertos grupos de personas no sólo fue algo anticipado, sino muy comentado por gente como Danah Boyd años antes (ya en 2006) de que fuera de dominio público.

---

19. *Véase*, por ejemplo, Charan, R. (2001): «Conquering a culture of indecision», *Harvard Business Review*, abril de 2001; Sull, D.: *The upside of turbulence: Seizing opportunity in an uncertain world*. Harper Business, Nueva York de 2009; y Taleb, N. N.: *Antifragile: Things that gain from disorder*. Random House, Nueva York, 2012. (Trad. cast.: *Antifrágil: Las cosas que se benefician del desorden*. Booket: Barcelona, 2016).

20. Taleb, N. N.: *Antifragile: Things that gain from disorder*.

Lleva la toma de decisiones tan cerca de los bordes como sea posible

El general Stanley McChrystal es ampliamente reconocido por haber transformado la forma en la que las fuerzas de inteligencia de EE. UU. hacen su trabajo. En su libro *Team of teams* describe cómo, en la lucha contra Al Qaeda, incluso los militares tuvieron que dar con una forma distinta de liderar el «orden y control» usual que era su norma histórica. Escribe: «Las decisiones más inteligentes son tomadas por aquellos que se encuentran más cerca del problema, independientemente de su veteranía».[21]

McChrystal ha visto que la respuesta a cómo los líderes de mayor nivel pueden sentirse cómodos con la pérdida del control es ayudando a sus equipos a desarrollar una consciencia compartida. Tal y como ha dicho: «Esto significa llegar a un punto en el que confías en prácticamente cualquiera para que tome decisiones por su cuenta porque crees que dispone de la misma información y objetivos que tú».[22]

Nótese la coherencia con la que esto recuerda a las observaciones de Gail Goodman sobre cómo tener un equipo alineado permite que el progreso avance más deprisa.

Usa tu propia agenda y tus redes para realizar cambios duraderos

Brian Murray, director ejecutivo de la editorial HarperCollins, recuerda un fogonazo de conocimiento que tuvo en la Feria del Libro de Frankfurt en allá por 2002. De repente se dio cuenta de que una vez que los datos y los productos se pudieran digitalizar, la economía del sector editorial cambiaría para siempre. Tal y como expuso en 2017:

---

21. McChrystal, S., con Collins, T.; Silverman, D. y Fussell, C.: *Team of teams: New rules of engagement for a complex world.* Portfolio/Penguin, Nueva York, e 2015.

22. Pisoni, A.: «What startups can learn from General McChrystal about combining strategy and execution», First Round Review, sin datos, http://firstround.com/review/what-startups-can-learn- from-general-mcchrystal-about-combining-strategy-and-execution/

> De repente me di cuenta de que se iba a dar un cambio radical. No sabía cómo se iba a desplegar, pero ése fue un recuerdo cristalino [...]. La digitalización sigue sin comprenderse. No creo que nuestra economía, nuestro país y nuestras corporaciones comprendan el impacto de la economía digital. Una vez que pasas a tener cero costes variables, todo cambia. Y lo mismo ocurriría con los libros, que son el archivo más pequeño que existe y el más fácil de transmitir de entre todos los medios, ya incluso en esa época podías ver que iba a darse un cambio fundamental en el negocio para las editoriales [...]. ¿Cómo podíamos sobrevivir y medrar a medida que esos ecosistemas se estaban desarrollando a todo nuestro alrededor? No era algo que fuera externo a nosotros, no metimos a todos en una sala y pensamos todos juntos en grupo: fue algo progresivo a lo largo de muchos años de intentar averiguar cómo posicionar a la compañía y proteger su negocio central para afrontar un futuro desconocido que iba a tener un fuerte componente digital.[23]

Nótese el lenguaje aquí: «fue algo progresivo a lo largo de muchos años». A pesar de que la idea que desencadenó la actividad estratégica, llegó en forma de un fogonazo, la transición organizacional para responder a ello fue una actividad progresiva y adaptativa.

Desarrolla equipos alineados y confiados que puedan moverse con rapidez

El sistema de gestión de Alan Mulally ha sido documentado meticulosamente,[24] así que no perderé mucho tiempo con esto aquí. Sin embargo, el núcleo del sistema fue la famosa práctica de Mulally de celebrar reuniones semanales de revisión en las que se esperaba que los miembros del equipo revelaran y solucionaran problemas con los que pudieran estar encontrándose en la empresa. Tal y como ha dicho Mulally, la magia de este enfoque yace no en la reunión semanal, sino en las normas culturales en las que insistió.

---

23. Columbia Entrepreneurship, «@sgblank, @rgmcgrath, & @HarperCollins on corp innovation: Refactoring the crazies», YouTube, 23 de enero de 2017, www.youtube.com/watch?v=i2bvNB5G_eQ&feature=youtu.be

24. Hoffman, B. G.: *American icon: Alan Mulally and the fight to save Ford Motor Company*. Crown, Nueva York, 2012.

En una conferencia coordinada por el conocido *coach* ejecutivo Marshall Goldsmith en 2015, Mulally distribuyó un folleto que listaba los principios rectores de un marco que llama «trabajando juntos»:

- Las personas primero.
- Todos están incluidos.
- Visión convincente, estrategia completa, implementación incesante.
- Objetivos de rendimiento claros.
- Un plan.
- Hechos y datos.
- Todos conocen el plan, el estado y las áreas que requieren de una especial atención.
- Propón un plan, una actitud de «encontrar un camino».
- Respetaos, escuchaos, ayudaos y apreciaos.
- Resiliencia emocional: confía en el proceso.
- Diviértete..., disfruta del viaje y disfrutad los unos de los otros.

Nótese lo similares que son estas ideas a los principios de liderazgo mencionados a lo largo de este libro. La insistencia de Gail Goodman sobre cómo los ejecutivos «forman equipo», en lugar de quiénes son, es importante, y la idea de Satya Nadella de que las normas internamente competitivas de Microsoft requerían de una renovación son dos ejemplos.

Simplifica y crea un grito de guerra

Tal y como se ha mencionado anteriormente, Sharon Price John accedió al cargo de director ejecutivo en Build-A-Bear Workshop en un momento crucial para la empresa. Para aquellos que no conozcan la compañía Build-A-Bear, fue una brillante empresa emergente de emprendedores. Fundada por Maxine Clark en 1997, fue una de las primeras compañías que creó el concepto de las ventas experienciales al por menor. Clark había accedido al cargo de presidenta de Payless ShoeSource y, como muchos líderes que pasan por puntos de inflexión personales, se dio cuenta, con el tiempo, de que la «chispa» ya no estaba ahí. Así pues, abandonó Payless y empezó a buscar una nueva idea. La inspiración le llegó, muy adecuadamente, al ir de compras con la hija de una amiga suya. Tal y como describía en una entrevista de 2012:

> Un día había salido de compras con Katie Burkhardt, la hija de una de mis buenas amigas, y con su hermano Jack, que coleccionaba los muñecos Ty Beanie Babies. Cuando ya no podíamos encontrar nada nuevo, Katie cogió un Ty Beanie Baby y dijo que podríamos hacer uno. Quería decir que podríamos ir a casa y fabricar estos ositos, pero yo escuché algo distinto. Sus palabras me proporcionaron la idea de fundar una empresa que permitiera que la gente creara sus propios muñecos de peluche personalizados. Llevé a cabo algo de investigación y empecé a estructurar un plan.[25]

El Build-A-Bear Workshop tuvo un éxito increíble en una época en la que las jugueterías tradicionales (KB Toys, FAO Schwarz, Child World, Zany Brainy, etc.) estaban cerrando y las ventas de juguetes se estaban concentrando en los supermercados Walmart, los grandes almacenes Target, y sí, los Toys R Us del mundo; pero la Gran Recesión le afectó gravemente y la compañía se encontró en un punto de inflexión. En 2013, Clark anunció su intención de abandonar su puesto como directora ejecutiva mientras permanecía en la junta de dirección para aportar continuidad. Sharon Price John fue contratada como directora ejecutiva en 2013.

Tal y como describió Sharon Price John en nuestra clase del curso «Mujeres en el liderazgo» en 2016, enmarcó el viaje de ser una directora ejecutiva que se encuentra en un cambio de rumbo con el acrónimo IPTIM:

---

25. Eng, D. (201): «How Maxine Clark built Build-A-Bear», *Fortune,* 16 de marzo de 2012, http://archive.fortune.com/2012/03/16/smallbusiness/build-bear-maxine-clark.fortune/index.htm

I: Imagínalo. Concíbelo.
P: Planéalo.
T: Tramítalo.
I: Itéralo.
M: Mantén la fe.

A lo largo de este libro, he mostrado cómo ver lo que se avecina, imaginar lo que podría ser, es donde empieza la superación de los puntos de inflexión. Para Sharon Price John, el «imagínalo» tiene que convertirse en una «visión auténtica e inspiradora [...]. Debes poder explicar la historia de esta empresa y por qué existe», dijo a la clase. Build-A-Bear, concluyó, trabajaba en el negocio de vender recuerdos, pero también podía ser más cosas. El «más» era clave para la compañía, que estaba buscando una mayor presencia en los lugares turísticos, aprovechando las atracciones populares para los niños, como la película *Frozen,* extendiendo la marca más allá de sus tiendas y haciendo más cosas para atraer a los niños (e incluso a los adultos).

En términos de «planificación», usó el inminente vigésimo aniversario de la marca en 2017 como eje central para atraer la atención del resto de la organización. Dijo de su equipo: «Creen que cambian la vida de los niños. En el hito del vigésimo aniversario, vamos a estar preparados para los siguientes veinte años. En nuestro vigésimo año, nuestro objetivo es tener nuestro mejor año. Todavía no sé en qué consiste, pero haremos que suceda».[26]

La parte del «tramítalo» de su acrónimo es difícil. Tal y como he reconocido a lo largo de este libro, no basta con ver los problemas o los puntos de inflexión: el ingrediente crítico para abrirse paso a través de ellos consiste en que la organización haga algo al respecto de ellos cuando la mayor parte del tiempo preferiría no hacerlo. Para abordar este asunto, Sharon Price John creó un breve mantra, que llamó DHT, que sería el acrónimo de «Deja de hacer tonterías». En otras palabras, si algo no tiene valor, deja de hacerlo de modo que dispongas de tiempo libre para actividades más importantes.

---

26. Rizvic, V. (2018): «Life in balance: Sharon Price John solves work challenges by running», *St. Louis Business Journal,* 26 de octubre de 2018, www.bizjournals.com/stlouis/news/ 2018/10/26/ life-in-balance-sharon-price-john-solves-work.html

Su cambio para hacer que la organización se centrara fue un objetivo que anunció nada más llegar a la empresa. La compañía estaba perdiendo unos 380 millones de dólares al año. Dijo: «Vamos a ganar un dólar este año». El efecto, explicó en el curso de «Mujeres en el liderazgo» en 2016, fue «mágico. Todos pensaron para sí mismos: "Bueno, no voy a ser la persona que gaste ese último dólar". Lo conseguimos. Volvimos a ascender para salir del atolladero, cubrimos pérdidas e incluso fuimos capaces de dar primas a la gente por su duro trabajo».

Sin embargo, habiendo conseguido su primer éxito, la organización podría haber perdido impulso. Las cosas al alcance de la mano y fáciles de comprender se habían conseguido, y el camino que había por delante iba a ser mucho más difícil. En una reunión de todo el equipo, Sharon Price John hizo que uno de los tipos del departamento de finanzas se caracterizara de pies a cabeza con un disfraz de Gumby (una figura de arcilla humanoide que aparecía en una serie de televisión en EE. UU.), simbolizando así la necesidad de ser flexible, adaptable y capaz de moldear la situación.

Y, por supuesto, había una «repetición» interminable de estos asuntos comunes. Tal y como dice Sharon Price John, no es tanto que la gente se resista a lo que estás intentando hacer, sino que es difícil implementar nuevas conductas que desafíen suposiciones de toda la vida y que se dan por sentadas.

Por último, Sharon Price John siempre «mantuvo la fe» en que sería posible y valdría la pena hacer estos cambios.

Directores ejecutivos en tiempos de guerra frente a aquéllos en tiempos de paz

Como alguien que no es tanto una experta en liderazgo como una erudita en estrategia e innovación, me he encontrado con que la proliferación de modelos de liderazgo en los textos clásicos de dirección y administración de empresas es bastante frustrante. Ciertamente, no existe una forma que sea la mejor para liderar, ninguna personalidad que sea la que mejor funcione en todas las circunstancias, ningún estilo de liderazgo que sea el que tenga más sentido. Y, por supuesto, todos nuestros pensamientos sobre el liderazgo se ven teñidos por el «efecto halo»: sacando conclusiones sobre lo que funciona viendo lo que ha funcionado en el pasado, sin recordar que es completamente posible seguir las prácticas erróneas y triunfar pese a ello, o hacerlo todo bien y, no obstante, fracasar.[27] En este momento el primer documento probatorio sería la inesperada caída de Carlos Ghosn, antiguo director ejecutivo de Nissan, un líder que fue idolatrado durante años, pero que sufrió una sorprendente y repentina caída en desgracia en 2018, con acusaciones de mala praxis financiera.

Menuda bendición, pues, recordar la distinción de Ben Horowitz entre los directores ejecutivos «en tiempos de guerra» y los líderes «en tiempos de paz».[28] En su libro *Emprender y liderar una* startup*: El duro camino hasta el éxito*, Horowitz señala que cuando alguien recibe la tarea de avanzar a través de un punto de inflexión, el tiempo y el espacio de los que uno dispone «en tiempos de paz» son completamente diferentes de los disponibles «en tiempos de guerra». Escribe que «en tiempos de guerra, una compañía está defendiéndose de una amenaza existencial real. Una amenaza tal puede proceder de una amplia variedad de fuentes que incluyen la competencia, un cambio macroeconómico espectacular, un cambio en el mercado, un cambio en la cadena de suministro, etc. El gran director ejecutivo en tiempos de guerra, Andy Grove, describe de forma maravillosa las fuerzas que pueden llevar a una compañía de unos tiempos de paz a unos tiempos de guerra en su libro *Sólo los paranoides sobreviven*».

El dilema consiste en que existe la tendencia de que una organización en crisis revierta a un líder de tipo «orden y control» para enderezar la nave. Y pese a ello, las investigaciones sobre las mejores actividades de liderazgo para hacer que una organización supere un punto de inflexión nos advierten de los peligros de esta idea.

Pensé, por tanto, que sería de utilidad recurrir a la sabiduría de un verdadero líder en tiempos de guerra: mi colega y amigo Thomas Kolditz, un general de brigada retirado que desarrolló buena parte del plan de estudios para el liderazgo en la academia militar de West Point. Kolditz escribió su libro *In extremis leadership*,

---

27. Rosenzweig, P.: *The Halo effect… and the eight other business delusions that deceive managers*. Free Press, Nueva York, 2007. (Trad. cast.: *Espejismos: La falsedad oculta de los razonamientos económicos*. Empresa Activa: Barcelona, 2007); Duke, A.: *Thinking in bets: Making smarter decisions when you don't have all the facts*. Portfolio/Penguin, Nueva York, 2018. (Trad. cast.: *Mejora tus decisiones*. Editorial Planeta Mexicana, S.A. de C.V.: Ciudad de México, 2019).

28. Horowitz, B.: *The hard thing about hard things: Building a business when there are no easy answers*. Harper Business, Nueva York, 2014. (Trad. cast.: *Emprender y liderar una* startup*: el duro camino hasta el éxito*. Libros de cabecera, Barcelona/Madrid, 2017).

publicado en 2007, con un objetivo en mente distinto del de la mayoría de los casos prácticos sobre el liderazgo en tiempos de crisis.[29] Tal y como ha dicho, como experto en liderazgo la mayor parte del tiempo «estás estudiando a gente en compañías normales y corrientes que, en realidad, nunca habían querido encontrarse en una crisis, sino que se encontraron en ella y la solucionaron, o no. El problema con eso es que estás, en esencia, estudiando a *amateurs* de las crisis, y lo que yo quería hacer era estudiar a profesionales de las crisis, gente que se encuentra todo el tiempo en lugares peligrosos, y fijarme en sus técnicas, sus enfoques con respecto al liderazgo, de qué forma eran diferentes».[30]

Las investigaciones de Kolditz de líderes en situaciones peligrosas reveló patrones parecidos a los bosquejados en este capítulo. Vio que el primer requisito en una situación precaria es que los líderes deben ser capaces de mantener a la gente tranquila. Necesitan a alguien «que pueda asentar la imagen del camino que hay por delante, incluso aunque no se disponga de datos al respecto». Aquí es enormemente importante la generación de confianza y de una finalidad. Y la confianza no puede fabricarse en el momento: requiere de muchas interacciones a lo largo del tiempo que hacen que se desarrolle una sensación de interdependencia mutua. Tal y como dice Kolditz, la tarea consiste en «literalmente negar la posibilidad del fracaso».[31] Señala que, de forma contraria a muchas de las ideas equivocadas sobre los líderes de tipo «orden y control» en una situación peligrosa, los líderes no necesitan generar más emociones, sino que en lugar de ello deben ser capaces de templar los sentimientos de la gente para generar concentración.

El segundo requisito consiste en mantener a la gente concentrada en las tareas y el entorno, y no en sí misma. Tal y como se ha apuntado a lo largo de este libro, los líderes de los puntos de inflexión suelen usar este foco en el entorno como punto de encuentro. No complican las cosas: *Piensa en X; simplemente concéntrate en X por el momento, y te hare saber cuándo cambian las cosas* supondría una forma típica de exponerlo.

---

29. Kolditz, T.: *In extremis leadership: Leading as though your life depended on it.* John Wiley and Sons, Nueva York, 2007.

30. McGregor, J. (2018): «The extreme leadership that got the Thai soccer boys out of the cave alive», *The Washington Post,* 10 de julio de 2018, www.washingtonpost.com/news/on-leadership/wp/2018/07/10/the-extreme-leadership-that-got-the-thai-soccer-boys-out-of-the-cave/?utm_term=.930a16f8d991

31. Kolditz, T.: *In extremis leadership: Leading as though your life depended on it.*

Otro elemento de un liderazgo exitoso en tiempos de guerra es la sensación de un riesgo compartido. No diferenciarte, ser vulnerable cuando las cosas van mal, y estar preparado para aguantar parte del chaparrón son cruciales. Piensa en la comunicación de Satya Nadella con su equipo después del fracaso enormemente vergonzante de Tay, la incursión de Microsoft en la inteligencia artificial. «Creo en vosotros –dijo– y os cubro las espaldas».[32] Eso no significa que fuera a tolerar un desempeño chapucero en el futuro, pero sí que significa que quería que tuviesen la confianza para intentarlo de nuevo.

Además, tenemos el estilo de vida común. La gente es más probable que sea dirigida por aquéllos con los que puede identificarse a un nivel personal: aquellos que comparten experiencias comunes, que no se mantienen apartados o que insisten en beneficios especiales y que pueden transmitir cosas similares.

Y, por supuesto, no podemos pasar por alto la competencia. En una situación peligrosa, la gente tiene que realizar una valoración sobre si el líder es lo suficientemente bueno para hacerles superar este desastre.

Tal y como señaló Kolditz en un *email* que me envió: «El problema consiste en que es prácticamente imposible convertirse, de repente, en un líder exitoso "en tiempos de guerra",[33] a no ser que hayas depositado dinero en el banco. Es demasiado tarde para jugar al pillapilla. Por lo tanto, y en realidad, la única solución consiste en liderar, en todo momento, como un líder en tiempos de guerra, como una cuestión de personalidad, de quién ES uno». Explicó que las prácticas sencillas de liderazgo pueden suponer una gran diferencia. «Yo solía visitar a algunas madres de nuestro departamento en West Point cuando estaban en el hospital el día después de dar a luz –escribió–. No era una crisis real. Simplemente les preguntaba si estaban recibiendo cuidados adecuados, etc.; pero más de una de ellas me dijo, más adelante, que el mero hecho de las visitas le hizo ser consciente de que si algo fuera *realmente* mal, yo estaría *indudablemente* ahí. Eso es como tener dinero en el banco: y debes invertirlo bien antes de que llegue cualquier crisis». En términos de la transición hacia los tiempos de guerra, Kolditz subraya que algunas personas que actúan bastante bien durante los tiempos de paz deben apartarse a un lado cuando aparece una crisis. Kolditz escribió: «Primer paso en

---

32. Bariso, J. (2017): «Microsoft's CEO sent an extraordinary email to employees after they committed an epic fail», *Inc.,* 23 de febrero de 2017, www.inc.com/justin-bariso/microsofts-ceo-sent-an-extraordinary-email-to-employees-after-they-committed-an-.html

33. Kolditz, comunicación por *email* con la autora.

las crisis: despide a quienes son incapaces de realizar la transición hacia las exigencias de los tiempos de guerra».

Esto me lleva a concluir que los mejores líderes están continuamente preparados para los tiempos de guerra. El fracaso a la hora de implementar las prácticas para asentar confianza, un riesgo compartido y la voluntad de seguirte durante los tiempos de paz puede conducir a que la gente esté rematadamente mal preparada para los tiempos de guerra.

Y a medida que los puntos de inflexión nos llegan más rápidamente y con unas mayores consecuencias, caer en un patrón puramente propio de los tiempos de paz es peligroso.

Moralejas clave

Los líderes que conducen con éxito a una organización a través de puntos de inflexión facilitan, crecientemente, la energía, las conexiones y los talentos de la organización mientras que, al mismo tiempo, proporcionan una orientación clara. El simple hecho de ver un punto de inflexión en el horizonte es el primer paso hacia su superación exitosa. A continuación, deberás decidir qué dirección tomarás y luego movilizar a la organización.

Invierte tiempo en mantener a los ejecutivos clave en la misma onda y trabajando juntos: una falta de sintonía diluirá tus esfuerzos. Esto no tiene tanto que ver con los talentos de las personas, sino en cómo trabajan juntas.

La claridad acerca de la estrategia, el «porqué» de lo que estás haciendo y las prioridades clave son cosas que no son opcionales.

Sin un *feedback* cándido es muy fácil salirse del camino. No tienes tiempo que perder en nada que no sea un candor total y la verdad descarnada.

El papel del líder se desplaza entre el de diseñador y jefe hasta el de asentador de premisas y juez.

Lleva las decisiones tan cerca del borde como sea posible.

Simplifica la complejidad: crea un grito de batalla común que cale hondo en todos.

Como líder, puede que necesites, cada vez más, estar preparado para actuar en tiempos de guerra.

9

Ver lo que se avecina en tu propia vida

«Muy poca gente ve los puntos de inflexión como las oportunidades que suelen suponer: catalizadores para cambiar su vida; momentos en los que una persona puede modificar la trayectoria en la que se encuentra y reconducirla hacia una dirección más deseable».[1]

HOWARD STEVENSON, Escuela de Negocios de Harvard

La mayor parte de este libro ha examinado cómo las organizaciones pueden hacer un mejor trabajo a la hora de ver lo que se avecina para adelantarse a lo que podría suceder en caso de un punto de inflexión; pero lo cierto es muchos de estos mismos principios que ayudan a las organizaciones a hacerlo también pueden aplicar a un nivel personal.

Tres asuntos dominantes me afectan personalmente. El primero es cómo te preparas para «ver» un punto de inflexión desplegándose y lo que eso podría significar para ti. El segundo es cómo te preparas para superarlo. Y el tercero consiste en crear un punto de vista personal sobre hacia dónde quieres dirigirte.

Como hemos visto a lo largo de este libro, las señales débiles de un cambio inminente, *cuando se reconocen lo suficientemente pronto*, pueden proporcionarte una importante ventaja para prepararte para aprovecharlas. Pensemos brevemente en cuáles son las principales lecciones a un nivel personal.

1. Sinoway, E. C.: *Howard's gift: Uncommon wisdom to inspire your life's work*. St. Martin's Press, Nueva York, 2012.

Buscar nieve

La sabiduría de Andy Grove sobre el desplazamiento hacia los bordes de tu propia experiencia para ver qué podría suceder a continuación es tan válido a nivel personal como para las organizaciones. Frecuentemente, las experiencias y los conocimientos que suponen la mayor diferencia en nuestra vida proceden de lugares inesperados. Por lo tanto, a la hora de anticiparte a puntos de inflexión que podrían afectarte personalmente, piensa detenidamente en la frecuencia con la que exploras los bordes de lo que resulta cómodo y rutinario para ver qué es lo que se podría estar avecinando.

Dónde mirar

A nivel organizacional, hemos examinado el contexto de un escenario (ese montón de recursos del que disponemos para ayudar a nuestros clientes a que lleven a cabo las tareas en su vida) y a aquellos actores externos que compiten por él. Hemos examinado esas condiciones en forma de un escenario organizacional que pueden conducirnos a un punto de inflexión en mayor profundidad.

Los cambios que conducen potencialmente hacia un punto de inflexión, pueden describirse de la siguiente manera:

1. Pueden modificar el conjunto de recursos que se están disputando.
2. Pueden hacer cambiar a las partes que están intentando hacerse con ese conjunto de recursos.
3. Pueden modificar la situación en la que se da lugar esa disputa.
4. Pueden provocar que una tarea desplace a otra en el conjunto de consideraciones de un participante o reducir los recursos disponibles para llevar a cabo esa tarea.
5. Pueden modificar significativamente la experiencia de consumo.
6. Pueden hacer que algunos atributos pasen a ser más o menos valorados que otros.

7. **Pueden modificar el tipo de capacidades incorporadas en una cadena de valor que son relevantes.**
8. **Pueden modificar todos los elementos del escenario.**

Hay implicaciones interrelacionadas con todos estos cambios que vale la pena tener en cuenta a un nivel personal. Si un punto de inflexión ambiental está haciendo que un conjunto de actividades o capacidades sea más o menos valioso, ¿qué significa eso para ti? No lograr prestar atención a las ramificaciones del cambio en el mundo, en toda su envergadura, que tienes a tu alrededor puede conducirte a sufrir mucho dolor.

Piensa en esto de la siguiente manera: de forma muy parecida a cómo, a un nivel profesional, estás intentando captar una sensación de lo que se está avecinando para tu compañía u organización, sería un buen consejo que dispusieses del mismo tipo de antenas en funcionamiento en relación con tu desarrollo personal y tu trayectoria profesional. Las buenas noticias son que hay, ciertamente, paralelismos reales entre la forma en la que ves lo que se avecina en el caso de tu negocio y la forma en la que ves lo que está por venir en propia trayectoria profesional. La clave consiste en estar abierto a nuevas ideas y mostrarse receloso de ponerse demasiado cómodo o de ser demasiado inflexible.

Más allá de tus amigos

Al igual que las organizaciones pueden beneficiarse de disponer de empleados con distintos puntos de vista que intervengan en las decisiones críticas, tú deberías esforzarte por contar con diversidad en los círculos que te rodean personalmente. Hemos visto cómo las personas que se rodean de gente que es igual que ellas pueden ser pilladas por el lado ciego por algo que no han visto venir pero que habría resultado obvio para alguien que hubiera observado esa actividad de forma continua.

Los emprendedores como Nat Turner y Zach Weinberg, a quienes conocimos en el capítulo 5, son brillantes yendo más allá de sus propios círculos para encontrar oportunidades y validar sus suposiciones. En la misma línea, una de mis historias favoritas es la de Pähr Lövgren, un emprendedor en serie con el que trabajé en Wharton cuando estuve estudiando allí. Ha perfeccionado el arte de usar sus redes para encontrar nuevas oportunidades. Una de sus compañías, Megaron, está especializada en tecnologías CAD/CAM (diseño asistido por ordenador y capacidades de fabricación). Ha fundado, literalmente, docenas de empresas que ha vendido a compañías más grandes que no son capaces de averiguar cómo fundarlas por sí mismas. Su forma de buscar puntos de inflexión en el entorno nos aporta una gran lección sobre cómo encuentra el próximo punto de inflexión en su trayectoria profesional.

Lövgren hace parte de su rutina regular cenar (en el mejor restaurante de la ciudad) con una red de asesores que trabaja con compañías que se enfrentan a retos técnicos. Todas esas empresas serían clientes potenciales para su negocio. En estas cenas, pide a los asesores que le describan un problema emergente al que se estén enfrentando sus clientes que pudiera resultar adecuado para una solución que podría proporcionar su empresa.

Déjame proporcionarte un ejemplo de uno de estos problemas. Resultó que las fundiciones de los países nórdicos se estaban encontrando con dificultades crecientes para encontrar trabajadores.

Uno de ellos, un cliente del colega asesor de Lövgren, se preguntaba si Lövgren podría conocer una solución: quizás un robot que pudiera asumir algunas de las tareas para las que la compañía no podía encontrar empleados que la quisieran hacer. Armado con esta idea, Lövgren acudió a una segunda red (de profesores de ingeniería con los que había trabajado a lo largo de muchos años) para valorar si una solución tal podría ser factible.

Uno de ellos dijo que sí, que podía construir un prototipo con una modesta inversión de cincuenta mil dólares. La mayoría de nosotros, especialmente si fuésemos tan ricos como Lövgren, simplemente nos hubiéramos llevado al mano a la billetera, pero él no lo hizo. Lo que hizo fue regresar a su red de asesores. Su objetivo fue, en esa ocasión, ver si ese problema era algo generalizado. Los asesores hicieron más indagaciones y descubrieron que se trataba de un dilema ampliamente compartido. Lövgren pidió a los directores de las fundiciones que le habían dicho que tenían ese problema que invirtieran su dinero en el prototipo. Confieso que quedé un poco desconcertada por este enfoque: «¿Qué hubieras hecho si no hubieses podido conseguir la financiación?», le pregunté cuando le vi en una conferencia a la que estábamos asistiendo. Lövgren me miró, puso los ojos en blanco y dijo: «Entonces hubiera sabido que no era un problema lo suficientemente grande como para que necesitaran solucionarlo y hubiera pasado a otro asunto». Al final, el negocio de fabricar «robots robustos» específicamente para fundiciones y otros entornos técnicamente desafiantes despegó.

Peter Sims, famoso por su libro *Pequeñas apuestas: Descubre por qué las ideas más innovadoras surgen de pequeños descubrimientos,* ha tomado esta idea de reunir perspectivas variadas para prever lo que sucederá en el futuro llevándolo a un nivel extraordinario con una organización que fundó y que se llama Parliament. Tal y como la describe en la página web de la organización: «Parliament se convirtió en la primera plataforma para que un grupo variado de gente accediera a un poder horizontal y lo aprovechara. Modelada tomando influencias como el movimiento del software de código abierto, el hecho de que Parliament sea capaz de conectar con los ecosistemas de la máxima calidad es lo que impulsa, cada vez más, un crecimiento rápido, innovaciones, colaboraciones y empresas conjuntas».[2] Los participantes en los eventos de Parliament son creíblemente variados, y entre ellos se incluyen escritores, guionistas, científicos, líderes empresariales y muchos otros. Se reúnen regularmente para compartir ideas y no sólo para prever el futuro, sino también para moldearlo. Estoy encantada de decir que me han invitado a varios de sus eventos y que han valido la pena de verdad.

El feedback *negativo o inesperado puede ser un regalo*

Tal y como hemos leído relatar a Gail Goodman cuando describía su travesía del liderazgo, obtener *feedback* (especialmente si es incómodo o si te cuenta algo que no sabías sobre ti mismo) puede ser enormemente valioso para ver lo que está por venir. No obstante, la mayoría de nosotros no empleamos un proceso estructurado para abordar el obtener el *feedback* que puede ayudarnos a mejorar o a identificar cosas que nos retendrán. Lo que quieres ver que está por venir son esos hábitos, prácticas, conductas o suposiciones personales que *otras* personas pueden ver que se están interponiendo en tu camino, pero que tú no puedes ver.

Marshall Goldsmith, un *coach* ejecutivo de fama mundial que trabaja intensivamente con directores ejecutivos actuales y con otros que lo serán pronto, usa una técnica rica en *feedback* llamada «*Coaching* centrado en el accionista»,[3] que puede adaptarse a tus propias necesidades. Es una forma de abordar constructiva-

---

2. «Our story», Parliament, sin datos, www.parliamentinc.com/conspire/ (esta página web no está disponible).

3. «Guaranteeing measurable results in leadership development on a global scale», Marshal Goldsmith Stakeholder Centered Coaching, sin datos, https://sccoaching.com/

mente el obtener *feedback* útil. Requiere de encontrar a alguien que te ayude (lo ideal es que se trate de alguien sin intenciones ocultas y que esté interesado en verte mejorar). Llamemos a esta persona tu *coach,* aunque no sea un *coach* formal y con formación.

En esencia, elaborarás una lista de tus accionistas personales (pongamos alrededor de una docena): se tratará de gente que sea importante para tu propio éxito y eficacia. Puede ser gente que tenga que ver con tu vida laboral o personal (a estos efectos no importa). Tu *coach* entrevistará entonces a estas personas y pedirá un *feedback* sincero sobre lo que creen que podría estar reteniéndote o podría convertirse en un obstáculo para tu éxito. Por ejemplo, tal y como aprendió Goodman con respecto a su propio liderazgo, interrumpir a la gente cuando está dando una charla estaba inhibiendo el flujo libre de información e, incluso peor, evitando que le llegara información procedente de sus propios empleados con un potencial elevado.

Tu *coach* sintetizará entonces la información por ti. Tal y como te contarán los clientes de Goldsmith, esa conversación sincera y honesta puede ser dura, ya que suele retar a tus propias percepciones, y no necesariamente de forma agradable. Juntos, tú y tu *coach* decidiréis qué acciones os gustaría emprender para empezar a trabajar en las implicaciones del *feedback* y qué pruebas sugerirían que has tenido éxito al abordarlas.

Uno de los clientes famosos de Goldsmith es Alan Mulally, antiguo ejecutivo de Boeing y director ejecutivo de Ford, a quien conocimos en el capítulo anterior. El *feedback* de uno de los accionistas de Mulally cuando se implicó en este proceso como prometedor ejecutivo en Boeing fue que no estaba lo suficientemente implicado en lo que estaba sucediendo a lo largo y ancho de la organización. Es decir: conocía su propia área, pero no tenía un conocimiento completo del panorama general de la compañía. Para abordar ese problema, instituyó un proceso regular de comunicación con sus iguales en otros departamentos de Boeing. Cuando Goldsmith volvió a efectuar comprobaciones con los mismos accionistas varios meses más tarde, ese problema se había desvanecido.

Goldsmith también junta a sus clientes para compartir experiencias e ideas, ampliando, una vez más, sus redes.

Un par de advertencias: tu tarea consiste en estar abierto a escuchar el *feedback,* incluso aunque no sea agradable. Tu trabajo consiste en no quejarte, explicar, justificar o socavar el mensaje de cualquier otra forma. Goldsmith incluso multa a la gente si se implica en estos comportamientos (el dinero que recauda se destina a la beneficencia). Recuerda que se trata de *tus* accionistas: tú les has escogido porque valoras lo que te podrían decir. Y si te encuentras en una sesión de *coaching* con Goldsmith, lleva contigo billetes de veinte dólares.

Mucha gente invierte en otro tipo de evaluaciones para captar cómo podrían prepararse mejor para el futuro. Entre las más populares están las valoraciones de 360 grados, llamadas así porque recopilan *inputs* de gente a la que informas directamente, de aquellos que son tus iguales y de aquéllos a quienes puedes supervisar (de aquí lo del nombre de visión de 360 grados).

Recomiendo pasar por cualquier *feedback* que recibas con un *coach* si es posible. Algunas personas incluso crean una «junta de directores» personal a la que recurren para buscar consejo e inspiración mientras piensan en sus siguientes movimientos.

Sal del edificio y habla con el futuro que está sucediendo ahora

Al igual que Steve Blank dice que «no hay respuestas dentro del edificio» a los emprendedores a los que asesora, no va a haber muchos conocimientos sobre tu futuro en los lugares a los que vas siempre y en los que sueles pasar tiempo. De la misma forma en la que Gisbert Rühl intentó obtener inspiración para la transformación digital en las oficinas centrales de la corporación (y fracasó al hacerlo), es muy difícil ver lo que se avecina por ti mismo sin introducir algún tipo de pensamiento nuevo y desafiante. También es improbable que tu entorno normal vaya a exponerte a donde el futuro –que no está distribuido homogéneamente– ya esté sucediendo.

Debes desarrollar una perspectiva nueva. Afortunadamente, hay muchas formas de hacerlo. Puede que asistas a una conferencia de un sector que no esté directamente relacionado con lo que haces cotidianamente. Los eventos como la competición Digital Dozen en el Digital Storytelling Lab de Frank Rose pueden ser increíblemente reveladores (*véase* el capítulo 1). Las universidades locales suelen albergar seminarios y conferencias abiertos al público. Incluso unirte a un club relacionado con alguno de tus intereses puede exponerte a gente con la que normalmente no te relacionarías; y, por supuesto, los cursos sobre temas que encuentras interesantes pueden proporcionarte las semillas de nuevas ideas.

Escenarios e indicadores de vanguardia para ti

El proceso que he descrito en el capítulo 2 para generar escenarios futuros y eventos del momento cero también puede ser muy útil a un nivel personal. Vale la pena preguntar qué puede estar reservando un escenario futuro mientras tomas decisiones cruciales sobre qué pasos quieres tomar a continuación. Incluso preguntar sobre las incertidumbres clave en tu propia vida puede suponer un ejercicio valioso que explorar.

Lo que podrías aprender es que, incluso aunque no haya nada especialmente malo con el aspecto que tiene tu futuro, podrías pensar en un cambio que podría aportarte oportunidades incluso mejores.

Ésta supuso una gran parte de la travesía de Julie Sweet desde su trabajo en un excelente despacho de abogados hasta convertirse en la directora ejecutiva de Accenture en Norteamérica. Estuvo trabajando en Cravath y Swaine & Moore, fue una de las mejores abogadas allí, y había disfrutado de un éxito considerable. Pese a ello, estaba empezando a pensar que no iba a consumar su potencial quedándose en el mismo empleo que tenía en ese momento. Por lo tanto, se fue. Tal y como ha dicho: «Si puedes ver tu futuro, entonces puede que no te estés retando lo suficiente. Tengo esta pequeña placa que mi marido colgó en nuestra pared en casa. Dice: "Si tus miedos no te asustan, entonces no son lo suficientemente grandes"».[4] Ahora cita la «curiosidad» como una de las características más importantes que busca en las personas que contrata.

Preparándote para abrirte camino

Al igual que una organización tiene más éxito cuando desarrolla su capacidad para abordar los puntos de inflexión antes de que sea absolutamente necesario, tú puedes tener éxito si estás atento a lo que está por venir en tu propia vida. Tal y como te dirá Tom Kolditz, el momento de meter recursos en el banco es *antes* de que los necesites desesperadamente.

---

4. Gelles, D. (2019): «Living as an example of "leading by example"», *The New York Times,* 6 de enero de 2019.

El camino sinuoso de las trayectorias profesionales exitosas

En el mundo de las trayectorias profesionales tradicionales (piensa en el personaje de Dustin Hoffman en *El graduado,* al que le dijeron que su futuro estaba en la industria del plástico), la suposición dominante era que podíamos subir por una escalera muy lineal hacia la cima y ascender por una jerarquía. En la actualidad, por supuesto, las suposiciones en ese tipo de planificación de la trayectoria profesional suelen ser simplemente irrelevantes.

En lugar de ello, es mucho más probable que nos enfrentemos a trayectorias profesionales que nos hagan entrar y salir de lo que Reid Hoffman ha llamado «recorridos del deber».[5]

En otras palabras, en lugar de pensar en toda una vida de progreso en una única organización, es probable que trabajemos en situaciones en las que un equipo de gente con las capacidades y habilidades adecuadas se una para conseguir un resultado concreto y que luego se desmantele cuando ese resultado se haya alcanzado. Ésta es, de hecho, la forma en la que algunos sectores (piensa en las películas) y algunas compañías (piensa en las grandes empresas consultoras) ya trabajan.

La forma en la que desarrollamos trayectorias profesionales en un entorno así, con puntos de inflexión frecuentes que modifican lo que debemos hacer, no siempre está clara. Una conclusión interesante de una investigación llevada a cabo usando datos de LinkedIn es que aquellos que llegan a la cumbre suelen acumular varias habilidades y mostrar una capacidad de aprender sobre áreas con las que no se sienten cómodos.[6] De hecho, Marc Andreessen, el famoso inventor, inversionista e inversor de capital de riesgo ha llegado tan lejos como para llamar a esta habilidad la «fórmula secreta para convertirse en un director ejecutivo». Escribió que los líderes de empresas más exitosos «casi nunca son los mejores visionarios de los productos, ni los mejores vendedores, ni los mejores administradores financieros, ni los mejores gestores, pero se encuentran en el 25 % superior de esas habilidades, y luego, de repente, están cualificados para dirigir algo importante».[7]

---

5. Hoffman, R.; Casnocha, B. y Yeh, C. (2013): «Tours of Duty», *Harvard Business Review,* junio de 2013.

6. Egan, D.: «Here is what it takes to become a CEO, according to 12,000 LinkedIn profiles», *Talent Blog,* LinkedIn, https://business.linkedin.com/talent-solutions/blog/trends-and-research/2018/what-12000-ceos-have-in-common

7. Irwin, N. (2016): «A winding path to the top», *The New York Times,* 10 de septiembre de 2016.

Las implicaciones de esta idea, basadas en un estudio de 450 000 personas, son varias. En primer lugar, aquellos que lograron llegar a puestos de alto nivel empezaron en trabajos que requerían de la resolución de problemas complejos y que tenían múltiples conjuntos de habilidades, en lugar de tener trabajos más directos que se basasen un conjunto de habilidades. En segundo lugar, la gente que está dispuesta a hacerse cargo de estos distintos papeles en su trayectoria profesional también tendía a ser aquella que estaba dispuesta a asumir el modesto riesgo de ser un tanto incompetente y obtener ayuda de las personas que tenía a su alrededor. Por último, las oportunidades para lo que los investigadores llaman «trabajos híbridos» están en alza. Las organizaciones están buscando miembros de equipo con más de una especialización o habilidad.

Por lo tanto, si has estado en tu zona de confort haciendo lo mismo durante un tiempo, puede que valga la pena pensar en cómo asumir algún tipo de papel nuevo que podría enseñarte muchas cosas. Julie Sweet, por ejemplo, después de unirse a Accenture tuvo que aprender a ser directora general: un conjunto de habilidades muy diferentes de las que necesitaba para ser socia en un importante bufete de abogados.

Bricolaje

En el arte o la literatura, «bricolaje» significa ensamblar un conjunto distinto de cosas para crear algo nuevo. Cada vez más, tener una trayectoria profesional exitosa implica distintas combinaciones de habilidades que a veces se unen de formas inesperadas.

Un buen ejemplo de esto es la trayectoria profesional de mi colega y colaborador Ryan McManus, cuya opinión sobre la transformación digital he mencionado en el capítulo 5. Cuando McManus fue a la Universidad de Iowa para estudiar su grado, tenía, como nos pasaba a muchos de nosotros, «una idea muy limitada de lo que quería hacer».[8] Pese a ello, después de pasar algún tiempo allí, se dio cuenta de que quería, de algún modo, adquirir experiencia internacional y tener una trayectoria profesional también internacional. Tal y como dice hoy, la idea le acudió

8. McManus, R. (2018): entrevista con la autora, 6 de diciembre de 2018. Todas las citas de McManus que aparecen en esta sección proceden de esta entrevista.

mientras estaba de pie en la esquina de una calle de Iowa City, y esa idea se convirtió en el eje impulsor de muchas decisiones posteriores. Mientras estaba en Iowa, también tuvo la oportunidad de estudiar en el Programa de Escritura Creativa o Taller de Escritores de Iowa, cosa que encontró gratificante. Imaginó su futuro como algún tipo de trabajador creativo.

Con el deseo de hacer algo para ganar visibilidad internacional, acabó pasando un año en el extranjero, en París. Para hacer que eso sucediese tuvo que estudiar francés en la universidad como una de las asignaturas principales (tenía poca experiencia en esa lengua hasta ese momento). Al llegar a París se vio inmerso en una situación abrumadoramente desafiante en La Sorbona. Sin dominar el francés, se enfrentó a unas clases que se daban completamente en este idioma y se le asignó, como tarea, leer novelas en francés bastante complicadas. Al final llegó a dominar esta lengua lo bastante como para arreglárselas, y al final adquirió fluidez.

McManus se graduó como el alumno con mejores calificaciones de su curso en Iowa y fue contratado por una importante empresa de contabilidad para ayudar a coordinar funciones de *marketing* globales, un papel para el que su experiencia en París y sus habilidades para comunicarse en francés le habían preparado sin darse cuenta. El siguiente gran punto de inflexión en el que participó fue en la aparición de Internet y la digitalización. Empezó trabajando en proyectos que incluían el desarrollo de propiedades digitales para la compañía y prosiguió para crear empresas digitales completamente nuevas con modelos de negocio originales. Esto añadió la competencia en digitalización a su currículo. (Tal y como hemos visto anteriormente, lo digital apareció primero de forma significativa en el área del *marketing* en la vida de las empresas). Claramente, McManus estaba percibiendo que la revolución digital era algo que iba a llegar en el futuro cercano: era algo que podía ver avecinándose.

A continuación, decidió que quizás había llegado el momento de pulir sus capacidades laborales, por lo que obtuvo un máster en Dirección y Administración de Empresas (MBA) Ejecutivo por la Universidad de Chicago. Luego se incorporó a Accenture y añadió una nueva habilidad a su currículum: dirección estratégica. Llegado a ese punto, vivió un momento importante en el que se le encendió la bombilla durante una conversación con uno de los asesores de alto nivel de Accenture. Tal y como me explicó, el asesor vio que «en muchas de nuestras conversaciones con nuestros clientes sobre estrategia empresarial, nos preguntan sobre la tecnología, y en muchas de nuestras conversaciones técnicas, los clientes nos preguntan cómo se relaciona esto con la estrategia empresarial. La bombilla se me encendió de inmediato, y me di cuenta de que *teníamos que desarrollar una práctica en la intersección de estas cosas*». Eso llevó a que liderara el desarrollo de la tarea de la estrategia de transformación digital de Accenture.

A medida que la revolución digital pasó por varias etapas de su evolución, y empezando con lo que era fácil (los libros digitales, por ejemplo) y progresando hacia actividades más complejas (como la automatización de modelos de negocio), McManus se dio cuenta de que iba a darse un cambio radical en la forma en la que las compañías iban a funcionar y quería tener un papel activo en ese acontecimiento. Abandonó Accenture para unirse a una empresa emergente, formada por cincuenta personas, en el campo del Internet de las cosas donde, tal y como describió, «tenías la oportunidad de trabajar directamente con todos los equipos de la compañía, a lo largo y ancho de múltiples áreas de desarrollo». Hoy dispone de un amplio currículo de actividades, incluyendo papeles de asesoría, empresas emergentes de Internet y trabajo en consejos de empresas, todos los cuales se han basado en las improbables capacidades que acumuló anteriormente. Me dijo que está extraordinariamente motivado por aprender: «Mi trayectoria profesional ha incluido siempre un elemento de lo que podría aprender y desarrollar a continuación».

Genera opciones

Una razón por la cual la gente puede quedar atascada en sus situaciones personales es que creen que es demasiado arriesgado hacer una gran apuesta en un siguiente paso especulativo para sí mismos. Eso podría muy bien ser cierto, pero recuerda que desarrollar habilidades y capacidades no tiene por qué significar renunciar a todo lo que sabes y empezar de cero. Igual que aconsejaría a las corporaciones, le digo a la gente que desarrolle opciones para el futuro sin hacer apuestas grandes y arriesgadas.

Una opción consiste en una pequeña inversión que te compra el derecho, pero no la obligación, de hacer una elección en el futuro. Frecuentemente, cuando pensamos en lo que queremos hacer personalmente, no pasamos tiempo suficiente generando opciones nuevas y originales, experimentando con ellas y aprendiendo lo que tienen que enseñarnos. Al igual que las experiencias de McManus generaron opciones que resultaron ser enormemente valiosas a medida que su trayectoria profesional evolucionó, puedes invertir en opciones que amplíen las oportunidades con las que puedas encontrarte más adelante.

Una forma útil de pensar en esto consiste en aplicar los principios del razonamiento creativo a tus elecciones, tal y como se encontró Paula Davis-Laack cuando sintió que había llegado a un callejón sin salida en su trabajo como importante abogada.[9] En la actualidad es una *coach* personal o de vida profesional y ayuda a la gente a abordar problemas relacionados agotamiento laboral.

El primer paso en cualquier reto de diseño consiste en especificar el problema que estás intentando resolver y las restricciones bajo las cuales trabajarás. En el caso de tu propia trayectoria profesional, podrías proponer el desafío en términos de una pregunta semejante a «¿Cómo podría encontrar algo que me encantase hacer a continuación en mi trabajo?» o «¿Cómo sacaré el máximo provecho de esta tendencia que estoy viendo?».

Nótese que aquí sólo estamos enmarcando el problema, y no sacando conclusiones. Añade cualquier limitación que debas tener en cuenta (financiera, de ubicación, familiar u otras). No permitas que se vuelvan demasiado agobiantes, pero inclúyelas, ya que pueden ser desencadenantes de creatividad más adelante. Los buenos diseñadores te dirán que las limitaciones son increíblemente valiosas, ya que moldean el contexto para decisiones relativas al diseño y también te desafían a encontrar formas de superarlas.

El siguiente paso en el diseño es la observación. Como estás haciendo esto para ti mismo, vale mucho la pena tener en cuenta pensar qué actividades encuentras gratificantes, divertidas o emocionantes.

El tercer paso consiste en generar algunas ideas sobre qué tipos de opciones querrías eliminar y cuáles son tus suposiciones al respecto de ellas. Davis-Laack se dio cuenta de que no había conseguido expresar y evaluar sus suposiciones cuando abandonó su trabajo y aceptó un período de prácticas como repostera. Aborreció cada minuto que pasó en ese puesto. Eso la envió de vuelta al paso número dos, para averiguar qué cosas disfrutaba de verdad haciendo. Desarrolló lo que ella llama «la lista»: cualidades que consideraba que eran positivas sobre experiencias anteriores, tanto si estaban relacionadas con el trabajo como si no.

---

9. Davis-Laack, P. (2017): «I used design thinking to reinvent my career: Here's why it worked», *Fast Company*, 16 de octubre de 2017, www.fastcompany.com/40481175/i-used-design-thinking-to-reinvent- my-career-heres-why -it-worked

Llegados a este punto, los diseñadores frecuentemente crean prototipos (a veces *muchos* prototipos) para evaluar sus suposiciones. Obviamente, no vas a construir algo para representar a tu yo futuro, pero puedes empezar a tener conversaciones al respecto. Al igual que hicieron Nat Turner y Zach Weinberg con Flatiron, no temas hablar con la gente que desempeña papeles que crees que podrían reflejar los que aparecen en tu propia lista.

En mi caso, por ejemplo, antes de comprometerme a conseguir un doctorado, hablé con docenas de personas que tenían trabajos académicos para ver si eso podría ser una trayectoria profesional adecuada para que yo asumiera un compromiso a largo plazo. Sí, puede ser que te encuentres con varias opciones potenciales que no sean de interés para ti, pero puede que también empieces a descubrir otras ideas que podrían ser viables.

Éste es el equivalente personal de llevar a cabo experimentos. También puedes hacer cosas como ver si puedes acompañar a alguien en el trabajo y ver cómo es el entorno. Puedes probar varias ideas hasta que una o más empiecen a cuajar para ti. Conseguir la aceptación por parte de tus accionistas también es valioso en este caso. A veces he emparejado a ejecutivos con distintas aptitudes que se toman su tiempo para fijarse los unos en los otros. Recuerda cómo Satya Nadella, de Microsoft, aprendió observando a Reed Hastings, de Netflix, acerca de una toma de decisiones más rápida y de elecciones difíciles convirtiéndose en un infiltrado en Netflix durante un tiempo.[10]

Después de suficientes pruebas y experimentación, llega el momento de pasar a la fase de implementación. Allí es donde revisas las limitaciones, evalúas tus opciones y te comprometes con cualquier cambio que decidas que tiene sentido. Siguiendo un proceso como éste, no tendrás que asumir una apuesta grande y arriesgada antes de sentir que has aprendido lo suficiente como para avanzar.

¿Hacia dónde te diriges?

Una buena forma de empezar a pensar en cómo puedes orquestar tu travesía a través de un punto de inflexión personal consiste en articular una perspectiva sobre

10. McCracken, H. (2017): «How Microsoft's Satya Nadella became a Netflix insider», *Fast Company*, 18 de septiembre de 2017, www.fastcompany.com/40469252/how-microsofts-satya-nadella-became-a-netflix-insider

la forma que te gustaría que adquiriese tu vida en algún momento del futuro (quizás dentro de diez o veinte años). Cuanto mayor sea la claridad de esa llamada, más útil puede ser.

No confundas el destino con el vehículo que usas para llegar ahí

Uno de los errores más comunes con el que me encuentro a este respecto es que la gente a veces confunde el estado futuro que cree que le resultaría atractivo con los vehículos que creen que los llevarán hasta ahí.

Por ejemplo, uno de mis clientes es una organización excepcionalmente dependiente de la jerarquía que está pasando por una enorme transformación. He estado trabajando en ayudar a sus líderes a ver cómo pueden hacer cambios necesarios y oportunos para que los conduzcan hacia ese futuro. «¿Qué te gustaría obtener para ti si todo esto sale bien?», le pregunté a uno de ellos. «¡Vaya! –contestó con confianza–. Me gustaría llegar a ser un directivo de un cierto nivel». Seguí indagando, preguntándole por qué creía que ése sería un resultado tan formidable, y prácticamente no llegué a ningún sitio. Independientemente de esto, él se había convencido a sí mismo de que ese resultado habría sido como alcanzar el nirvana.

Y eso es muy arriesgado. Digamos que esta compañía se fusiona con otra, que su escenario colapsa, que llega una estructura directiva más plana, o que se da algún otro punto de inflexión importante y toda la idea del puesto directivo de esta persona desaparece. Si ésa es la forma en la que estás pensando en tu estado futuro, eso genera una vulnerabilidad potencial debido a una falta de imaginación. En lugar de ello, céntrate en el tipo de resultados con los que te gustaría rodearte en un estado futuro.

Mantuve una conversación similar con una mujer que pensaba que su nirvana iba a ser convertirse en directora principal de *marketing*. Mientras indagábamos en mayor profundidad en por qué imaginaba eso, quedó claro que la razón por la cual pensaba que ése sería un puesto excelente era porque le proporcionaría libertad creativa, le permitiría contactar con otras personas y hacer que se desarrollaran, y le aportaría la oportunidad de interaccionar con responsables de alto nivel que toman decisiones. El ejercicio que vino después de eso fue que imaginara varias formas en las que podría alcanzar esos resultados.

Éste es un camino menos arriesgado. La mujer podía concebir distintos puestos en diferentes sectores en los que esto sería posible. Podía fundar su propio negocio. Podía unirse a una asesoría creativa o a una organización sin ánimo de lucro. La idea consiste en, que enmarcando sus objetivos en forma de *resultados* en lugar de en *puestos*, se abrían muchas más oportunidades: algo muy útil en el contexto de los puntos de inflexión potenciales.

Persigue tu propia travesía hacia el liderazgo

En la Escuela de Negocios de Columbia, empleamos un ejercicio llamado la Línea de Vida del Liderazgo para hacer que las travesías personales y profesionales de los alumnos sean explícitas y para presentar las lecciones singulares que cada uno de nosotros hemos sacado de ellas. Primero pedimos a la gente que reflexione sobre las experiencias que han moldeado el tipo de personas en las que se han convertido y que hagan que estas lecciones sean tan concretas como resulte posible. En los muchos años que hemos hecho esto, nadie ha tenido una travesía recta. Lo que este ejercicio puede hacer por ti es mostrarte y señalarte dónde y cómo has aprovechado los elementos (o ladrillos) de los puntos de inflexión para generar oportunidades en tu vida.

Atravesar puntos de inflexión te conduce a experiencias únicas. Conectar con otras personas de una forma auténtica y genuina puede proporcionarte un enorme impulso para superar los retos de tu avance a través de un punto de inflexión.

Un ejercicio útil consiste en pensar en tu travesía y documentarla. La meta consiste en reflejar los patrones que has visto en tu vida, de modo que puedas reconocer mejor y desarrollar patrones similares en el futuro. Éste es un proceso general que he encontrado útil: siéntete libre de profundizar o adáptate según te vaya mejor.

Paso 1: Genera tu propia línea de vida

Toma un gran trozo de papel para rotafolios. Empieza con tu nacimiento y traza tu «línea de vida» o dibujo de los eventos importantes en tu vida desde tu nacimiento hasta el presente. Intenta incluir eventos clave, relaciones, éxitos, fracasos, logros y decepciones. Lo que estás haciendo es crear la materia prima que te ayudará a comprender los eventos y experiencias cruciales que han influido en tus creencias y conductas actuales.

Para cada uno de los eventos clave, anota cómo te afectó. ¿Moldeó tus valores y lo que consideras importante de alguna forma significativa? ¿Hay lecciones que hayas obtenido de la experiencia que sigan teniendo una influencia en ti? ¿Se refuerzan estas experiencias entre sí?

Paso 2: Identifica tus propios ladrillos

Mientras estás preparando tu línea de vida, anota cualquier asunto común que parezca suceder una y otra vez, especialmente con respecto a los elementos para la resiliencia al encontrarte frente a puntos de inflexión. Por ejemplo, un participante anotó un tema común de perseverar siempre frente a eventos adversos, conduciendo así a una firme creencia en el poder del trabajo duro y la persistencia. Capta estos valores clave y apunta algunas de las historias que las reflejen en tus propias experiencias vitales.

También vale la pena ser claro con respecto a dónde se encuentran tus límites, dadas tus experiencias. ¿Hay prácticas o creencias a las que te gustaría ceñirte incluso estando frente a la tentación? Mi amigo, el famoso erudito de la dirección de empresas Clayton Christensen, ha observado que mientras asistía a sucesivas graduaciones de la Escuela de Negocios de Harvard descubrió que muchos de sus compañeros de clase estaban llevando vidas que ninguno de ellos había tenido la intención de vivir: divorciados, distanciados de sus hijos y sus familias, atascados en papeles que se habían vuelto obsoletos o incluso, como en el caso de Jeff Skilling, de Enron, en la cárcel.

Tal y como dijo Christensen en 2012: «¡Quedó claro que muchos de mis compañeros de clase implementaron una estrategia que nunca habían planeado!».[11] Ese mismo año, nos animó a todos a «articular, de forma deliberada, el tipo de personas en las que queremos convertirnos. Podemos expresar la cultura que queremos que exista en nuestra familia, y entonces podrás, a medida que te suceda el resto de la vida, utilizar esas cosas para que te ayuden a convertirte en el tipo de persona que quieres ser».[12]

---

11. Christensen, C. (2012): «How will you measure your life?», TedxBoston, 2012, https://tedxboston.org/speaker/christensen-1

12. Baer, D. (2012): «Clayton Christensen's personal quest to help you measure your life», *Fast Company,* 18 de mayo de 2012, www.fastcompany.com/1837732/clayton-christensens-personal-quest-help-you-measure-your-life

Paso 3: Empieza a crear tu propia historia hasta este momento

Con tu línea de vida y tus temas documentados, estarás listo para reflexionar sobre lo que esta travesía te ha enseñado. Imagina que te asignaran la tarea de escribir sobre tu historia como si otra persona te estuviera entrevistando. Haz que sea tan auténtica como puedas. Emplea muchos ejemplos y casos específicos que hagan que esto se conserve de forma vívida en tu mente. Recuerda que el objetivo de esto es mantenerte conectado con las fuerzas que han sido importantes en tu vida reflexionando acerca de ellas.

Paso 4: Escribe un artículo sobre ti mismo desde el futuro

Éste es un ejercicio que mi colega Ian MacMillan y yo desarrollamos para los ejecutivos que estaban estudiando el Programa Avanzado de Administración de Empresas (PAAE) de la Universidad de Columbia: una inmersión de varias semanas de duración en el desarrollo personal y ejecutivo. Consiste en lo siguiente:

Imagina que han pasado quince años y que estás escribiendo un artículo sobre ti mismo en una revista o periódico muy conocido, como por ejemplo *Fortune*. El artículo dirá que cinco años antes lanzaste una serie de actividades que condujeron a un cambio significativo y positivo en tu trayectoria personal. Como resultado de este logro estratégico, conseguiste un papel enormemente gratificante que habría resultado inconcebible para ti antes de empezar. Describe el programa que emprendiste para generar una trayectoria tan positiva.

Ahora piensa en tus accionistas clave. ¿Qué valora más la gente con la que interaccionas acerca del cambio que realizaste? ¿Cómo ha resultado el cambio positivo que lograste para ti en un cambio positivo para ellos? Describe esto en tu artículo. El grueso del artículo debería reflexionar, con admiración, sobre tu estilo personal. ¿A qué dedicas tu tiempo (literalmente, qué hay en tu agenda)? ¿Cómo tomas decisiones? ¿A qué actividades dedicas tu tiempo y atención? ¿Qué tipo de gente tienes a tu alrededor? ¿Qué tipo de gente has decidido no tener a tu alrededor nunca más y por qué?

La última parte del artículo debería hablar acerca de los logros de tu familia mientras todo esto estaba sucediendo. ¿Qué puedes decir sobre ellos?

Paso 5: Obtén feedback sobre tu artículo

Al igual que con el proceso del *feedback* centrado en accionistas descrito anteriormente en este capítulo, obtener *input* de otros puede ayudarte a fortalecer y pulir tu artículo. También puede ser útil, ya que esos accionistas pueden, frecuentemente, ayudarte a hacer realidad la vida descrita en tu escrito. Reflexiona sobre tu artículo de vez en cuando y revísalo, especialmente si tienes que tomar una decisión importante que podría representar un punto de inflexión personal.

El impacto que puede tener un artículo del futuro

Este fragmento de un artículo que apareció en la revista *Wharton Magazine* describe cómo completar tu artículo puede convertirse en un catalizador para tu vida, tal y como descubrió un participante en su versión del PAAE.

Era plena noche en 2009, al final de un Programa Avanzado de Administración de Empresas de cinco semanas de duración [...], cuando Olivier Bottrie convirtió una breve pesadilla en la base del sueño de su vida.

Bottrie, un destacado ejecutivo del gigante de los cosméticos Estée Lauder, con sede en Nueva York, llevaba dormido sólo alrededor de media hora cuando dio un respingo, en un cierto estado de pánico, a la una de la madrugada: recordó, de repente, una última tarea de su programa de estudios. Se suponía que tenía que escribir un perfil imaginario de sí mismo para la revista *Fortune,* asentado quince años en el futuro, exponiendo con todo lujo de detalles sus logros y cómo había alcanzado sus preciadas metas. Bottrie escribió rápidamente y medio dormido.

«Así pues, hablé de mi trayectoria profesional que, por supuesto, era brillante –dice–, y después de dos páginas y media de empleos, profesión y trayectoria laboral, empecé con otra cosa distinta».

Escribió que, en 2011, dos años después, fundaría una institución llamada The Brain Train. Atraería el patrocinio del billonario Bill Gates, abriría su primera escuela en Haití (el país de origen de su esposa) en 2013, y estaría educando a ciento cincuenta mil estudiantes a nivel mundial en 2025.

Seis años después, espoleado por la tragedia del mortífero terremoto de Haití de 2010, Bottrie está mucho más cerca en la realidad de lo que pudiera haber imaginado en esa noche de insomnio. De hecho, era octubre de 2011 cuando él y sus socios filántropos abrieron las puertas del Lycée Jean-Baptiste Point du Sable, una escuela sin ánimo de lucro sita en Saint Marc (Haití), una comunidad aislada con una alta tasa de pobreza y pocas oportunidades para recibir educación. Reconoce el mérito del ejercicio de autorreflexión para la cristalización de lo que había sido una vaga sensación de «hacer algo por los niños» en un plan mucho más concreto y factible.[13]

Tómate el tiempo necesario para cierta autorreflexión. Nunca sabes a dónde podría llevarte. Recuerda que quieres pulir y refinar tu capacidad para ver lo que se avecina en términos de tu propia trayectoria profesional personal. Estos ejercicios (que te fuerzan a mirar atrás y ver dónde has estado) son una forma fabulosa y novedosa de ayudarte a prepararte para obtener una visión mucho más precisa de hacia dónde quieres ir, y si estás en el camino correcto.

El siguiente paso en la travesía

Se suele citar que Louis Pasteur dijo: «La fortuna favorece a la mente preparada». Mi esperanza es que la travesía a través del mundo de los puntos estratégicos de inflexión estratégica haya sido iluminadora y quizás inspiradora para ti. Tal y como has visto, hay cosas concretas y predecibles que puedes hacer para ver lo que se avecina en cuanto al siguiente gran cambio.

La primera parte del ver lo que está por venir consiste en generar una posición ventajosa. Los puntos de inflexión no se producen de repente: les lleva un tiempo asentarse. Como la nieve se derrite desde los bordes, es vital ser curioso y estar abierto a lo que está sucediendo ahí, mucho antes de que sea obvio qué acciones deberían emprenderse. Captar e interpretar señales débiles es otra habilidad que puedes usar para determinar cuándo efectuar un movimiento. Pensar en términos de escenarios totales en lugar de en temas generados artificialmente, como los «sectores», puede ayudar a ampliar lo que estás buscando y mirando; y nunca podrás equivocarte con un foco externo, prestando atención a los clientes en lugar de asumir que el mundo funcionará de una forma que sea la que más prefieras.

---

13. Baer, D. (2012): «Clayton Christensen's personal quest to help you measure your life», *Fast Company*, 18 de mayo de 2012, www.fastcompany.com/1837732/clayton-christensens-personal-quest-help-you-measure-your-life

Pasando al tema de emprender acciones, puedes contener el riesgo y la exposición de abalanzarte demasiado pronto sobre un punto de inflexión inminente empleando un enfoque impulsado por el descubrimiento. Aprende de estas pequeñas apuestas, prueba con experimentos tempranos y cuestiónate tus propias asunciones, ya que pueden ser tus peores enemigos.

Entonces tienes el reto de llevar a una masa crítica de gente junto contigo a medida que la organización empiece a responder a nuevos puntos de inflexión. He sugerido que hacer que la gente se concentre en los indicadores de vanguardia del éxito futuro puede resultar muy útil.

También la organización debe ser diferente después de que la inflexión le pase por encima. Desarrollar un dominio de la innovación puede ser enormemente útil para asegurarse de que no colapse o se vea derrocada por competidores con una mejor comprensión de las cosas.

Por último, los puntos de inflexión pueden ser muy personales. Tienen un impacto sobre cómo necesitas dirigir, especialmente en «tiempos de guerra». También pueden servir como oportunidades para que medres de una forma completamente diferente a la que podrías haber estado esperando, conduciendo a una vida de resultados que deseas genuinamente.

Las buenas noticias son que los puntos de inflexión siempre representan oportunidades para alguien. No hay razón alguna para pensar que no deberías ser tú.

Moralejas clave

Reconocer los puntos de inflexión tempranos puede dar lugar a resultados personales positivos.

Fíjate en los cambios en los escenarios de los que tú o tu organización dependáis para adquirir conocimientos sobre cómo estos cambios pueden aportar oportunidades o generar riesgos.

Expandir tu red más allá de la gente habitual con la que pasas tiempo puede ayudarte a ver cosas que de otro modo no podrías ver.

Obtener *feedback* deliberadamente (y escucharlo) puede ayudarte a evitar puntos ciegos de los que no eres consciente.

Salir del edificio encontrando distintas perspectivas e invirtiendo en ellas puede aportarte grandes ideas.

Puedes desarrollar fácilmente escenarios y mecanismos de detección de señales débiles por ti mismo.

Frecuentemente, la trayectoria profesional más exitosa es la que desarrolla varias habilidades. Puede que sea larga, pero eso puede ser sorprendentemente eficaz.

Las habilidades pueden llegar al mismo tiempo de formas inesperadas para generar un gran valor.

Puedes emplear los principios de las opciones y el pensamiento creativo para planear tu siguiente conjunto de movimientos.

Reflexionar sobre tus objetivos, tus lecciones vitales y tu travesía hasta ahora puede ser enormemente poderoso si te tomas tiempo para apuntar los momentos clave.

Agradecimientos

¡Esto es tan abrumador! Pensaba que sería bonito ir más allá del estilo de los agradecimientos y reconocimientos propios de los galardonados en los premios Oscar a toda la gente implicada en este libro y en mi vida y proporcionar a mis lectores un pequeño vistazo a la historia que hay tras este libro.

Agradecimientos personales

Vivir con libros es complicado, o, más exactamente, es complicado vivir con autores de libros en medio del proceso de escritura. Mi marido, John, hace referencia a mis períodos «erizo»: cuando se acerca una fecha límite o una entrega es rechazada y tengo que volver al punto de partida. Mi marido llegó a comprarme un encantador erizo de peluche (afortunadamente sin púas afiladas). Cuando lo puede ver en la esquina de mi escritorio en casa, bueno..., no puedes decir que no te he avisado.

En ocasiones, John es un mayor defensor del libro que yo. «¿Cómo va el libro?», me preguntaba cuando parecía que me estaba distrayendo debido a otro proyecto o una actividad secundaria con un aspecto atractivo. «No puedes permitir que esto patine», me recordaba; o cuando debatíamos sobre a qué debería dedicar el tiempo, preguntaba: «¿Cómo afectará eso al libro?». Todo autor debería disponer de un defensor así de apasionado a su lado.

El resto de mi familia está muy acostumbrada al proceso de escritura de los libros, y ha perfeccionado el fino arte de mostrarse distantemente curioso (por temor a que un conjunto de preguntas muy concretas haga que la autora entre en un estado de pánico inducido por la fecha de una entrega) mientras sigue conservando un nivel de normalidad que es enormemente reconfortante. Nuestros hijos, Matt y Anne, me proporcionaron algunas ideas muy interesantes que nunca hubieran surgido si simplemente hubiera avanzado atropelladamente por mi cuenta. Anne, que estaba trabajando en su máster en Dirección y Administración de Empresas (MBA) mientras el libro avanzaba, hizo observaciones importantes sobre la intersección entre las motivaciones personales y las decisiones empresariales que resultaron ser influyentes. Matt tuvo algunas ideas geniales sobre la inclusión de ejemplos de compañías que se habían equivocado (y por qué). Ambos me sirven como recordatorio de que el mundo en el que nacieron es un lugar diferente al mundo en el que yo crecí.

Mi padre, Wolfgang Gunther, tuvo un asiento en primera fila para observar el colapso de Kodak y la irrelevancia final de Xerox. Disfruta enviándome historias de atolondramiento empresarial que proporcionan mucho material que puedo aprovechar. Aunque mi madre, Helge-Liane Gunther, falleció antes de la publicación del libro, fue muy alentadora mientras éste estaba en sus primeras fases. Mis dos progenitores me proporcionaron ejemplos sobre cómo asumir algunos riesgos inteligentes frente a puntos de inflexión importantes y cómo crear bolsas de seguridad, incluso mientras estás estirando el brazo más allá de lo que se considera cómodo.

Hacer que todo fuera como es debido mientras me encontraba en «modo libro» recayó en mi equipo. Marion Reinson aportó a la mezcla unas muy necesarias tablas sobre *marketing* e hizo que los proyectos cruciales avanzaran. Pam Ryan es un genio: se tiene muy bien ganado su apodo de «maestra virtual de ceremonias» y hace que mantenerlo todo funcionando fluidamente parezca fácil. Si hubiera Premios Nobel para la magia en los viajes, Josette Carrizzo debería recibir uno. Y ahora tenemos a Theresa Braun, Christine Andrewes y Missy Pirrera para ayudar a traer este libro al mundo.

Sería negligente si no me quitara el sombrero ante nuestra «familia Forge». Forge es un gimnasio local y coqueto fundado por Jack Molesko con sus socias y entrenadoras Ryan Carsia y Rebecca Swan. Mi Buena amiga Eileen pensó que a John y a mí nos gustaría trabajar con ellos, y así es. Vamos tres o más veces por semana, y los entrenadores y el resto de los miembros han estado siguiendo las vicisitudes del progreso del libro. Supone un receso genial del estar encorvada frente a un escritorio.

Mis maravillosos colegas de la Escuela de Negocios de Columbia me proporcionaron muchos ánimos, un buen aliento y respaldo. Ha sido un honor llevar formando parte de esta institución desde hace tantos años. Los diálogos y las discusiones con nuestros clientes de la Formación para Ejecutivos enriquecieron considerablemente los ejemplos que aparecen en este libro. Un agradecimiento especial a Trish Gorman, a la que le encanta discutir sobre todo lo que tiene que ver con la estrategia, y que hizo hincapié en la importancia del «momento adecuado» para tomar decisiones relativas a la estrategia.

La historia de este libro

Viendo lo que se avecina es consecuencia de mi primer libro escrito en solitario, *The end of competitive advantage: How to keep your strategy moving as fast as your business.* Ese libro esgrimía el argumento de que, si no puedes contar con que las ventajas competitivas se mantengan durante demasiado tiempo, debes ser capaz de crear, continuamente, nuevas ventajas y abandonar las que ya estén agotadas regularmente. Supuso un cierto reto frente a la ortodoxia en la estrategia, pero mucha gente dijo que se encontró con que encajaba mejor en el mundo al que se estaban enfrentando entonces que aquello con lo que se encontraban en los libros de texto sobre estrategia.

De vuelta a principios de 2016, mi editora en la revista *Harvard Business Review,* Melinda Merino, me proporcionó el impulso inicial para este quinto libro. Me sugirió que, aunque todo un conjunto de gente estaba dando vueltas alrededor de una nueva forma en la que pensar en la estrategia y la innovación, todo seguía siendo muy confuso e inconexo. Tal y como dijo: «Tenemos todos estos discursos sobre los ecosistemas, las plataformas, lo digital, el hacer más con menos, lo ágil, etc., pero sigue pareciendo como si la gente no supiera realmente qué hacer [...]. Se reconoce, en cierta medida, que el entorno ha cambiado completamente, y necesitamos alguna forma de encontrarle sentido a todo esto». Quizás, me sugirió, la continuación de *The end of competitive advantage* podría abordar parte de todo esto.

Así pues, leí mucho, lo que aparece referenciado en el texto principal. Pese a ello, disponer de las semillas de la idea para un libro dista mucho de formular una propuesta atractiva que pueda trasmitirlas. El concepto central de los puntos de inflexión se materializó en mi mente cuando resultó que Martin Weil, nuestro asesor financiero y buen amigo, me envió un artículo titulado «Cuando cambias el mundo y nadie se da cuenta» («When you change the world and no one notices»).[1] El ar-

1. Baer, D. (2012): «Clayton Christensen's personal quest to help you measure your life», *Fast Company,* 18 de mayo de 2012, www.fastcompany.com/1837732/clayton-christensens-personal-quest-help-you-measure-your-life

tículo describe cómo le llevó más de tres años a *The New York Times* mencionar el primer vuelo de los hermanos Wright y casi cinco años que la importancia de su logro recibiera un reconocimiento más generalizado. «¡Vaya! –pensé–. Si combinas la idea de que al mundo le lleva mucho tiempo cambiar con respecto a la idea de Andy Grove de los puntos estratégicos de inflexión, eso podría ser un punto de partida muy interesante. Los puntos de inflexión suceden, citando a Mike Campbell en la novela *Fiesta* de Hemingway "Gradualmente y, luego, de repente". Ésa es la oportunidad para aquellos que los ven lo suficientemente pronto».

Pasé la mayor parte del resto de 2016 reuniendo notas variadas e intentando darles alguna forma, pero la cosa no estaba cuajando realmente. Mientras tanto, de vuelta al resto de mi vida, había desarrollado una muy buena relación laboral con el equipo del gabinete de conferenciantes Leading Authorities. Mark French, Matt Jones y Rainey Foster no podrían haber sido unos mejores socios para ayudarme a hacer correr la voz sobre mi libro anterior. Cuando Matt dijo se iban a asociar con Ross Yoon, una agencia literaria, pensé que sería una buena idea ponerme en contacto con ellos, cosa que hicimos en enero de 2017. Howard Yoon, agente literario y director de Ross Yoon, y yo nos caímos bien de inmediato y acordamos empezar a trabajar juntos. Estaba un poco preocupada porque, en esa fase, todo mi «material» se encontraba en varias pilas y montones, pero me aseguró que un «volcado de datos» era lo mejor que podía enviarle.

Howard es increíble. Inteligente, franco, honesto y cándido, y tiene una asombrosa capacidad para averiguar cuáles son los hilos brillantes en los escritos y ayudarte a descartar el resto. (Menudo desorden con todas las cosas que no aparecieron en la versión final...). Uno de los grandes momentos clave de este proyecto llegó cuando me pidió que redactara todo el libro como si fuera una presentación en PowerPoint. (Pienso que estaba un poco harto de tener que leer, trabajosamente, mi prosa, uno de los inconvenientes de ser una mecanógrafa realmente veloz). La necesidad de reducirlo todo a breves recortes propios de una presentación fue algo increíblemente poderoso. Entramos en un ritmo en el que él me encargaba «tareas» y yo lo hacía lo mejor posible para completarlas, y al final, después de más de un año, tuvimos algo con lo que nos sentíamos cómodos avanzando.

A continuación, llegó el acuerdo con Houghton Mifflin Harcourt (HMH) y trabajar de cerca con mi editor, Rick Wolff. Lo que aprecio mucho de Rick es que es un firme defensor de nuestros lectores. Al igual que Howard, sus aportaciones son sinceras, pero inevitablemente útiles. Hubo un capítulo que no estaba segura de que ninguno de los dos pudiera aceptar por completo, pero al final se nos ocurrieron contenidos con los que ambos nos sentíamos cómodos. Rick, no puedo darte las gracias suficientes.

El resto del equipo de HMH son grandes profesionales del mundo editorial. Lori Glazer y Michelle Triant, del departamento de publicidad, plantearon, magistralmente, una campaña completa, con ideas en las que, ciertamente, nunca había pensado. (¿Quién iba a saber que podría haber un punto de vista específicamente femenino con respecto al libro?). Brooke Borneman y Brianna Yamashita, del departamento de *marketing*, averiguaron muy rápidamente la esencia del «estilo» del libro y crearon materiales de *marketing* que le hicieran justicia. Debbie Engel se encargó de los «subderechos» (los acuerdos con los editores que trabajaban en otros idiomas) para hacer que el libro se tradujese y comercializase en los distintos países. Hemos compartido más que algunas risas con el impredecible proceso de averiguar quién iba a estar interesado en qué a nivel internacional. Katie Kimmerer supervisó el libro durante su producción. Como autora, realmente no sabes lo complicado que puede ser esto más allá de haber escrito el libro. Michaela Sullivan se encargó del diseño de la portada, y debo decir que su trabajo fue maravilloso. No sólo se le ocurrió un diseño que nos encanta a todos, sino que se le ocurrieron *tres*. Rosemary McGuinness, del departamento de edición, parece medrar con tareas meticulosas e implacables como hacer acotaciones en los lugares adecuados.

La gente dentro y fuera del libro

Por supuesto, la mecánica del libro no serviría para nada sin las ideas y las historias de la gente que me proporcionó las anécdotas de la vida real y la inspiración para hacer que cobrase vida. Ryan McManus me ha enseñado mucho sobre cómo la estrategia, innovación y transformación digital están llegando juntas. Ha sido un placer trabajar con él. Ahora estamos ocupados averiguando cómo ayudar a las organizaciones a lidiar con los puntos de inflexión mientras, al mismo tiempo, desarrollan potencial.

Ron Boire aportó ideas profundas procedentes de la primera línea de las ventas al por menor y de las actividades pragmáticas necesarias para hacer que una gran organización avance. Michael Sikorsky, Tracey Zimmerman y el equipo de Robots & Pencils nos están ayudando a diseñar y automatizar herramientas estratégicas y de innovación. Contamos con la bendición de disponer de muchos otros socios colaboradores, cada uno de los cuales posee un talento secreto con respecto a algún aspecto de la estrategia y del desafío de la innovación. Alex Osterwalder y Strategyzer; Mike Burn y Greg Galle, de Solve Next; Christian Rangen, de Engage/Innovate; Kaihan Krippendorff, de Outthinker; Linda Yates y los valientes impulsores de Mach49; y el equipo de Innosight, entre otros, han sido unos fabulosos cocreadores y socios.

También hay comunidades enteras de autores y pensadores de las que me siento muy orgulloso de formar parte. Mis colegas del Silicon Guild son un grupo inspirador, y es un privilegio contarme entre ellos. Marshall Goldsmith y su grupo 100 Coaches están comprometidos con ayudar a sus clientes a mejorar y a ayudarse los unos a los otros a crecer y a desarrollarse. Richard Straub ha creado, sin ayuda de nadie (eso parece), una dinámica comunidad de pensadores que honran el legado de Peter Drucker, homenajeado cada año en el Drucker Forum, que se celebra en Viena. Se ha convertido en un lugar de peregrinación anual para John y para mí; y cada dos años disfrutamos del brillo de evento anual Thinkers50.

Por último, estoy muy agradecida con aquéllos cuyas historias me proporcionaron la inspiración para aprender a ver lo que se avecina y para beneficiarme de sacar pronto el máximo rendimiento de los puntos de inflexión.

Índice analítico

Símbolos

A

B

E

J

K

L

M

S

T

U

V

W

X

Y

Z

Índice

El nuevo vivir del trading es una actualización de un clásico moderno, popular a nivel mundial tanto entre traders que trabajan por cuenta propia como entre traders institucionales. Este libro, revisado y ampliado, adapta conceptos que han sido probados por el paso del tiempo a los mercados frenéticos de hoy en día, añadiendo nuevos estudios y técnicas para los traders modernos.

Esta guía clásica enseña un enfoque tranquilo y disciplinado de los mercados. Enfatiza la gestión del riesgo y la autogestión de uno mismo, presentando reglas claras para ambas. *El nuevo vivir del trading* incluye plantillas para evaluar elecciones de acciones, para crear planes para las operaciones y para conocer el estado de preparación personal para la hora de practicar el *trading*. Proporciona los conocimientos, las perspectivas y las herramientas necesarios para desarrollar un sistema de inversión propio que resulte efectivo.

Todos los gráficos en este libro son actuales y a todo color, con comentarios concisos sobre reglas y técnicas. La claridad de lenguaje, los ejemplos prácticos y la manera generosa en que se comparten las habilidades esenciales han hecho de este libro un modelo para la industria: a menudo imitado, pero imposible de duplicar.

Miles de inversores han confiado en *Dominar el trading* para construirse la vida con que soñaban: hacer *trading* a tiempo completo. Centrándose en las causas subyacentes de los cambios en los precios –desde movimientos rápidos intradía a movimientos a corto plazo de días o semanas–, el trader veterano John F. Carter muestra cómo capitalizar cada situación posicionándose cada vez en el lado correcto.

Además del resto de cosas que han hecho tan populares las ediciones anteriores –patrones, metodologías de *trading*, principios de gestión del capital, pautas de orientación psicológica, entre otras–, esta nueva edición ha sido actualizada con:

- Nuevas estrategias probadas de *trading*
- Ejemplos reales que ilustran los métodos de Carter en acción
- Consejos sobre lo último en hardware y software
- Pautas para generar ingresos mensuales continuados desde su cuenta
- Herramientas y técnicas que aseguran el éxito como trader a tiempo parcial
- Exposición de lo que funciona actualmente

Desde 1997, Bob Chapman y Barry-Wehmiller han encabezado un enfoque completamente distinto del liderazgo que está fomentando una moral, una lealtad, una creatividad y un rendimiento sin precedentes. La empresa rechaza totalmente la idea según la cual los empleados son simples funciones que pueden intercambiarse, «motivarse» mediante el recurso del palo y la zanahoria o despedirse a voluntad. En Barry-Wehmiller están convencidos de que todo el mundo es importante, como en cualquier familia.

En los malos momentos, las familias permanecen unidas, sus miembros hacen sacrificios juntos y capean juntos las adversidades. Si el padre pierde el trabajo, no se deshace de uno de sus hijos. Ése es el enfoque que adoptó Barry-Wehmiller cuando la Gran Recesión hizo que sus ingresos se desplomaran. En lugar de recurrir a los despidos masivos, hallaron formas creativas y solidarias de reducir los costes. Como resultado de ello, Barry-Wehmiller salió de la crisis con la moral de sus trabajadores reforzada.

Chapman y Raj Sisodia muestran en este libro cómo una organización puede rechazar las consecuencias traumáticas de los despidos en masa, las normas deshumanizadoras y las culturas hipercompetitivas. En cuanto dejas de considerar a las personas como funciones o costes, los liberados trabajadores empiezan a compartir sus habilidades y talentos en pos de un objetivo común.

El éxito que alcanzó con su empresa de impresión de mapas permitió a George S. Clason amasar una gran fortuna. El método en el que cimentó su gestión del dinero y que plasmó en este libro lo convirtieron en uno de los mayores referentes en el ámbito de las finanzas personales. Desde que se publicase por primera vez en 1926, millones de personas en todo el mundo han leído *El hombre más rico de Babilonia*, una compilación de parábolas que, en realidad, están comunicando una serie de pautas básicas para ayudar a mejorar la economía personal y lograr la libertad financiera. Clason nos enseñará a incrementar la capacidad de ahorro, reducir las deudas, generar ingresos pasivos...

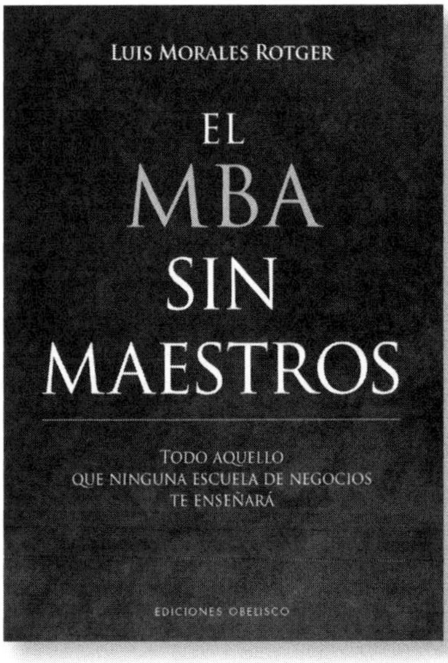

Durante la última década, ha tomado cuerpo una corriente de opinión: «La teoría no sirve, la experiencia sí». Muchas empresas desconfían de quienes poseen amplios conocimientos académicos, y van en busca de aquellos que demuestran que han conseguido o pueden lograr resultados. Tenemos demasiada información y, en ocasiones, resulta confusa, para que ésta pueda ser considerada conocimiento.

El MBA sin maestros no pretende ser un alegato en contra de las escuelas de negocio. Más bien ha sido escrito con la intención de neutralizar las creencias que sobre esos centros de posgrado han conseguido posicionarse en la mente del lector, así como cuestionar alguno de los axiomas que se incluyen en sus contenidos académicos.

La gente no necesita poseer más conocimientos, sino saber cómo aplicarlos. Si la gerencia exitosa de una empresa es una mezcla de ciencia y arte, de razón y emoción, de consciente y subconsciente, la lectura de este libro te ayudará a tomar conciencia de que en esta ecuación la experiencia supera a la ciencia.

El mundo te ha llevado a creer que la libertad financiera no es algo que puedas crear voluntariamente en tu vida. Te han enseñado a ver la riqueza como algo de lo que disfrutan sólo unos pocos afortunados a los que les ha tocado una lotería empresarial aleatoria o bien que están bendecidos con un talento inimaginable.

Pero la VERDAD es que crear riqueza financiera excesiva no se reduce a la suerte o al talento. Tiene que ver simplemente con tus creencias, tu conocimiento y tus puntos de vista: los «pilares» que refuerzan cada una de tus acciones.

Alex Becker no sólo analiza los pilares más importantes para ti, sino que también te enseña cómo incorporarlos a tu vida ACTUAL para comenzar a generar libertad financiera para toda la vida.